Conteúdo digital exclusivo!

Cadastre-se e transforme seus estudos em uma experiência única de aprendizado!

Acesse agora

Portal:
www.editoradobrasil.com.br/tempo

Código de aluno:
7128578A2466121

Lembre-se de que esse código é pessoal e intransferível. Guarde-o com cuidado, pois é a única forma de você utilizar os conteúdos do portal.

Editora do Brasil

CB069477

Tempo de Matemática

8

MIGUEL ASIS NAME

Editora do Brasil

Dados Internacionais de Catalogação na Publicação (CIP)
(Câmara Brasileira do Livro, SP, Brasil)

Name, Miguel Asis
  Tempo de matemática, 8 / Miguel Asis Name. – 3. ed. – São Paulo: Editora do Brasil, 2016. – (Coleção tempo)

  ISBN 978-85-10-06334-0 (aluno)
  ISBN 978-85-10-06335-7 (professor)

  1. Matemática (Ensino fundamental) I. Título. II. Série.

16-04168   CDD-372.7

Índices para catálogo sistemático:
1. Matemática: Ensino fundamental 372.7

© Editora do Brasil S.A., 2016
Todos os direitos reservados

Direção-geral: Vicente Tortamano Avanso
Direção adjunta: Maria Lucia Kerr Cavalcante de Queiroz

Direção editorial: Cibele Mendes Curto Santos
Gerência editorial: Felipe Ramos Poletti
Supervisão de arte, editoração e produção digital: Adelaide Carolina Cerutti
Supervisão de direitos autorais: Marilisa Bertolone Mendes
Supervisão de controle de processos editoriais: Marta Dias Portero
Supervisão de revisão: Dora Helena Feres
Consultoria de iconografia: Tempo Composto Col. de Dados Ltda.

Coordenação de edição: Valéria Elvira Prete
Edição: Edson Ferreira, Igor Marinho Guimarães da Nóbrega e Rodrigo Pessota
Assistência editorial: Andriele de Carvalho Landim e Rafael Volner
Auxílio editorial: Paola Olegário da Costa
Coordenação de revisão: Otacilio Palareti
Copidesque: Giselia Costa, Ricardo Liberal e Sylmara Beletti
Revisão: Alexandra Resende
Coordenação de iconografia: Léo Burgos
Pesquisa iconográfica: Adriana Vaz Abrão
Coordenação de arte: Maria Aparecida Alves
Assistência de arte: Carla Del Matto
Design gráfico: Patrícia Lino e Ápis Design Integrado
Capa: Maria Aparecida Alves e Patrícia Lino
Imagem de capa: Justin Kase z08z/Alamy/Fotoarena; Torre do relógio localizada em Stratford Station – moderna estação de transferência em Londres. Se tornou o ponto focal dos Jogos Olímpicos de 2012 na Inglaterra.
Ilustrações: Alexandre Santos, Ariel Fajtlowicz, Danillo Souza, Desenhorama, Eduardo Belmiro, Ilustra Cartoon, Jorge Zaiba, Leonardo Conceição, Luiz Lentini, Marcelo Azalim, Mario Pita, Paulo Borges, Paulo José, Pedro Sotto, Reinaldo Rosa, Ronaldo Barata, Tuco e Wasteresley Lima
Coordenação de editoração eletrônica: Abdonildo José de Lima Santos
Editoração eletrônica: Setup
Licenciamentos de textos: Paula Harue Tozaki
Coordenação de produção CPE: Leila P. Jungstedt
Controle de processos editoriais: Beatriz Villanueva, Bruna Alves, Carlos Nunes e Rafael Machado

3ª edição / 2ª impressão, 2018
Impresso no parque gráfico da FTD

Editora do Brasil
Rua Conselheiro Nébias, 887
São Paulo, SP – CEP 01203-001
Fone: +55 11 3226-0211
www.editoradobrasil.com.br

abdr — ASSOCIAÇÃO BRASILEIRA DOS DIREITOS REPROGRÁFICOS
Respeite o direito autoral

Apresentação

Prezado aluno,

Neste livro você vai:

- usar as mãos e a mente para construir conceitos matemáticos e aplicá-los;
- conferir como a Matemática está presente em seu dia a dia;
- resolver questões com diferentes níveis de dificuldade – inclusive de vestibulares, das olimpíadas, do Saresp etc., para começar a se familiarizar com esse tipo de desafio.

Sempre que necessário, consulte seu professor. Ele e este livro são seus parceiros nesta caminhada.

O autor

Conheça o livro

Foram utilizadas como exemplo páginas de todos os volumes da coleção.

Aqui tem mais
A seção apresenta textos que aprofundam o conteúdo ao qual está vinculada, oferecendo mais informações sobre ele.

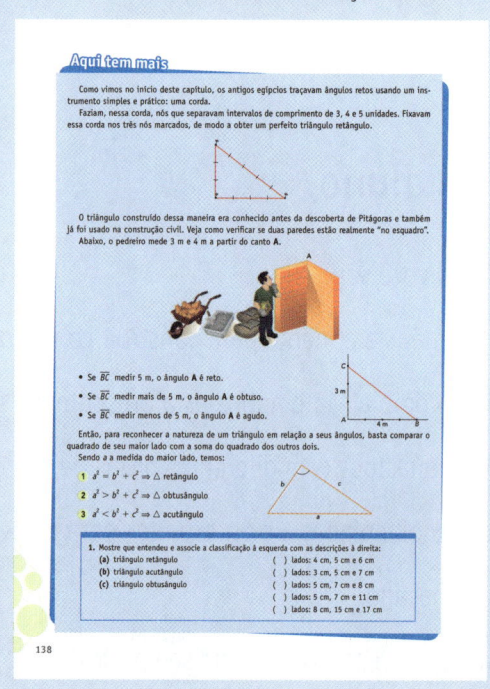

Capítulos
Os assuntos são organizados em capítulos curtos, em uma linguagem simples e precisa, e elaborados na medida certa para a compreensão do conteúdo.

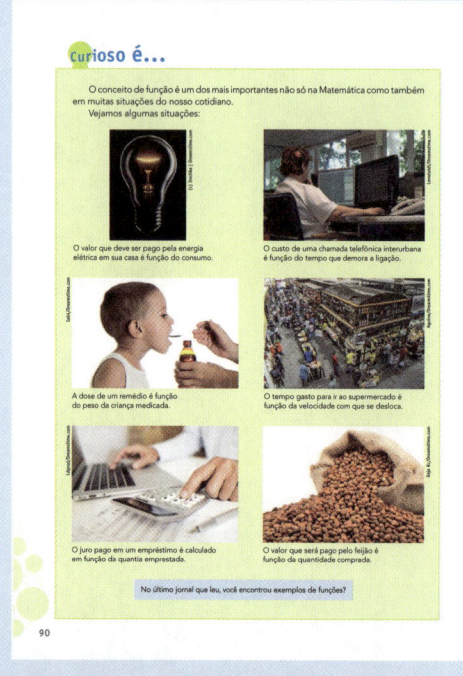

Exercícios de fixação
Favorecem a avaliação do entendimento no momento propício após cada tópico da teoria e apresentam graus de complexidade crescente.

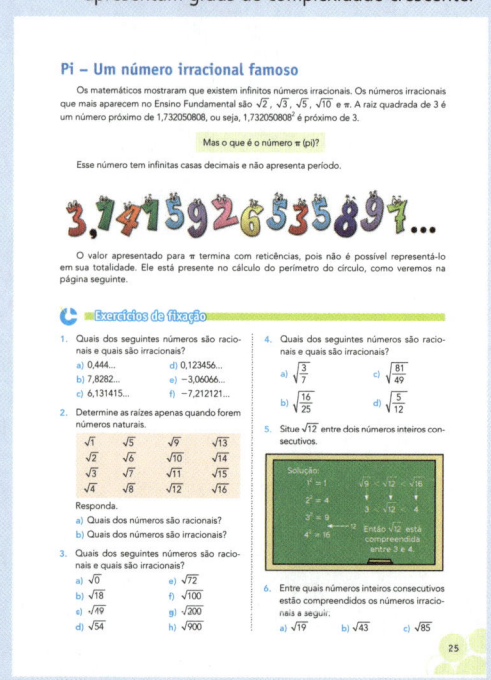

Curioso é...
Esta seção fornece informações interessantes e curiosas sobre o assunto do capítulo, que aumentam o interesse pelo estudo.

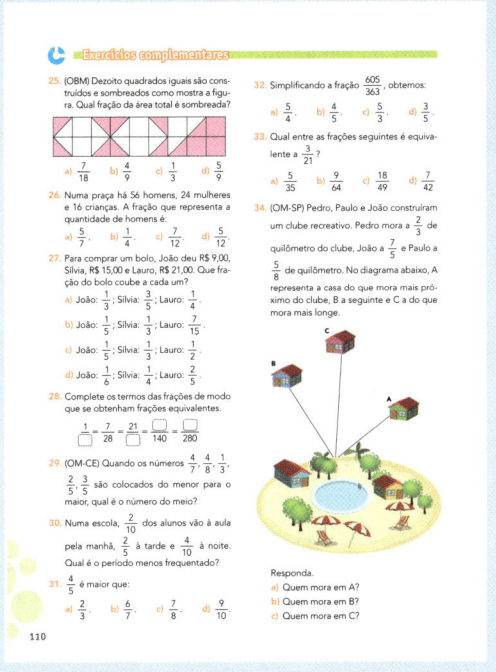

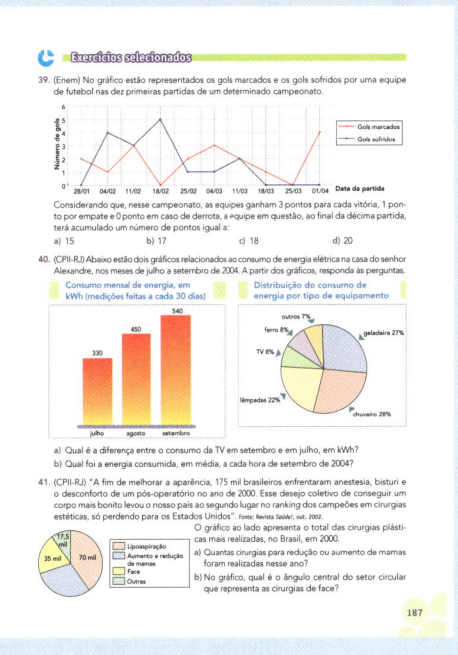

Exercícios selecionados

Questões que exigem soluções mais criativas, pois visam ao desenvolvimento do raciocínio lógico-dedutivo, da estimativa e da percepção. São desafios que ampliam os conhecimentos.

Exercícios complementares

Numerosos e variados, constituem mais uma oportunidade de rever, interligar e aprofundar os diferentes assuntos.

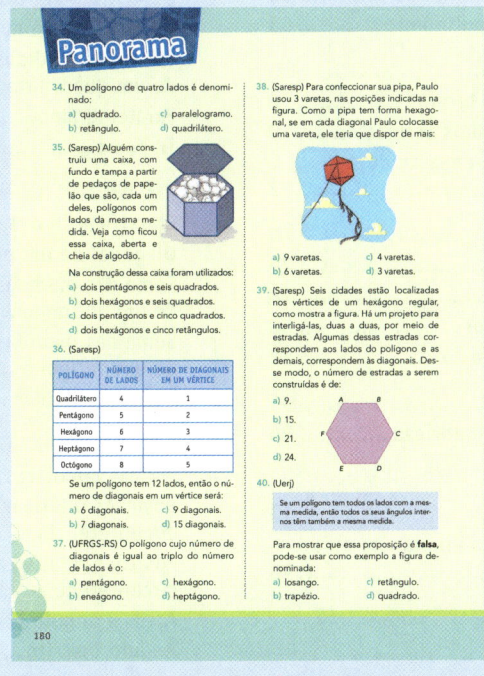

Panorama

Apresenta questões rigorosamente selecionadas de vestibulares, olimpíadas e avaliações oficiais, possibilitando rever conceitos sobre os quais ainda há dúvida.

Sumário

1. NÚMEROS NATURAIS 7
2. NÚMEROS INTEIROS 12
3. NÚMEROS RACIONAIS 16
   Números decimais exatos 16
   Números decimais periódicos 18
4. NÚMEROS IRRACIONAIS 24
   Pi – um número irracional famoso 25
5. NÚMEROS REAIS 30
   Propriedades da adição e da multiplicação em IR 32
   Raízes aproximadas 32
6. VALOR NUMÉRICO DE UMA EXPRESSÃO ALGÉBRICA 36
   Expressões algébricas 36
7. MONÔMIOS 42
   Adição algébrica de monômios 45
   Multiplicação e divisão de monômios ... 46
   Potenciação de monômios 48
   Monômios quadrados perfeitos – raiz quadrada 48
8. POLINÔMIOS 52
   Polinômio com uma variável 54
   Adição e subtração de polinômios 56
   Multiplicação de monômio por polinômio 59
   Multiplicação de polinômio por polinômio ... 60
   Divisão de polinômio por monômio 62
   Divisão de polinômio por polinômio 63
9. PRODUTOS NOTÁVEIS 68
   Quadrado da soma de dois termos 68
   Quadrado da diferença de dois termos 70
   Produto da soma pela diferença de dois termos 72
10. FATORAÇÃO 76
    Fator comum 76
    Agrupamento 78
    Diferença de dois quadrados 80
    Trinômio quadrado perfeito 82
11. FRAÇÕES ALGÉBRICAS 86
    Simplificação de frações algébricas ... 86
12. ADIÇÃO E SUBTRAÇÃO DE FRAÇÕES ALGÉBRICAS 90
    Mínimo múltiplo comum de monômios e de polinômios 90
13. MULTIPLICAÇÃO E DIVISÃO DE FRAÇÕES ALGÉBRICAS 96
14. EQUAÇÕES FRACIONÁRIAS E EQUAÇÕES LITERAIS 100
    Revendo equações do 1º grau 100
    Equações fracionárias 102
    Equações literais 104
15. ÂNGULOS 108
    Medida de um ângulo 108
    Ângulos congruentes e adjacentes 110
    Classificação de ângulos 110
    Bissetriz de um ângulo 112
16. ÂNGULOS ESPECIAIS 116
    Ângulos complementares 116
    Ângulos suplementares 117
    Ângulos opostos pelo vértice 118
17. ÂNGULOS FORMADOS POR TRÊS RETAS . 124
    Ângulos formados por duas retas paralelas cortadas por uma transversal 124
18. TRIÂNGULOS 132
    Classificação dos triângulos 134
    Condição de existência de um triângulo 136
    Elementos notáveis de um triângulo ... 138
19. ÂNGULOS DE UM TRIÂNGULO 142
    Soma das medidas dos ângulos internos de um triângulo 142
    Medida de um ângulo externo 144
    Relação entre lados e ângulos de um triângulo 146
20. CONGRUÊNCIA DE TRIÂNGULOS 150
    Figuras congruentes 150
    Casos de congruência de triângulos .. 152
21. QUADRILÁTEROS 158
    Quadrilátero convexo 158
    Soma das medidas dos ângulos internos de um quadrilátero 160
    Paralelogramo 162
    Trapézio 164
22. POLÍGONOS CONVEXOS 170
    Classificação dos polígonos 171
    Diagonal de um polígono 172
    Soma das medidas dos ângulos internos de um polígono 174
    Soma das medidas dos ângulos externos de um polígono 176
    Polígono regular 176
23. CIRCUNFERÊNCIA E CÍRCULO 182
    Formas circulares 182
    Posições relativas de uma reta e uma circunferência 184
    Posições relativas de duas circunferências 184
    Arcos e ângulo central 186
    Ângulo inscrito 188

Capítulo
Números naturais

Você acha que os números presentes nas situações abaixo são do mesmo tipo?

TIAGO TEM 5 CHAVEIROS!

ESTÁ −2 °C AQUI EM NOVA YORK.

... ME DÊ $\frac{1}{2}$ kg DE CARNE.

... MEU SALDO NO BANCO É DE −R$ 18,63!

... TUBOS DE $2\frac{1}{4}$ POLEGADAS?

Você já conhece muitos tipos de número, não é mesmo? Nos próximos capítulos vamos organizá-los e conhecer os nomes especiais que recebem.

Nas séries anteriores, você estudou o conjunto dos números naturais, o dos números inteiros e dos números racionais. Agora, neste ano, terá a oportunidade de fazer uma revisão desses três conjuntos e ainda conhecer outros dois: o conjunto dos números irracionais e o conjunto dos números reais.

Historicamente, as principais fontes que deram origem aos números foram duas: contagem e medidas.

Conjunto dos números naturais

Como já destacamos, o objetivo dos três primeiros capítulos é fazer uma breve revisão do estudo dos números, com os quais você já teve contato nos anos anteriores. Além disso, você terá oportunidade de exercitar um pouco mais as operações e resolução de problemas.

O conjunto dos **números naturais** é indicado pelo símbolo IN e representado da seguinte forma:

IN = {0, 1, 2, 3, ...}

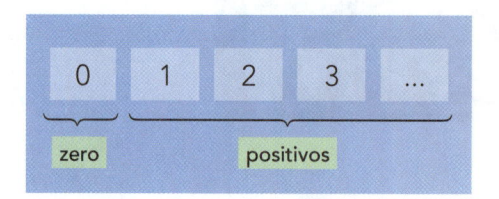

| 0 | 1 | 2 | 3 | ... |

zero — positivos

① Todo número natural tem um sucessor, e existem infinitos números naturais.
- O sucessor de 15 é 16.
- O sucessor de 3 000 é 3 001.

② Todo número natural, com exceção do zero, tem um antecessor.
- O antecessor de 13 é 12.
- O antecessor de 1 000 é 999.

Dois ou mais números naturais em sequência são chamados de **números consecutivos**. Os números:
- 15 e 16 são consecutivos;
- 99, 100 e 101 são consecutivos.

É sempre possível somar dois números naturais ou multiplicar um número natural por outro, e nessas duas operações o resultado é sempre um número natural.

Já a subtração entre dois números naturais nem sempre resulta em um número natural. Por exemplo, as operações 7 − 10 e 25 − 30 não têm como resultado um número natural. Daí a necessidade de ampliar o conjunto IN introduzindo os números negativos.

Exercícios de fixação

1. Responda.
   a) Qual é o menor número natural?
   b) Existe o maior número natural?
   c) Quantos números naturais existem?

2. Quais destes números são **naturais**?

7	0	3,8
26	1	89
−3	6,2	$\sqrt{4}$
154	1 001	$\dfrac{15}{5}$

3. Complete as sequências.

a)		16	25	36		64
b)	8	27		125	216	
c)	5	7	11	13	17	

4. Responda.
   a) Qual é o sucessor de 18 999?
   b) Qual é o antecessor de 53 000?
   c) De que número 4 000 é o sucessor?
   d) De que número 7 650 é o antecessor?

5. Determine o sucessor do maior número natural constituído de sete algarismos.

6. Se eu quero representar o antecessor de n, escrevo $n - 1$. Se eu quero representar o sucessor de n, o que devo escrever?

7. Utilizando uma só vez cada um dos algarismos 3 5 6 8 , escreva:
   a) o maior número natural;
   b) o maior número par;
   c) o menor número par;
   d) o menor número ímpar.

8. Quantos números naturais há de 30 a 37?

9. Quantos números naturais há entre 204 e 262?

10. Escreva o número 21 como:
    a) o produto de dois números ímpares;
    b) a soma de dois números naturais consecutivos;
    c) a soma de três números naturais consecutivos;
    d) a soma de três números naturais ímpares consecutivos.

11. A soma de três números naturais consecutivos é 615. Qual é o maior desses três números?

12. Usando os algarismos 5, 6 e 7, sem repetir nenhum, é possível formar:
    a) dois números de três algarismos.
    b) três números de três algarismos.
    c) quatro números de três algarismos.
    d) seis números de três algarismos.

13. No sistema de numeração decimal, quantos são os números escritos com três algarismos?
    a) 800   b) 899   c) 900   d) 901

14. Um capítulo de um livro começa na página 28 e termina na página 45. O número de páginas desse capítulo é:
    a) 18   b) 16   c) 17   d) 19

15. O aniversário de Karina é 9 de maio. Sua prima Célia é 13 dias mais jovem. Em que dia é o aniversário de Célia?

16. Se, em um ano, 1º de outubro é quinta-feira, 23 de outubro será:
    a) quarta-feira.   c) sábado.
    b) sexta-feira.   d) domingo.

17. (Obmep) Cláudia inverteu as posições de dois algarismos vizinhos no número 682 479 e obteve um número menor. Quais foram esses algarismos?
    a) 6 e 8   c) 2 e 4   e) 7 e 9
    b) 8 e 2   d) 4 e 7

Exercícios complementares

> **Regras de prioridade das operações**
> - Os cálculos indicados dentro de parênteses devem ser efetuados primeiro.
> - A radiciação e a potenciação têm prioridade sobre a multiplicação e a divisão.
> - A multiplicação e a divisão têm prioridade sobre a adição e a subtração.
> - Entre duas operações com a mesma prioridade, efetua-se a que aparece primeiro, da esquerda para a direita.

18. Qual é o valor de 1 000 − 100 + 10 − 1?

19. Calcule o valor das expressões.

a) $4 \times 6 + 10 : 2$
b) $7^2 - 10 + (2^3 - 5)$
c) $15 + (1^5 \times 6 + 4) : 5$
d) $30 : (3 \times 7 + 9) + 2^3$
e) $3^2 + 5^2$
f) $(3 + 5)^2$
g) $10^2 - 3^2$
h) $(10 - 3)^2$
i) $\sqrt{36} : 2 + 2^2$
j) $2^3 + \sqrt{100} : 5 - 3^2$
k) $2 \times (\sqrt{1} \times 5 - \sqrt{16})$
l) $(7^2 - \sqrt{81}) : (26 - \sqrt{36})$

20. Rodrigo tem 76 adesivos e Frederico tem 58. Quantos adesivos Rodrigo deve dar a Frederico para que eles fiquem com a mesma quantidade de adesivos?

21. Três amigos, Paulo, Lúcio e Mário, jogam pingue-pongue. Após cada partida, quem perde sai. Sabe-se que Paulo jogou 17 partidas, Lúcio jogou 13 e Mário jogou 12 partidas. Quantas partidas foram jogadas?

22. Bruna foi a uma loja e comprou:
- uma calça preta e uma branca;
- uma camiseta verde, uma vermelha e uma amarela.

De quantas maneiras diferentes ela poderá vestir-se?

23. Dois irmãos são viajantes.
- Lúcio volta para casa nos dias 2, 4, 6, ...
- Tiago volta para casa nos dias 3, 6, 9, ...

Em quais dias do mês de abril os dois irmãos podem ser encontrados em casa?

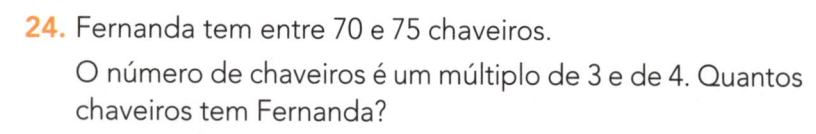

24. Fernanda tem entre 70 e 75 chaveiros.

O número de chaveiros é um múltiplo de 3 e de 4. Quantos chaveiros tem Fernanda?

25. (PUC-SP) No esquema abaixo, o número 14 é o resultado que se pretende obter para a expressão final encontrada ao efetuar-se, passo a passo, a sequência de operações indicadas, a partir de um dado número x.

$$\underline{\ x\ } \xrightarrow{\text{(multiplicar por 6)}} \underline{\ \ \ } \xrightarrow{\text{(subtrair 5)}} \underline{\ \ \ } \xrightarrow{\text{(multiplicar por 2)}} \underline{\ \ \ } \xrightarrow{\text{(dividir por 7)}} \underline{\ 14\ }$$

Qual o número x que satisfaz as condições do problema?

Panorama

26. O oitavo termo da sequência abaixo é:

0, 3, 8, 15, 24, ...

a) 63.   b) 65.   c) 67.   d) 68.

27. Qual das seguintes expressões numéricas não admite solução no conjunto $\mathbb{N}$?
a) $6 : 4 + 2$
b) $0 \cdot 8 + 3$
c) $15 : 5 + 0$
d) $17 + 6 : 2$

28. Para o enunciado abaixo ser verdadeiro, deve-se substituir o sinal de interrogação entre o 6 e o 3 por:

$(6 \; ? \; 3) + 4 - (2 - 1) = 5$

a) +   b) −   c) :   d) ·

29. (Fuvest-SP) Num bolão, sete amigos ganharam vinte e um milhões, sessenta e três mil e quarenta e dois reais. O prêmio foi dividido em sete partes iguais. Logo, o que cada um recebeu, em reais, foi:
a) 3.009.006,00
b) 3.090.006,00
c) 3.900.060,00
d) 3.009.006,50

30. (FJG-RJ) A soma das idades de Antônio, Bernardo e Carlos corresponde à idade do pai deles. Antônio tem 8 anos a mais que Carlos, e Bernardo, que tem 15 anos, tem 5 anos a mais que Carlos. A idade do pai é: 
a) 43 anos.
b) 45 anos.
c) 47 anos.
d) 49 anos.

31. A formiga vai caminhar de **A** até **C** passando por **B**. Ela só anda pelas estradas que já construiu:

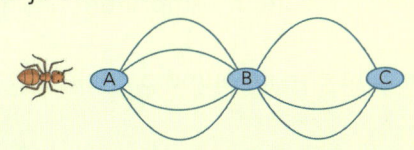

O número de caminhos diferentes que ela pode escolher é:

a) 6.   b) 7.   c) 10.   d) 12.

32. Com um balde de água, eu encho 12 garrafas. Com uma garrafa, eu encho 6 copos. Assim o número de copos necessários para encher um balde é:
a) 18.
b) 36.
c) 64.
d) 72.

33. (Saresp) Em um jogo os participantes vão recebendo fichas de diferentes valores. Em uma partida, Clara recebeu 5 fichas de 2 pontos cada uma, 4 fichas de 3 pontos cada uma e 3 fichas de 5 pontos cada uma. Se o vencedor é o primeiro a completar 40 pontos, Clara:
a) perdeu, pois ficaram faltando 4 pontos.
b) perdeu, pois ficaram faltando 3 pontos.
c) perdeu, pois ficaram faltando 2 pontos.
d) venceu com um ponto a mais que o necessário.

34. (OCM-CE) Eu e mais três amigos fomos a um passeio e gastamos juntos R$ 15,00. Gastei R$ 3,00, o primeiro amigo gastou o dobro do que gastei e o segundo amigo gastou um terço do que gastei. Quanto gastou o terceiro amigo?
a) R$ 3,00
b) R$ 4,00
c) R$ 5,00
d) R$ 6,00

35. (UERJ) Paulo realizou uma viagem de 480 km num carro cujo consumo médio de combustível é de 12 km por litro. A capacidade do tanque deste carro é de 55 litros. Então, o número de litros de combustível restante no tanque, após essa viagem, é de:
a) 5.   b) 10.   c) 15.   d) 20.

Capítulo 2
Números inteiros

Há situações do dia a dia em que as quantidades não podem ser expressas com números naturais. Para esses casos, necessita-se de outro tipo de número, os **números inteiros**.

Veja, por exemplo, a conversa de Rafael com sua prima Renata, que mora no Canadá.

> AQUI ESTÁ MUITO FRIO! ESTAMOS COM CINCO GRAUS NEGATIVOS...

> NOSSA! AQUI A TEMPERATURA É DE TRINTA GRAUS POSITIVOS.

Conjunto dos números inteiros

Os números naturais e os números inteiros negativos constituem o conjunto dos números inteiros indicado pelo símbolo $\mathbb{Z}$:

$$\mathbb{Z} = \{..., -3, -2, -1, 0, 1, 2, 3, ...\}$$

Veja:

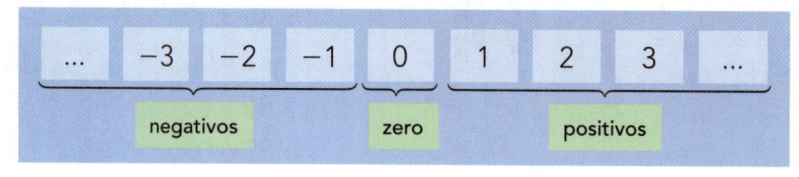

| ... | −3 | −2 | −1 | 0 | 1 | 2 | 3 | ... |

negativos — zero — positivos

Note que o número zero não é positivo nem negativo. Note também que todo número natural é também um número inteiro.

No conjunto $\mathbb{Z}$ sempre é possível efetuar a adição, a multiplicação e a subtração. Isso significa que a soma, o produto e a diferença de dois números inteiros resultam sempre em um número inteiro.

Já a divisão entre dois números inteiros nem sempre resulta em um número inteiro.

Por exemplo:

- 10 : 6
- 15 : 8

não resultam em um número inteiro.

Daí a necessidade de ampliar o conjunto $\mathbb{Z}$, criando um conjunto que abrangesse as frações, as quais representam quantidades não inteiras.

Exercícios de fixação

1. Responda.
   a) Existe o menor número inteiro?
   b) Existe o maior número inteiro?
   c) Quais são os números naturais entre −3 e 3?
   d) Quais são os números inteiros entre −3 e 3?

2. Quais destes números são **inteiros**?

8	0	4,7	−6
−1,2	1001	−93	54
$\frac{4}{3}$	$\sqrt{25}$	$\frac{6}{2}$	$-\sqrt{9}$

3. Complete as sequências com mais três termos.
   a) −14, −11, −8
   b) +37, +26, +15

4. Quanto valem A, B e C representados na figura abaixo?

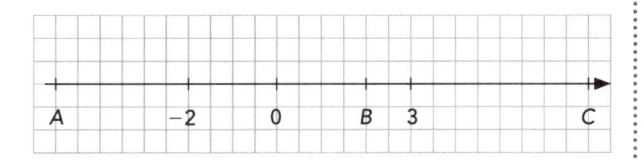

   (reta numérica: A, −2, 0, B, 3, C)

5. Qual é o número maior:
   a) −42 ou 0?
   b) −18 ou 18?
   c) −25 ou −52?
   d) +30 ou −100?

6. Responda.
   a) Qual é o sucessor de −5?
   b) Qual é o antecessor de −5?
   c) Qual é o sucessor de −99?
   d) Qual é o antecessor de −99?

7. Complete a sequência adicionando sempre o mesmo número ao anterior.

   | −15 | | | | | −5 |

8. Observe a figura.

   Partida: 29 passageiros

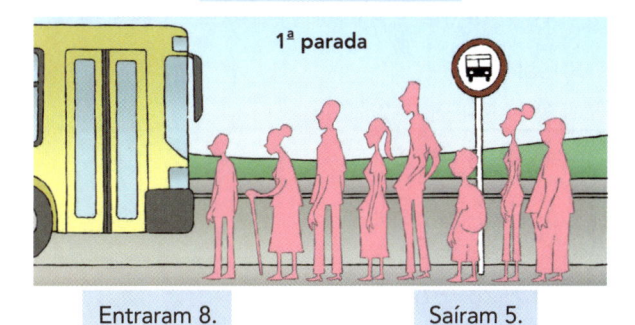

   1ª parada — Entraram 8.   Saíram 5. 
   2ª parada — Entraram 3.   Saíram 7. 
   3ª parada — Entraram 4.   Saíram 4.

   a) Complete a tabela.

PARADA	ENTRARAM	SAÍRAM	VARIAÇÃO
1ª	+8	−5	+3
2ª			
3ª			

   b) Com quantos passageiros chegou o ônibus à quarta parada?

Exercícios complementares

9. Marta está escrevendo uma sequência de oito números:

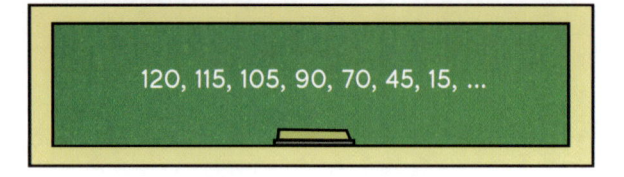

> 120, 115, 105, 90, 70, 45, 15, ...

Qual número ela ainda deverá escrever?

10. Calcule.
  a) $-9 + 6 - 2$
  b) $4 \cdot 3 - 20$
  c) $12 \cdot 5 - 100$
  d) $-40 + 8 \cdot 5$
  e) $-28 - 6 \cdot 7$
  f) $3 \cdot (-9) + 14$
  g) $-30 + 6 \cdot (-1)$
  h) $-10 \cdot (-2) - (-18)$
  i) $2 \cdot (-6) + (-5) \cdot (-3)$
  j) $(-2) \cdot (-7) + \sqrt{9} - 16$
  k) $7 + (-2)^3 + 1$
  l) $(-8)^2 - 2 - (-1)$
  m) $9 + (3 - 5) + (-6 - 2)$
  n) $-(4 - 6) - (-3 + 8) - (-1)$
  o) $-\sqrt{100} + \sqrt{16} - 5^2 + 6^0$

11. Em uma loja há 4 sacos de ração, com 50 quilos em cada um deles. Durante a semana, os funcionários foram pondo e tirando ração dos sacos, sem se esquecer de indicar quantos quilos foram retirados ou acrescentados em relação à quantidade inicial.

> −21   +4   +9   −8

  a) Quantos quilos de ração há em cada saco?
  b) Quantos quilos de ração há no total?

12. Qual é a soma de todos os números inteiros entre −38 e +38?

13. O saldo bancário de Vicente passou de −273 reais para +819 reais. Quanto foi depositado em sua conta?

14. Em Campos do Jordão, durante a madrugada, o termômetro marcava −2 graus. Após o nascer do sol, a temperatura subiu 10 graus. Qual temperatura o termômetro passou a marcar?

15. Três números inteiros consecutivos somados resultam em −36. Quais são esses números?

16. O saldo médio bancário é dado pelo quociente entre a soma dos saldos diários e o número de dias.

Durante os primeiros cinco dias de setembro a conta de Mateus teve os seguintes saldos:

- primeiro dia: + R$ 250,00
- segundo dia: − R$ 200,00
- terceiro dia: − R$ 700,00
- quarto dia: + R$ 150,00
- quinto dia: − R$ 100,00

Qual é o saldo médio de Mateus nesses cinco dias?

Panorama

17. Qual é o próximo termo desta sequência?

$$2, 0, -2, \ldots$$

a) 0   b) 4   c) −3   d) −4

18. Dos números 0, 10, −10 e −20 o menor é:

a) 0.   b) 10.   c) −10.   d) −20.

19. Os resultados de (3 + 7), (3 − 7), (−3 + 7) e (−3 − 7) são, respectivamente:

a) 10, 4, 4, 10.
b) 10, 4, −4, 10.
c) 10, −4, 4, −10.
d) 10, −4, −4, −10.

20. Os resultados de 5 − 2 − 7 e (−4) · (5 − 3) são, respectivamente:

a) 4 e 8.
b) 14 e 32.
c) 0 e −32.
d) −4 e −8.

21. O valor da expressão (−90) : (−5) · (−10) é:

a) 108.   b) 180.   c) −108.   d) −180.

22. Os resultados de $(-3)^2$, -3^2, $(-2)^3$ e -2^3 são:

a) 9, 9, 8 e −8.
b) 9, 9, −8, e 8.
c) 9, −9, −8 e −8.
d) −9, −9, −8 e −8.

23. (Unip-SP) O valor da expressão numérica

$$-4^2 + (3-5) \cdot (-2)^3 + 3^2 - (-2)^4 \text{ é:}$$

a) 7.   b) 8.   c) 15.   d) −7.

24. (UFPR) Considere as seguintes expressões numéricas:

$$A = -2 + 3(1-2) - (-1)$$
$$B = 5 - [7 - (1+2-4)]$$

Calcule os valores de A e B e, com base nesses valores, assinale a alternativa correta.

a) A · B = 12
b) A · B = −12
c) A − B = 1
d) A − B = −7

25. (SEE-SP) Sérgio fez algumas experiências com um termômetro. Quando o mesmo atingiu 15 °C ele o colocou no congelador. Algum tempo depois, a temperatura caiu 20 °C. Quanto passou a ser a temperatura registrada no termômetro?

a) 5 °C
b) 10 °C
c) −5 °C
d) −15 °C

26. O quadro abaixo mostra o extrato bancário de Mauro no dia 3 de maio:

DATA	HISTÓRICO	VALOR (R$)
03/05	saldo	−140,00
	salário	+860,00
	saque	−370,00
	cheque	−250,00
	depósito	+80,00
	cheque	−200,00

Qual é o saldo de Mauro, em reais, ao final desse dia?

a) −20,00   c) −40,00
b) −30,00   d) −60,00

27. (Prominp) Em um campeonato de futebol, três times se enfrentaram na primeira fase, e os resultados foram os seguintes:

- A venceu B por 4 a 1;
- B venceu C por 3 a 0;
- C venceu A por 2 a 1.

Como cada time obteve uma vitória e uma derrota, classificou-se para a fase seguinte o time com maior saldo de gols (diferença entre o número de gols marcados e sofridos). O saldo de gols do time classificado foi:

a) −1.   b) 0.   c) +1.   d) +2.

28. Seja x um número inteiro negativo. Qual é o maior valor?

a) x + 1   c) 2x
b) x − 2   d) −2x

Capítulo 3
Números racionais

Conjunto dos números racionais

O conjunto dos **números racionais** contém os números naturais, os números inteiros e as frações. Seu símbolo é $\mathbb{Q}$.

> Qualquer número racional pode ser representado em forma de fração.

Observe que:

1. Os **números naturais** podem ser escritos em forma de fração. → $8 = \dfrac{8}{1}$ $5 = \dfrac{10}{2}$

2. Os **números inteiros** podem ser escritos em forma de fração. → $-5 = -\dfrac{5}{1}$ $-7 = -\dfrac{21}{3}$

3. Os **números decimais** podem ser escritos em forma de fração. → $0{,}7 = \dfrac{7}{10}$ $3{,}51 = \dfrac{351}{100}$

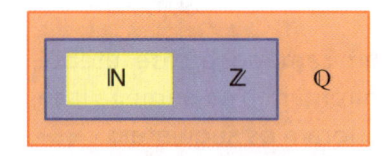

4. As **dízimas periódicas** podem ser escritas em forma de fração. → $0{,}777\ldots = \dfrac{7}{9}$ $0{,}3535\ldots = \dfrac{35}{99}$

O diagrama ao lado mostra que:
- todo número natural é também número inteiro;
- todo número inteiro é também número racional.

No conjunto $\mathbb{Q}$, as operações de adição, subtração, multiplicação e divisão (com divisor diferente de zero) sempre são possíveis.

Números decimais exatos

Vamos escrever sob a forma de fração os seguintes números decimais exatos:

A) $0{,}\underbrace{79}_{\text{duas casas decimais}} = \dfrac{79}{\underbrace{100}_{\text{dois zeros}}}$

B) $1{,}\underbrace{843}_{\text{três casas decimais}} = \dfrac{1843}{\underbrace{1000}_{\text{três zeros}}}$

Lembramos que 1,843 é o mesmo que 1 inteiro e 843 milésimos.

Logo: $1{,}843 = \dfrac{1843}{1000}$ ou $1{,}843 = 1\dfrac{843}{1000}$

Exercícios de fixação

1. O que você pode dizer sobre estes números?

   $-\dfrac{5}{10}$ $-0,5$

   $-\dfrac{17}{34}$ $-\dfrac{1}{2}$

2. Escreva na forma decimal.

   a) $\dfrac{5}{4}$ b) $\dfrac{2}{3}$

   Solução:

   a) $\dfrac{5}{4} = 1,25$

   ```
   5  | 4
   1 0  1,25    A divisão terminou.
    2 0
      0
   ```

   b) $\dfrac{2}{3} = 0,666...$

   ```
   2 0 | 3
    2 0  0,666...   A divisão nunca
     2 0            vai terminar.
      2 0
        2
   ```

   Obtemos a representação decimal **dividindo** o numerador pelo denominador. Esse quociente poderá ser um **decimal exato** ou uma **dízima periódica**.

3. Os números representados são iguais ou diferentes?

   a) $\dfrac{16}{8}$ e 2   d) $\dfrac{1}{5}$ e $\dfrac{3}{15}$

   b) $\dfrac{12}{1}$ e 1,2   e) $\dfrac{11}{2}$ e 5,5

   c) $\dfrac{22}{9}$ e $\dfrac{7}{3}$ f) $\dfrac{7}{9}$ e 0,777...

4. Escreva a representação decimal de:

   a) $\dfrac{9}{5}$ d) $-\dfrac{1}{10}$

   b) $\dfrac{3}{8}$ e) $\dfrac{1}{9}$

   c) $-\dfrac{1}{2}$ f) $\dfrac{8}{3}$

5. Represente na forma de fração, simplificando quando possível.

   a) 0,3   f) −4,5
   b) 0,03   g) 13,7
   c) 0,005   h) 2,002
   d) 1,6   i) 0,0007
   e) 0,83   j) 3,290

6. Quais das frações representam dízimas periódicas infinitas?

   $\dfrac{1}{5}$ $\dfrac{1}{6}$ $\dfrac{1}{7}$ $\dfrac{1}{8}$

7. Indique, pelas letras, quais são os pacotes com a mesma quantidade.

   A: $\dfrac{1}{2}$ kg
   B: 0,25 kg
   C: $\dfrac{3}{2}$ kg
   D: 1,75 kg
   E: $\dfrac{1}{4}$ kg
   F: 0,5 kg
   G: $1\dfrac{3}{4}$ kg
   H: 1,5 kg

17

Números decimais periódicos

Vamos escrever na forma fracionária alguns números decimais periódicos.

A Escrever sob forma de fração: 0,444...   *dízima periódica simples — período: 4*

$$\text{Fazendo } x = 0{,}444..., \text{ tem-se:}$$
$$10x = 4{,}444... \quad \text{(multiplicamos por 10)}$$
$$\text{Então: } 10x - x = 4{,}444... - 0{,}444...$$
$$9x = 4$$
$$x = \frac{4}{9}$$

B Escrever sob forma de fração: 0,3535...   *dízima periódica simples — período: 35*

$$\text{Fazendo } x = 0{,}3535..., \text{ tem-se:}$$
$$100x = 35{,}3535... \quad \text{(multiplicamos por 100)}$$
$$\text{Então: } 100x - x = 35{,}3535... - 0{,}3535...$$
$$99x = 35$$
$$x = \frac{35}{99}$$

Observando os exemplos acima, podemos estabelecer a seguinte regra prática:

$$0{,}3535... = \frac{35}{99} \quad \begin{array}{l}\leftarrow \text{período} \\ \leftarrow \text{tantos noves quantos são os algarismos do período}\end{array}$$

C Escrever sob forma de fração: 5,333...   *dízima periódica simples — período: 3*

$$\text{Então: } 5{,}333... = 5 + 0{,}333...$$
$$= 5 + \frac{3}{9}$$
$$= \frac{48}{9}$$
$$= \frac{16}{3}$$

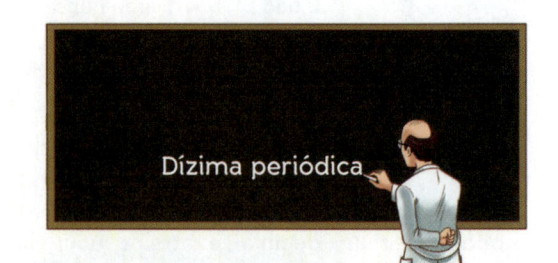

D Escrever sob forma de fração: 0,2777...   *dízima periódica composta — período: 7 e parte não periódica: 2*

$$\text{Então: } 0{,}2777... = \frac{2{,}777...}{10}$$
$$= \frac{2 + 0{,}777...}{10}$$
$$= \frac{2 + \frac{7}{9}}{10}$$
$$= \frac{\frac{25}{9}}{10} = \frac{25}{90} = \frac{5}{18}$$

Exercícios de fixação

8. Quanto custam 15 laranjas?

(6 LARANJAS R$ 4,50)

9. Escreva sob a forma de fração.
- a) 0,555...
- b) 0,3737...
- c) −0,888...
- d) −3,222...
- e) −1,2121...
- f) 0,0505...
- g) 2,0101...
- h) 0,5666...
- i) 1,4333...
- j) 6,0707...

10. Calcule.
- a) $0{,}777\ldots - \dfrac{1}{2}$
- b) $1{,}222\ldots + \dfrac{1}{6}$
- c) $0{,}555\ldots + \dfrac{2}{3} - \dfrac{1}{6}$
- d) $\left(0{,}222\ldots + \dfrac{1}{3}\right) : \dfrac{2}{3}$

11. Consideremos um quadrado cuja área seja 25. A área da parte pintada de cada figura pode ser representada na forma fracionária ou na forma decimal. Observe as figuras e responda às perguntas.

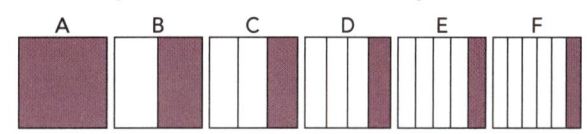

A B C D E F

- a) Qual número natural está relacionado à parte pintada na figura E?
- b) Qual número decimal está relacionado à parte pintada na figura D?
- c) Qual dízima periódica está relacionada à parte pintada na figura C? É uma dízima periódica simples ou composta? Qual é seu período?
- d) Qual dízima periódica está relacionada à parte pintada na figura F?

12. Qual é a melhor oferta?

AVEIA 250 g R$ 0,96

AVEIA 750 g R$ 2,80

Aqui tem mais

Vamos mostrar que 0,999... é igual a 1.

NÃO PARECE, MAS...

Seja: $x = 0{,}999\ldots$
$10x = 9{,}999\ldots$

$10x = 9{,}999\ldots$
$\underline{x = 0{,}999\ldots}$ −
$9x = 9$
$x = \dfrac{9}{9}$
$x = 1$

Veja as interpretações que daremos para as dízimas de período 9:

- **A** 0,4999... = 0,5
- **B** 0,6999... = 0,7
- **C** 8,41999... = 8,42
- **D** 29,999... = 30

Exercícios complementares

13. Efetue e expresse o resultado na forma de fração.

a) $2 + 0,1$

b) $1,5 + \dfrac{3}{4}$

c) $\dfrac{8}{5} + 0,2$

d) $10 + 0,333...$

e) $0,444... + 0,4$

f) $0,5 + 0,222...$

14. (Saresp) Dona Cláudia faz uma mistura de cereais para o café da manhã. Ela prepara uma lata de cada vez, colocando:

- $\dfrac{2}{5}$ de aveia
- $\dfrac{1}{4}$ de flocos de milho
- 0,25 de fibra de trigo
- 0,1 de coco ralado

Nessa mistura, qual é o produto que aparece em maior quantidade? E o que aparece em menor quantidade?

15. Qual número é maior?

a) $\dfrac{5}{10}$ ou $\dfrac{5}{9}$?

b) 0,5 ou 0,555...?

c) $\dfrac{7}{10}$ ou $\dfrac{7}{9}$?

d) 0,7 ou 0,777...?

16. (OCM-CE) Qual pilha de moedas tem mais dinheiro?

a) Uma com 5 moedas de 50 centavos.

b) Uma com 150 moedas de 1 centavo.

c) Uma com 9 moedas de 25 centavos e 1 de 10 centavos.

d) Uma com 2 moedas de 50 centavos, 4 de 25 centavos e 3 de 10 centavos.

17. (Cefet-SP) Um feirante compra maçãs ao preço de R$ 0,44 cada duas unidades e as vende ao preço de R$ 2,00 cada cinco unidades. Qual é o número de maçãs que deverá vender para obter lucro de R$ 45,00?

18. Calcule.

a) $0,7 + \dfrac{1}{2}$

b) $2,1 - \dfrac{1}{5}$

c) $0,3 + \left(\dfrac{1}{2}\right)^2$

d) $0,7 \cdot \left(-\dfrac{1}{10}\right)$

e) $0,5 + \dfrac{1}{2} - \dfrac{1}{5}$

f) $0,2 + \dfrac{1}{5} \cdot \dfrac{7}{2}$

19. Comprei 6 pacotes de pó de café de $\dfrac{1}{4}$ kg cada um. Será que comprei 1,5 kg de pó de café?

20. (Mack-SP) Calcule:

$\dfrac{2}{3} : (1 - 0,25) + \dfrac{1}{2} \cdot \left(\dfrac{2}{3} - 0,75\right)$

Exercícios selecionados

21. Dividindo R$ 31,00 igualmente entre 4 pessoas, quanto receberá cada uma?

22. (Saresp) André dividirá quatro barras de chocolate igualmente entre seus cinco netos. A fração da barra de chocolate que cada menino receberá é:

a) $\dfrac{5}{4}$ b) $\dfrac{4}{5}$ c) $\dfrac{1}{5}$ d) $\dfrac{1}{4}$

23. Qual número inteiro representa cada uma destas frações?

$\dfrac{23}{23}$ $\dfrac{42}{6}$ $\dfrac{144}{12}$ $\dfrac{100}{10}$ $\dfrac{0}{9}$

24. Procure, entre os cartões, aquele que corresponde a cada condição:

A) $\dfrac{20}{9}$ B) $\dfrac{20}{5}$ C) $\dfrac{20}{6}$

a) Representa um número inteiro.
b) Representa um número entre 2 e 3.
c) Representa um número entre 3 e 4.

25. Complete os quocientes de forma que todos representem o mesmo que $\dfrac{7}{28}$.

a) $\dfrac{\Box}{56}$ b) $\dfrac{70}{\Box}$ c) $\dfrac{21}{\Box}$ d) $\dfrac{\Box}{140}$ e) $\dfrac{\Box}{4}$ f) $\dfrac{\Box}{2\,800}$

26. Calcule:

a) $0,3 + \left(-\dfrac{1}{2}\right)$

b) $0,7 \cdot \left(-\dfrac{1}{2}\right)$

27. Mostre que $\sqrt{0,111\ldots} = 0,333\ldots$

28. Efetue e expresse o resultado na forma de fração.

a) $0,666\ldots - \dfrac{1}{2}$ c) $1,222\ldots + \dfrac{1}{3}$

b) $2,555\ldots - \dfrac{2}{9}$ d) $1,333\ldots - \dfrac{1}{6}$

29. (NCE-RJ) João escreveu o número decimal 1,25 na forma de fração. João encontrou uma fração equivalente a esta com o numerador igual a 15 e outra com o numerador igual a 20. A soma dos denominadores das duas frações equivalentes encontradas por João é igual a:

a) 12 c) 18 e) 40
b) 16 d) 28

30. (UFPI) A fração da dízima periódica 24,444... é:

a) $\dfrac{22}{9}$ c) $\dfrac{220}{9}$

b) $\dfrac{9}{22}$ d) $\dfrac{110}{9}$

31. (PUC-SP) O valor de $\dfrac{4 \cdot (0,3)^2}{2 - 1,4}$ é:

a) 3 b) 6 c) 0,3 d) 0,6

32. (PUC-SP) O valor de $\dfrac{\frac{1}{2} + 0,3}{8}$ é:

a) $\dfrac{1}{5}$ b) $\dfrac{1}{10}$ c) $\dfrac{3}{16}$ d) $\dfrac{13}{16}$

33. (Cesgranrio-RJ) Considere a expressão

$$0,999\ldots + \dfrac{\dfrac{1}{5} + \dfrac{1}{3}}{\dfrac{3}{5} - \dfrac{1}{15}}.$$

Efetuando as operações indicadas e simplificando, obtemos:

a) 1   c) 2

b) $\dfrac{9}{10}$ d) $\dfrac{15}{9}$

Aqui tem mais

Você tem uma tira de papel:

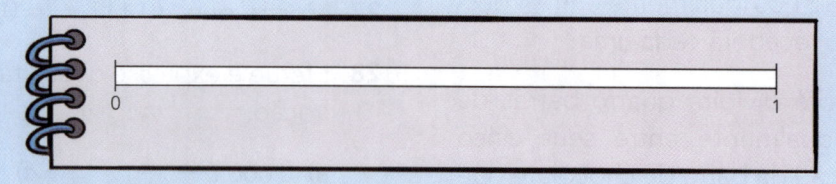

No primeiro dia, você pinta metade da tira:

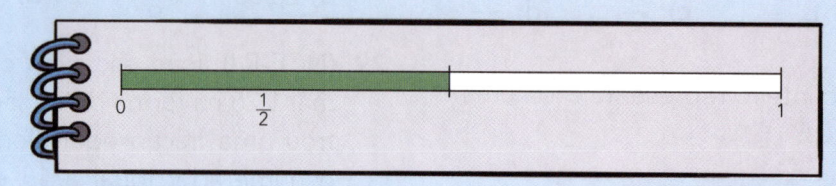

No segundo dia, você pinta metade da metade que sobrou:

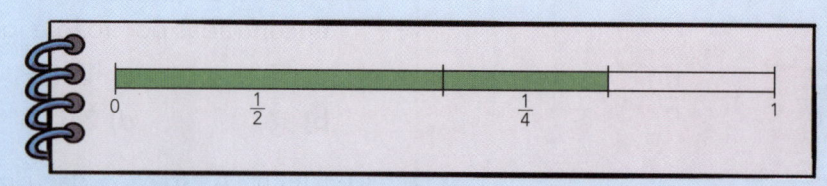

No terceiro dia, novamente a metade da metade que sobrou:

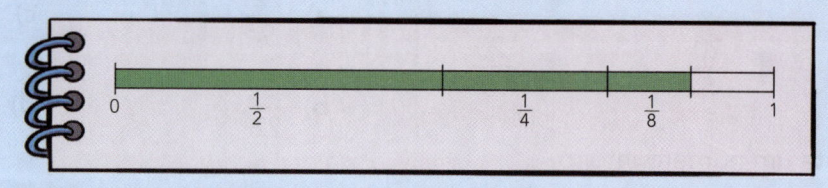

E, no quarto dia, a metade da metade que sobrou:

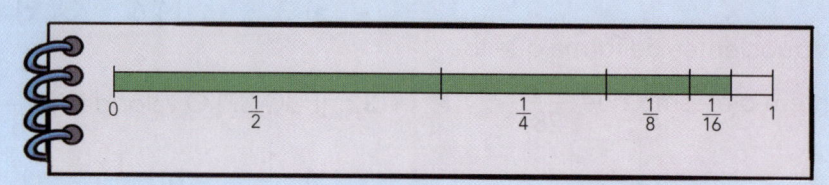

Agora, pensando matematicamente, se você continuar assim, sempre pintando a metade do pedaço que sobrou, em quantos dias você pintaria a fita toda? Já respondeu?

Agora, veja estas explicações:
Cada vez que você pintar "**uma metade**", restará a "**outra metade**" a ser pintada. Isto é,

$$\frac{1}{2} + \frac{1}{4} + \frac{1}{8} + \frac{1}{16} + \frac{1}{32} + \frac{1}{64} + \ldots$$

A soma, apesar de se aproximar cada vez mais do número 1, permanecerá **sempre** menor que 1.

A METADE DE $\frac{1}{16}$ É $\frac{1}{32}$.

E A METADE DE $\frac{1}{32}$ É $\frac{1}{64}$.

Panorama

34. Quando os números

$0,1 \quad -\dfrac{3}{4} \quad 0,6 \quad -2,5 \quad \dfrac{2}{5}$

são arranjados do menor para o maior, o número do meio é:

a) 0,1. b) $\dfrac{2}{5}$. c) 0,6. d) $-\dfrac{3}{4}$.

35. (UFPR) Assinale a alternativa que **não** é equivalente à "metade de 0,5".

a) 0,25
b) $\dfrac{1}{2} \cdot 0,5$
c) $0,5 \cdot 0,5$
d) $\dfrac{1}{2} : \dfrac{1}{2}$

36. (UMC-SP) O número 0,2121... é equivalente a:

a) $\dfrac{7}{33}$. b) $\dfrac{7}{99}$. c) $\dfrac{21}{100}$. d) $\dfrac{21}{999}$.

37. (Cesgranrio-RJ) Observe os seguintes números:

$2 \quad 2,3 \quad 0,003434... \quad \dfrac{2}{5} \quad 0$

Quais deles representam números racionais?

a) O quarto, apenas.
b) O segundo e o quarto, apenas.
c) O segundo, o terceiro e o quarto, apenas.
d) Todos.

38. A expressão $\dfrac{0,060606...}{0,121212...}$ é igual a:

a) 2. b) $\dfrac{1}{2}$. c) $\dfrac{2}{3}$. d) $\dfrac{11}{2}$.

39. (UFRN) O valor de $\dfrac{2}{0,666...}$ é:

a) 3
b) 0,333...
c) 3,333...
d) 1,333...

40. (Cesgranrio-RJ) O valor de

$0,333... + \dfrac{7}{2} - \left(\dfrac{2}{3} + 2\right)$ é:

a) $\dfrac{1}{2}$ b) $\dfrac{1}{3}$ c) $\dfrac{7}{6}$ d) $\dfrac{3}{2}$

41. O número de minutos em $3\dfrac{3}{4}$ horas é:

a) 220. b) 225. c) 245. d) 325.

42. Se um discurso que dura $1\dfrac{1}{4}$ hora começou às 9h50min, deve terminar às:

a) 11h05min.
b) 11h15min.
c) 10h05min.
d) 10h15min.

43. (OJM-SP) Quantas vezes $\dfrac{1}{4}$ de hora cabe em $2\dfrac{1}{2}$ horas?

a) 8 b) 10 c) 12 d) 20

44. Uma receita de bolo de maracujá leva $\dfrac{1}{4}$ de litro de leite e $\dfrac{1}{2}$ litro de suco. Juntando os dois ingredientes podemos dizer que a medida dessa mistura poderá também ser representada em litros, por:

a) $\dfrac{1}{6}$. b) 1,6. c) 2,6. d) 0,75.

45. (UEG-GO) A composição de cada comprimido de vitaminas inclui 3,2 mg de vitamina D; 1,25 mg de vitamina B e 1,8 mg de vitamina C. Com uma dose de 4 desses comprimidos por dia, para tomar 100 mg de vitaminas, uma pessoa precisará de:

a) 3 dias.
b) 4 dias.
c) 5 dias.
d) 6 dias.

Capítulo 4
Números irracionais

Conjunto dos números irracionais

Todo número escrito na forma de um número decimal infinito e não periódico é um **número irracional**.

> Algumas calculadoras apresentam esses números com uma **aproximação** de nove casas decimais.

Exemplos:

- **A** $\sqrt{2} = 1,41421...$
- **B** $\sqrt{3} = 1,73205...$
- **C** $\sqrt{5} = 2,23606...$
- **D** $\sqrt{10} = 3,16227...$

Convém destacar que:

1. Os números irracionais **não** podem ser escritos na forma de fração.

2. Para cada número irracional absoluto, temos um número irracional positivo e um número irracional negativo.

Exemplos:

- **A** $\sqrt{2} \begin{cases} +\sqrt{2} \\ -\sqrt{2} \end{cases}$
- **B** $\sqrt{3} \begin{cases} +\sqrt{3} \\ -\sqrt{3} \end{cases}$

3. Nem toda raiz quadrada é um **número irracional**. Existem números racionais quadrados perfeitos. São aqueles números para os quais se pode encontrar uma raiz quadrada em $\mathbb{Q}$.

Exemplos:

- **A** $\sqrt{9}$ é um número racional, pois $\sqrt{9} = 3$
- **B** $\sqrt{25}$ é um número racional, pois $\sqrt{25} = 5$
- **C** $\sqrt{121}$ é um número racional, pois $\sqrt{121} = 11$
- **D** $\sqrt{0,36}$ é um número racional, pois $\sqrt{0,36} = 0,6$
- **E** $\sqrt{\dfrac{1}{4}}$ é um número racional, pois $\sqrt{\dfrac{1}{4}} = \dfrac{1}{2}$

4. Existem outros tipos de raízes.

Exemplos:

- **A** $\sqrt[3]{4} = 1,58740...$
- **B** $\sqrt[4]{7} = 1,62657...$
- **C** $\sqrt[5]{10} = 1,58489...$
- **D** $\sqrt[3]{27} = 3$
- **E** $\sqrt[4]{16} = 2$
- **F** $\sqrt[5]{32} = 2$

> A RADICIAÇÃO NOS CONDUZ A UM RESULTADO RACIONAL OU IRRACIONAL. VEJA OS EXEMPLOS:

números irracionais

números racionais

Pi – Um número irracional famoso

Os matemáticos mostraram que existem infinitos números irracionais. Os números irracionais que mais aparecem no Ensino Fundamental são $\sqrt{2}$, $\sqrt{3}$, $\sqrt{5}$, $\sqrt{10}$ e π. A raiz quadrada de 3 é um número próximo de 1,732050808, ou seja, $1,732050808^2$ é próximo de 3.

Mas o que é o número π (pi)?

Esse número tem infinitas casas decimais e não apresenta período.

$$3,141592653589 \text{...}$$

O valor apresentado para π termina com reticências, pois não é possível representá-lo em sua totalidade. Ele está presente no cálculo do perímetro do círculo, como veremos na página seguinte.

Exercícios de fixação

1. Quais dos seguintes números são racionais e quais são irracionais?
   a) 0,444...
   b) 7,8282...
   c) 6,131415...
   d) 0,123456...
   e) –3,06066...
   f) –7,212121...

2. Determine as raízes apenas quando forem números naturais.

$\sqrt{1}$	$\sqrt{5}$	$\sqrt{9}$	$\sqrt{13}$
$\sqrt{2}$	$\sqrt{6}$	$\sqrt{10}$	$\sqrt{14}$
$\sqrt{3}$	$\sqrt{7}$	$\sqrt{11}$	$\sqrt{15}$
$\sqrt{4}$	$\sqrt{8}$	$\sqrt{12}$	$\sqrt{16}$

Responda.
   a) Quais dos números são racionais?
   b) Quais dos números são irracionais?

3. Quais dos seguintes números são racionais e quais são irracionais?
   a) $\sqrt{0}$
   b) $\sqrt{18}$
   c) $\sqrt{49}$
   d) $\sqrt{54}$
   e) $\sqrt{72}$
   f) $\sqrt{100}$
   g) $\sqrt{200}$
   h) $\sqrt{900}$

4. Quais dos seguintes números são racionais e quais são irracionais?
   a) $\sqrt{\dfrac{3}{7}}$
   b) $\sqrt{\dfrac{16}{25}}$
   c) $\sqrt{\dfrac{81}{49}}$
   d) $\sqrt{\dfrac{5}{12}}$

5. Situe $\sqrt{12}$ entre dois números inteiros consecutivos.

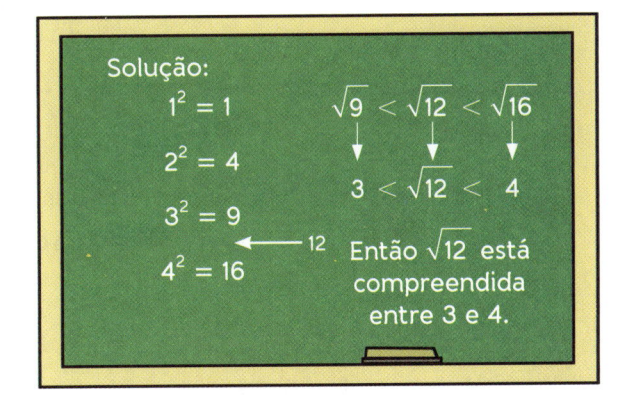

Solução:
$1^2 = 1$
$2^2 = 4$
$3^2 = 9$
$4^2 = 16$

$\sqrt{9} < \sqrt{12} < \sqrt{16}$
$3 < \sqrt{12} < 4$

Então $\sqrt{12}$ está compreendida entre 3 e 4.

6. Entre quais números inteiros consecutivos estão compreendidos os números irracionais a seguir:
   a) $\sqrt{19}$
   b) $\sqrt{43}$
   c) $\sqrt{85}$

Descobrindo o valor de π

O diâmetro e o perímetro de um círculo estão relacionados de uma forma muito interessante... Faça esse **experimento** seguindo as instruções indicadas.

Material:

- um prato;
- fita métrica.

Instruções

1º Contorne um prato com a fita métrica para medir seu **perímetro**.

2º Meça o **diâmetro** do prato e anote o resultado.

3º Divida essas medidas.

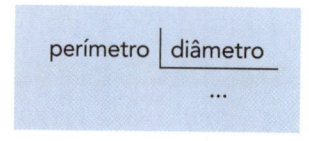

perímetro | diâmetro
...

Você deve ter encontrado um número próximo de 3,1 ou 3,2, dependendo do rigor das medições efetuadas.

Repita o experimento com objetos maiores, como uma roda de bicicleta. Quanto maior o objeto, mais perto do valor correto você chegará, pois diminuiu o erro de medição.

Os matemáticos concluíram, após muitas determinações por processos muito mais rigorosos, que o quociente entre o perímetro de um círculo e o respectivo diâmetro é sempre o mesmo, seja qual for o tamanho do círculo, e é representado pela letra grega π.

$$\pi = 3{,}14159265\ldots$$

Como: $C : d = \pi$
$C = \pi \cdot d$
$C = \pi \cdot 2 \cdot r$

→ $C = 2 \cdot \pi \cdot r$ → Esta é a fórmula utilizada para determinar o perímetro de um círculo.

O perímetro do círculo é sempre 3 vezes e mais um "pouco" maior que o diâmetro.

Aproximadamente 0,14 do diâmetro.

diâmetro | diâmetro | diâmetro | 0,14 do diâmetro

Exercícios de fixação

Para os exercícios a seguir, usar $\pi = 3{,}14$.

7. Calcule o comprimento de uma circunferência cujo raio mede 5 cm.

> **Solução:**
> $C = 2\pi r$
> $C = 2 \cdot 3{,}14 \cdot 5$
> $C = 31{,}40$
> Resposta: 31,40 cm

8. Calcule o comprimento de uma circunferência quando:

a) o raio mede 7 cm;
b) o raio mede 2,5 cm;
c) o diâmetro mede 3 cm;
d) o diâmetro mede 8,2 cm.

9. O diâmetro do aro de uma cesta de basquete mede 45 cm. Qual é o comprimento do aro?

10. Uma pista de ciclismo tem a seguinte forma:

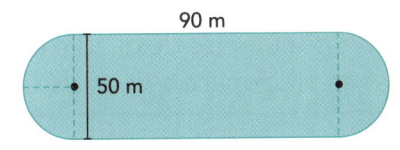

90 m
50 m

Qual o comprimento dessa pista?

11. O diâmetro da roda de uma bicicleta é 52 cm. Determine a distância percorrida pela bicicleta após 10 revoluções completas da roda.

12. Um pneu anda 21,98 metros para a frente quando dá 7 voltas. Qual é seu diâmetro?

13. (UFRGS-RS) Na borda de uma praça circular foram plantadas 47 roseiras, espaçadas 2 m entre si. O valor, em metros, que mais se aproxima do diâmetro dessa praça é:

a) 15
b) 18
c) 24
d) 30

14. (Obmep) Duas formigas partem do ponto A e vão até o ponto D, andando no sentido indicado pelas flechas. A primeira percorre o semicírculo maior, a segunda o segmento AB, o semicírculo menor e o segmento CD. Os pontos A, B, C e D estão alinhados e os segmentos AB e CD medem 1 cm cada um. Quantos centímetros a segunda formiga andou a menos que a primeira?

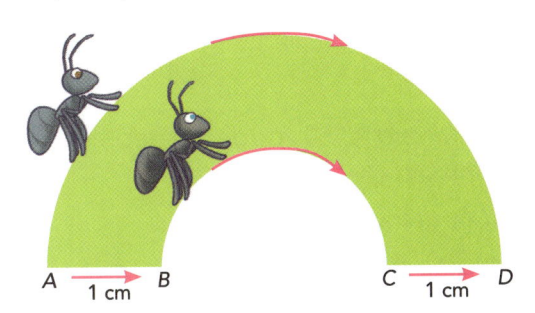

a) 2
b) π
c) 2π
d) $\pi - 2$

15. Quantos metros de arame são necessários para fazer uma cerca com 3 fios em volta do terreno indicado pela figura a seguir?

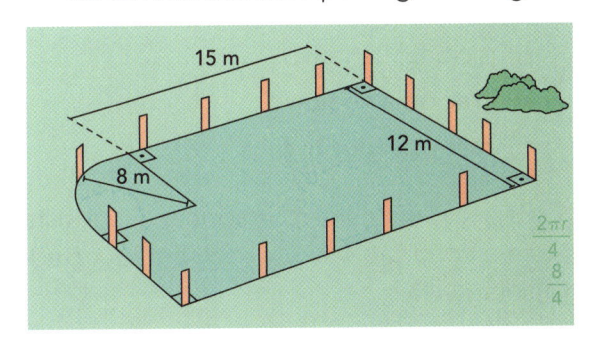

15 m
12 m
8 m

Números racionais	Números irracionais
→ representação decimal finita ou → dízima periódica **Podem ser escritos na forma de fração.**	→ representação decimal infinita e não periódica **Não podem ser escritos na forma de fração.**

Exercícios complementares

16. As opções abaixo apresentam números racionais, **exceto** em:

a) 0,1
b) $\sqrt{20}$
c) 0,111...
d) 0,1222...

17. (Saresp) José com sua calculadora, determinou o valor de $\sqrt{50}$ e obteve como resultado 7,0710678. Pode-se provar que esse número tem infinitas casas decimais e não é dízima periódica. É, portanto, um número:

a) natural.
b) racional.
c) irracional.
d) inteiro relativo.

18. O número $\sqrt{150}$ pode ser representado por meio de:

a) uma fração.
b) uma dízima finita.
c) uma dízima infinita periódica.
d) uma dízima infinita não periódica.

19. Um exemplo de número irracional é:

a) 4,53
b) 5,3434...
c) 5,3535353...
d) 5,353637...

20. O número −4,010110111... é:

a) inteiro negativo.
b) racional negativo.
c) irracional negativo.
d) irracional positivo.

21. Seja $\sqrt{x}$ um número irracional que satisfaça a condição $4 < \sqrt{x} < 9$. Então x pode ser igual a:

a) 25.
b) 36.
c) 50.
d) 64.

22. Quais dos seguintes números são racionais e quais são irracionais?

a) $\sqrt{6}$
b) $\sqrt{9}$
c) $\sqrt{24}$
d) $\sqrt{40}$
e) $\sqrt{64}$
f) $\sqrt{81}$
g) $\sqrt{80}$
h) $\sqrt{110}$
i) $\sqrt{121}$
j) $\sqrt{400}$
k) $\sqrt{500}$
l) $\sqrt{3600}$

23. Indique se cada número é racional ou irracional.

$\sqrt{0,36}$ $\sqrt{3,6}$ $\sqrt{36}$

$\sqrt{360}$ $\sqrt{3600}$ $\sqrt{36000}$

24. Observe os números do quadro e atribua o valor 1 se irracional e o valor 2 se racional.

$\frac{1}{6}$	0	$\sqrt{64}$
8,333...	π	0,4
$\sqrt[3]{1}$	$\sqrt{100}$	$\sqrt{9+4}$

Qual é a soma dos valores atribuídos?

VAMOS CAPRICHAR NESTE EXERCÍCIO!

25. O número $(1,4)^2$ é maior ou menor que 2?

26. Em cada item, indique o maior dos números.

a) 8 ou $\sqrt{16}$
b) $\sqrt{6}$ ou 3
c) 6,3 ou $\sqrt{40}$
d) 4,5 ou $\sqrt{20}$
e) π ou $\sqrt{9}$
f) $\sqrt{15}$ ou π

Panorama

27. (PUC-RJ) Assinale a afirmação verdadeira:
   a) $\sqrt{2} = 1,414$
   b) $\sqrt{2} = 1,4142$
   c) $\sqrt{2} = 1,41421$
   d) nenhuma das anteriores.

28. (Osec-SP) Toda dízima periódica simples ou dízima periódica composta é:
   a) número inteiro.
   b) número racional.
   c) número irracional.
   d) nenhuma das anteriores.

29. Qual das afirmações é verdadeira?
   a) $\sqrt{10}$ é racional e $\sqrt{100}$ é racional
   b) $\sqrt{10}$ é irracional e $\sqrt{100}$ é racional
   c) $\sqrt{10}$ é racional e $\sqrt{100}$ é irracional
   d) $\sqrt{10}$ é irracional e $\sqrt{100}$ é irracional

30. O número $-\sqrt{5}$ está compreendido entre:
   a) -6 e -4.
   b) -5 e -4.
   c) -3 e -2.
   d) -2 e -1.

31. (Cesgranrio-RJ) Um número x, que satisfaz $\sqrt{35} < x < \sqrt{39}$, é:
   a) 6
   b) 5,7
   c) 5,8
   d) 6,6

32. O valor da expressão $\dfrac{\sqrt{81} + \sqrt{49}}{\sqrt{81} - \sqrt{49}}$:
   a) é um número inteiro.
   b) é um número irracional.
   c) não é um número natural.
   d) não é um número racional.

33. (Mack-SP) Se uma pessoa der quatro voltas em torno de um canteiro circular de 1,5 m de raio, esta pessoa percorrerá:
   a) 12π m.
   b) 15π m.
   c) 16π m.
   d) 18π m.

34. A figura mostra uma cartela de botões. Se o raio de cada botão acomodado é 4 mm, as dimensões do retângulo são:
   a) 9 mm e 21 mm.
   b) 9 mm e 42 mm.
   c) 24 mm e 56 mm.
   d) 4,5 mm e 10,5 mm.

35. (Cesgranrio-RJ) Um ciclista de uma prova de resistência deve percorrer 500 km sobre uma pista circular de raio 200 m. O número aproximado de voltas que ele deve dar é:
   a) 200
   b) 300
   c) 400
   d) 500

36. A figura abaixo representa o trajeto que uma formiga faz para ir de A até B, utilizando o caminho indicado com setas. Qual distância ela percorre?
   a) 57,1 m
   b) 62,1 m
   c) 72,1 m
   d) 77,1 m

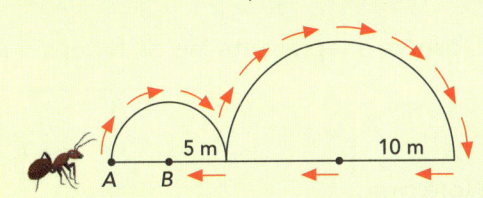

37. (Fatec-SP) O pneu de um veículo, com 80 cm de diâmetro, ao dar uma volta completa, percorre, aproximadamente, uma distância de:
   a) 0,25 m
   b) 0,50 m
   c) 2,50 m
   d) 5,00 m

Capítulo 5
Números reais

> VAMOS REPRESENTAR OS IRRACIONAIS COM A LETRA $\mathbb{I}$.

Conjunto dos números reais

A união dos conjuntos dos números racionais e irracionais chama-se conjunto dos **números reais**, que será indicado pelo símbolo $\mathbb{R}$. Veja os exemplos:

A 3 é um número racional. É também um **número real**.

B -5 é um número racional. É também um **número real**.

C 1,75 é um número racional. É também um **número real**.

D $\sqrt{10}$ é um número irracional. É também um **número real**.

> A raiz quadrada, quarta... de um número negativo **não** representa um número real.

Como todo número natural é inteiro, todo número inteiro é racional e todo número racional é real, temos:

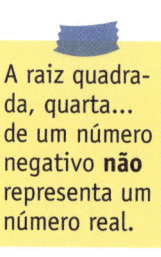

Representação geométrica de $\mathbb{R}$

Observe a representação de alguns números reais na reta:

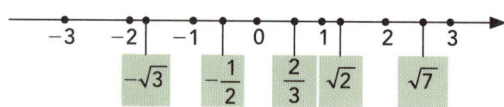

$-\sqrt{3}$, $-\dfrac{1}{2}$, $\dfrac{2}{3}$, $\sqrt{2}$, $\sqrt{7}$

Note que:

1 $\sqrt{7} < 3$ (menor que), pois $\sqrt{7}$ está à **esquerda** de 3 $\sqrt{7}$ vem **antes** de 3

2 $3 > \sqrt{7}$ (maior que), pois 3 está à **direita** de $\sqrt{7}$ 3 vem **depois** de $\sqrt{7}$

> REPRESENTANDO DOIS NÚMEROS NA RETA, O MAIOR DELES É O QUE FICA À DIREITA.

Convém destacar que entre dois números reais distintos existem infinitos números reais.

A cada número real corresponde um único ponto na reta, e a cada ponto na reta real corresponde um único número real. Assim a reta fica "totalmente contínua".

Exercícios de fixação

1. Responda.
   a) Todo número natural é real?
   b) Todo número inteiro é real?
   c) Todo número racional é inteiro?
   d) Todo número real é racional?
   e) Todo número racional é real?
   f) Todo número irracional é real?

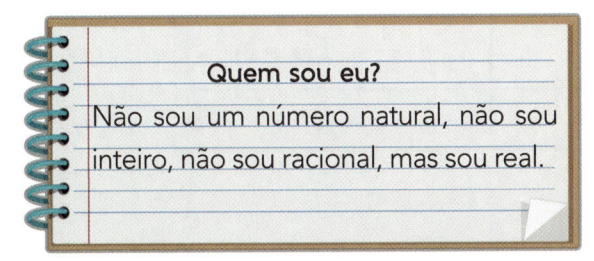

2. **Quem sou eu?**
   Não sou um número natural, não sou inteiro, não sou racional, mas sou real.

3. Quais destes números são reais?
   a) 16
   b) −45
   c) 0,35
   d) 186,7...
   e) 2,777...
   f) 3,1415...
   g) $\sqrt{25}$
   h) $-\sqrt{25}$
   i) $\sqrt{-25}$
   j) $\sqrt[4]{16}$
   k) $\sqrt[4]{-16}$
   l) $\sqrt{43}$

4. Dada a reta numérica abaixo, associe a cada letra o número que ela melhor representa:

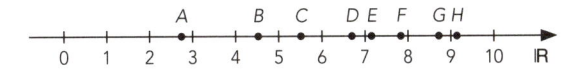

   $\sqrt{8}$ $\sqrt{50}$ $\sqrt{62}$ $\sqrt{75}$
   $\sqrt{20}$ $\sqrt{83}$ $\sqrt{30}$ $\sqrt{45}$

5. Quais são os números naturais menores que:
   a) $\sqrt{5}$?
   b) $\sqrt{30}$?

6. (Saresp) Qual a sentença correta?
   a) Numa reta real, o número $\frac{3}{2}$ está mais próximo do zero do que o número $\sqrt{3}$.
   b) Numa reta real, o número $\frac{5}{3}$ está mais próximo do zero do que o número $\frac{4}{3}$.
   c) Na reta real, o ponto que representa o número $\sqrt{28}$ está entre 4 e 5.
   d) Na reta real, o ponto que representa o número $-\sqrt{3}$ está entre 0 e −1.

7. (UFRJ) Determine todos os números naturais que são maiores do que $\frac{168}{12}$ e menores do que $\sqrt{350}$.

8. (Saresp) Joana e seu irmão estão representando uma corrida em uma estrada assinalada em quilômetros, como na figura abaixo:

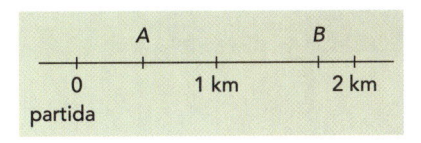

   Joana marcou as posições de dois corredores com os pontos A e B. Esses pontos A e B representam que os corredores já percorreram, respectivamente, em km:
   a) 0,5 e $1\frac{3}{4}$
   b) 0,25 e $\frac{10}{4}$
   c) $\frac{1}{4}$ e 2,75
   d) $\frac{1}{2}$ e 2,38

Propriedades da adição e da multiplicação em ℝ

Todas as propriedades estruturais da adição e da multiplicação válidas para os números racionais valem para os números reais. Assim, sendo a, b e c números reais quaisquer, temos:

PROPRIEDADES	ADIÇÃO	MULTIPLICAÇÃO
Fechamento	$(a + b) \in \mathbb{R}$	$(a \cdot b) \in \mathbb{R}$
Comutativa	$a + b = b + a$	$a \cdot b = b \cdot a$
Associativa	$a + (b + c) = (a + b) + c$	$a \cdot (b \cdot c) = (a \cdot b) \cdot c$
Elemento neutro	$a + 0 = 0 + a = a$	$a \cdot 1 = 1 \cdot a = a$
Elemento oposto	$a + (-a) = 0$	
Elemento inverso		$a \cdot \dfrac{1}{a} = 1 \ (a \neq 0)$
Distributiva		$a \cdot (b + c) = a \cdot b + a \cdot c$

Raízes aproximadas

Podemos usar valores aproximados para as raízes quando elas estiverem em expressões aritméticas.

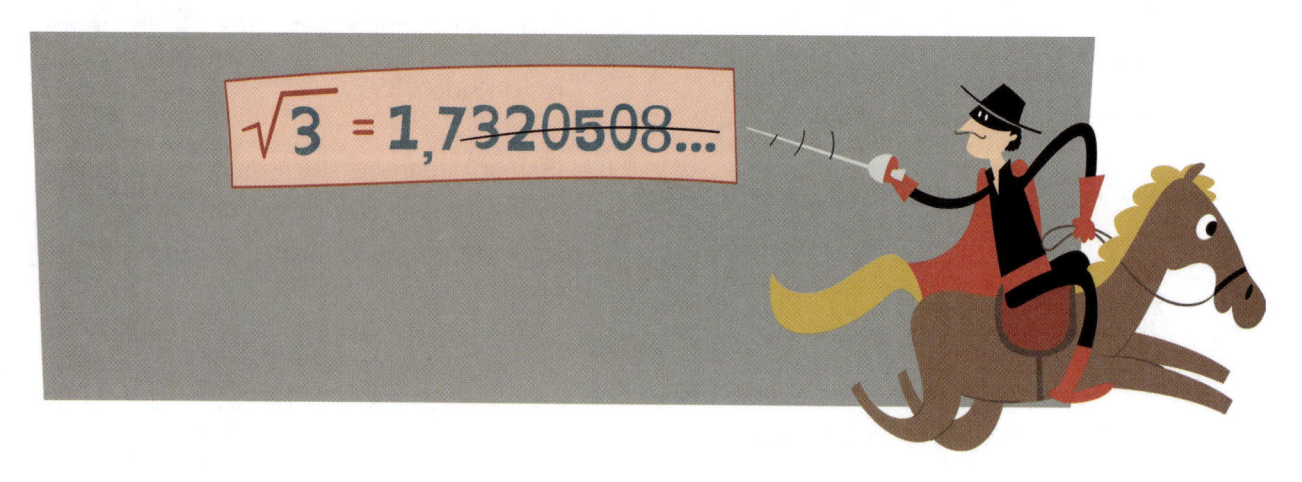

$$\sqrt{3} = 1{,}7320508\ldots$$

Exemplos:

A Sendo $\sqrt{2} = 1{,}414213\ldots$, um valor aproximado de $\sqrt{2}$ com:
- uma casa decimal depois da vírgula é 1,4 (aproximação de 0,1);
- duas casas decimais depois da vírgula é 1,41 (aproximação de 0,01);
- três casas decimais depois da vírgula é 1,414 (aproximação de 0,001).

B Cálculo de $\sqrt{7} + \sqrt{5}$.

Considerando $\sqrt{7} = 2{,}64$ e $\sqrt{5} = 2{,}23$, temos:

$\sqrt{7} + \sqrt{5} = 2{,}64 + 2{,}23 = 4{,}87$

Exercícios de fixação

9. Sejam os números:

$$-\frac{1}{2} \quad 0 \quad 5 \quad -\sqrt{9}$$

$$\sqrt{20} \quad \sqrt{60} \quad \sqrt{-36}$$

a) Quais são racionais?
b) Quais são irracionais?
c) Quais são reais?
d) Quais não são reais?

10. Sejam os números:

$$\sqrt{6} \quad \sqrt{8} \quad \sqrt{9} \quad \sqrt{37}$$

$$\sqrt{72} \quad \sqrt{98} \quad \sqrt{121}$$

Quais estão compreendidos entre 5 e 10?

11. Qual é o maior:
a) $\sqrt{15}$ ou 4?
b) $\sqrt{10}$ ou 3?
c) $\sqrt{50}$ ou 7,1?
d) $\sqrt{30}$ ou 5,4?

12. (UFV-MG) Calcule:
$$\left(\frac{1}{2} \cdot \frac{9}{5}\right) : \left(\frac{1}{6} - \frac{1}{2}\right) + 3$$

13. Calcule.

a) (PUC-GO) $\dfrac{\left(2\frac{1}{3} - 1 + \frac{2}{3}\right)^3 \cdot 5}{\left(3\frac{1}{3} - 2\right) : \frac{5}{6}}$

b) (UMC-SP) $1 - 5 \cdot \left(\frac{3}{4} - \frac{2}{5}\right) + 0,75$

14. Sendo $\sqrt{2} \cong 1{,}41$ e $\sqrt{3} \cong 1{,}73$, calcule um valor aproximado de:
a) $1 + \sqrt{2}$;
b) $5 - \sqrt{3}$;
c) $\sqrt{3} - \sqrt{2}$;
d) $4\sqrt{3} - 1$.

15. Sendo $\sqrt{2} \cong 1{,}4$, calcule um valor aproximado de:
a) $\dfrac{10\sqrt{2}}{2}$;
b) $\dfrac{-2 + \sqrt{2}}{2}$.

16. (Saeb-MEC) Para ligar a energia elétrica em seu apartamento, Felipe contratou um eletricista para medir a distância do poste da rede elétrica até seu imóvel. Essa distância foi representada, em metros, pela expressão:

$$(2\sqrt{10} + 6\sqrt{17}) \text{ metros}$$

Para fazer a ligação, a quantidade de fio a ser usada é duas vezes a medida fornecida por essa expressão. Nessas condições, Felipe comprará aproximadamente:
a) 43,6 m de fio.
b) 58,4 m de fio.
c) 61,6 m de fio.
d) 81,6 m de fio.

Organizando os números

Vamos, por meio de exemplos, organizar os diferentes tipos de número que já estudamos, com seus respectivos nomes.

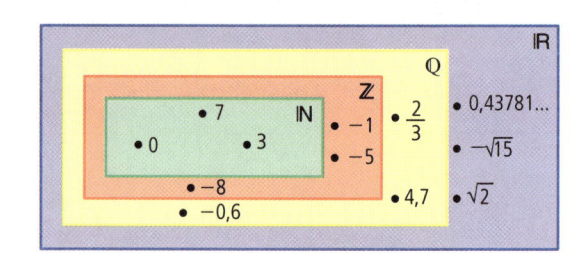

- O número 3 é natural, inteiro, racional e **real**.
- O número −5 não é natural, mas é inteiro, racional e **real**.
- O número 4,7 não é natural nem inteiro, mas é racional e **real**.
- O número $\sqrt{2}$ não é natural, não é inteiro, não é racional, mas é **real**.

Exercícios complementares

17. Dados os números abaixo, responda:

$$4 \quad 5 \quad \sqrt{10} \quad \sqrt{17}$$

a) Qual é o maior?   b) Qual é o menor?

18. Quais são os números naturais menores que:
a) $\sqrt{10}$?   b) $\sqrt{50}$?

19. Considere os números:

I) $3 + \sqrt{49}$ II) $\dfrac{8 - \sqrt{25}}{4}$

III) $2 - \sqrt{16}$ IV) $\dfrac{6 + \sqrt{10}}{2}$

a) Qual deles é um número natural?
b) Qual deles é um número inteiro que não é natural?
c) Qual deles é um número racional que não é inteiro?
d) Qual deles é um número irracional?
e) Quais deles são reais?

20. Quais são os números inteiros maiores que $\dfrac{5}{3}$ e menores que 2π?

21. Você já sabe que $\sqrt{81} = 9$ e $\sqrt{100} = 10$. Indique 5 números irracionais situados entre 9 e 10.

22. Qual das afirmações é verdadeira?
a) $\sqrt{2}$ é um número irracional
b) $\sqrt{4}$ é um número irracional
c) $\sqrt{6}$ é um número racional
d) $\sqrt{10}$ é um número racional

23. Qual dos conjuntos é constituído somente de números irracionais?
a) $\{\sqrt{3}, \sqrt{6}, \sqrt{9}, \sqrt{12}\}$
b) $\{\sqrt{6}, \sqrt{8}, \sqrt{10}, \sqrt{12}\}$
c) $\{\sqrt{4}, \sqrt{8}, \sqrt{12}, \sqrt{16}\}$
d) $\{\sqrt{12}, \sqrt{16}, \sqrt{18}, \sqrt{20}\}$

24. (FCC-SP) O valor da expressão $M = \sqrt{1 + \sqrt{x}}$, para $x = 4$, é um número:
a) irracional, maior que 2.
b) irracional, maior que 1 e menor que 2.
c) racional, maior que 1 e menor que 2.
d) racional, maior que 0 e menor que 1.

Panorama

25. Qual das afirmações é verdadeira?
   a) π é um número racional
   b) $\sqrt{4}$ é um número irracional
   c) Todo número racional é um número real.
   d) Todo número real é um número irracional.

26. (Unimep-SP) O número 5 é um número:
   a) real.
   b) inteiro, mas não racional.
   c) natural, mas não inteiro.
   d) nenhuma das anteriores.

27. (Esan-SP) Qual é a afirmação verdadeira?
   a) Todo número inteiro é real.
   b) Todo número racional é natural.
   c) Existe número irracional que é inteiro.
   d) Existe número natural que não é racional.

28. Qual desses números não representa um número real?
   a) $\sqrt{0}$ b) $\sqrt{9}$ c) $-\sqrt{9}$ d) $\sqrt{-9}$

29. Qual dos seguintes números é o maior?
   a) 0,87   c) 0,879
   b) 0,807   d) 0,8709

30. (OBM) Qual dos números abaixo é maior que 0,12 e menor que 0,3?
   a) 0,7   c) 0,013
   b) 0,29   d) 0,119

31. Qual das comparações abaixo é verdadeira?
   a) $\sqrt{3} < 0,2$ c) $\sqrt{2} > \sqrt{3}$
   b) $\sqrt{3} > 3$ d) $\sqrt{5} > \sqrt{3}$

32. Entre os números $\pi + 1$; 2π; $\sqrt{5}$ e $\sqrt{3} + 1$, o maior é:
   a) 2π.   c) $\sqrt{5}$.
   b) $\pi + 1$.   d) $\sqrt{3} + 1$.

33. Quantos são os números inteiros que estão entre $-\sqrt{10}$ e $\sqrt{10}$?
   a) 6   b) 7   c) 8   d) 9

34. O valor de 100 · 16,98 · 1,698 · 1000 é:
   a) $(16,98)^2$.   c) $(1698)^2$.
   b) $(169,8)^2$.   d) $(16980)^2$.

35. O valor da expressão $\sqrt{9} + \sqrt{0,64} - \sqrt{1,21}$ é:
   a) 1,7.   b) 2,7.   c) 3,7.   d) 2,2.

36. Vânia colocou parênteses na expressão 5 − 0,5 + 4,25 − 0,25. Determine a alternativa em que ela obteve zero.
   a) 5 − (0,5 + 4,25 − 0,25)
   b) 5 − 0,5 + (4,25 − 0,25)
   c) (5 − 0,5 + 4,25) − 0,25
   d) 5 − (0,5 + 4,25) − 0,25

37. (Obmep) Rita deixou cair suco no seu caderno, borrando um sinal de operação (+, −, × ou :) e um algarismo em uma expressão que lá estava escrita. A expressão ficou assim:

$$25 + 8 \; \blacksquare \; 4 - \blacksquare \times 9 = 0$$

Qual foi o algarismo borrado?
   a) 2   b) 3   c) 4   d) 5   e) 6

38. Qual afirmação é verdadeira?
   a) A diferença entre dois números naturais é um número natural.
   b) Qualquer número real admite inverso.
   c) A soma de dois números racionais é um número racional.
   d) Qualquer número real é menor que seu quadrado.

39. (PUC-MG) O valor da expressão
$$\left(\frac{1}{4} - \frac{1}{5}\right) : (0,1)^2$$ é:
   a) 2.   b) 3.   c) 4.   d) 5.

40. (PUC-MG) O valor da expressão
$$\left[\left(\frac{7}{12} - \frac{1}{3}\right) + \frac{1}{5}\right] : \sqrt{\frac{9}{4}}$$ é:
   a) 0,1.   b) 0,2.   c) 0,3.   d) 0,4.

Capítulo 6
Valor numérico de uma expressão algébrica

Expressões algébricas

Uma pessoa ganha R$ 80,00 por dia de trabalho.

Para calcular quanto essa pessoa ganhará após alguns dias de trabalho, podemos escrever a **expressão algébrica**:

$$80 \cdot x$$

A letra x representa a quantidade de dias trabalhados. Assim:

- se $x = 5$, então $80 \cdot 5 = 400$ ⟶ R$ 400,00
- se $x = 8$, então $80 \cdot 8 = 640$ ⟶ R$ 640,00
- se $x = 20$, então $80 \cdot 20 = 1\,600$ ⟶ R$ 1.600,00

Observe que a letra x foi sendo substituída por **vários** números, ou seja, foi **variando**; por isso, dizemos que x é a **variável**. Então a expressão **80 · x** é uma **expressão com variável**.

Podemos ter expressões algébricas com mais de uma variável.

Exemplos:

A $3x + y$ ⟶ expressão com duas variáveis: x e y

B $7a^2 + b - 4c$ ⟶ expressão com três variáveis: a, b e c

C $t + x - 5y - z$ ⟶ expressão com quatro variáveis: t, x, y e z

Quando a representação algébrica contém variável ou variáveis no denominador, é chamada **expressão algébrica fracionária**, tais como:

$$\frac{5x}{y} \qquad \frac{1}{x} \qquad \frac{2x + 7}{x - 1} \qquad \frac{6}{x^2 + a}$$

Exercícios de fixação

1. Quantas patas tem:
   a) 1 leão?
   b) 2 leões?
   c) 5 leões?
   d) n leões?

2. Seja n um número natural.
   a) Qual é o dobro desse número?
   b) Qual é o sucessor desse número?
   c) Qual é o antecessor desse número?
   d) Qual é a metade desse número?
   e) Qual é o quíntuplo desse número?
   f) Qual é o quadrado desse número?

3. Observe a fotografia.

   Para estender uma camiseta são necessários dois prendedores, para duas camisetas são necessários três prendedores e assim por diante.
   Complete a tabela.

NÚMERO DE CAMISETAS	NÚMERO DE PRENDEDORES
1	2
2	3
5	
10	
n	
20	
	50

4. Atualmente Tiago tem x anos. Diga o que significam as seguintes expressões:
   a) $2x$
   b) $x - 3$
   c) $x + 5$
   d) $2(x + 5)$

5. Dona Angélica foi comprar bombons para dar a seus 7 sobrinhos.
   Comprou 14 bombons, que custaram R$ 35,00.
   a) Quanto custou cada bombom?
   b) Quanto custam 4 bombons?
   c) Quanto custam x bombons?

6. Observe o trapézio e considere $x = 10$ cm e $y = 28$ cm.

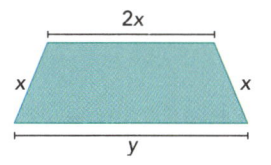

   a) Escreva uma fórmula que possibilite determinar seu perímetro.
   b) Utilize essa fórmula para calcular o perímetro.

7. Com base nos dados a seguir, complete o quadro:

	MESADA
Tainá	x
Mara	
Eliana	

   - Tainá recebe mesada de x reais.
   - Mara recebe o dobro do que recebe Tainá menos R$ 10,00.
   - Eliana recebe R$ 40,00 reais a mais do que Mara.

8. (Encceja-MEC) Um medicamento é comercializado em frascos de 100 mL. A dosagem prescrita pelo médico é de 5 mL, duas vezes ao dia. A expressão algébrica que representa a quantidade de medicamento que restou no frasco após x dias de uso é:
   a) $100 + 5x$
   b) $100 - 5x$
   c) $100 + 10x$
   d) $100 - 10x$

Valor numérico de uma expressão algébrica

Para obtermos o valor numérico de uma expressão algébrica, devemos proceder do seguinte modo:

> 1º) Substituir as letras por números reais dados.
> 2º) Efetuar as operações indicadas, seguindo esta ordem:
> I. potenciação e radiciação;
> II. divisão e multiplicação;
> III. adição e subtração.

Exemplos:

A Calcule o valor numérico de $5a + 4b - 7ab$ para $a = 2$ e $b = 3$.
Solução:
Vamos "trocar" a por 2 e b por 3.
$5a + 4b - 7ab = 5 \cdot 2 + 4 \cdot 3 - 7 \cdot 2 \cdot 3 =$
$= 10 + 12 - 42 =$
$= 22 - 42 =$
$= -20$
Resposta: O valor numérico é -20.

> Nas expressões algébricas não é usual escrever o sinal de multiplicação entre um número e uma letra ou entre duas letras. Observe:
> • $5 \cdot a$ escreve-se **5a**
> • $a \cdot b$ escreve-se **ab**

B Calcule o valor numérico de $5x^2 - x + 1$ para $x = -3$.
Solução:
$5x^2 - x + 1 = 5 \cdot (-3)^2 - (-3) + 1 =$
$= 5 \cdot 9 + 3 + 1 =$
$= 45 + 3 + 1 =$
$= 49$
Resposta: O valor numérico é 49.

> Convém utilizarmos parênteses quando substituímos letras por números negativos.

C Calcule o valor numérico de $\dfrac{a^2 + 3}{1 + m}$ para $a = \dfrac{1}{2}$ e $m = -\dfrac{1}{3}$.

Solução:

$$\dfrac{a^2 + 3}{1 + m} = \dfrac{\left(\dfrac{1}{2}\right)^2 + 3}{1 + \left(-\dfrac{1}{3}\right)} = \dfrac{\dfrac{1}{4} + 3}{1 - \dfrac{1}{3}} = \dfrac{\dfrac{1 + 12}{4}}{\dfrac{3 - 1}{3}} =$$

$$= \dfrac{\dfrac{13}{4}}{\dfrac{2}{3}} = \dfrac{13}{4} \cdot \dfrac{3}{2} = \dfrac{39}{8}$$

Resposta: O valor numérico é $\dfrac{39}{8}$.

> Convém utilizarmos parênteses quando substituímos letras por frações.

Exercícios de fixação

9. Complete o quadro:

x	2x	5x	7x	2x + 5x
2				
1,3				
0,1				

10. Calcule o valor numérico da expressão $x^2 - 5x + 1$ para os seguintes valores:
a) $x = 0$;
b) $x = 2$;
c) $x = -3$;
d) $x = \dfrac{1}{2}$.

11. Calcule o valor numérico das expressões.
a) $x - y$ para $x = -3$ e $y = -7$
b) $m - 3n$ para $m = 10$ e $n = -6$
c) $5xy - x$ para $x = 2$ e $y = -1$
d) $-ab - 2a$ para $a = -5$ e $b = 3$

12. (OM-SP) Quanto vale $a - b$, se $a = \dfrac{2}{3}$ e $b = -\dfrac{3}{5}$?

13. (Saresp) Calculando-se os valores da expressão $n^2 + 3n + 1$ para n valendo 1, 2, 3 etc., obtém-se uma das sequências abaixo. Qual delas?
a) 5, 11, 17, 23, ...
b) 5, 11, 19, 29, ...
c) 5, 7, 9, 11, ...
d) 1, 5, 9, 13, ...

14. Calcule o valor numérico da expressão $\sqrt{b^2 - 4ac}$, nos seguintes casos:
a) $a = 1$, $b = -3$ e $c = 2$;
b) $a = 1$, $b = -5$ e $c = -6$;
c) $a = -4$, $b = 20$ e $c = -25$;
d) $a = -9$, $b = 16$ e $c = 4$.

15. (Cotuca-SP) Determine os valores numéricos das expressões:
a) $2ab - 3ab^2$ para $a = 0,3$ e $b = 0,4$
b) $xy^2 - x^2y$ para $x = -\dfrac{1}{2}$ e $y = \dfrac{2}{3}$

16. Se $a = 1$, $b = -3$ e $c = -4$, calcule $\dfrac{-b + \sqrt{b^2 - 4ac}}{2a}$.

17. Calcule o valor numérico de $\dfrac{x^2 - 3y}{y^2 + 5x}$ para $x = -4$ e $y = -2$.

Aqui tem mais

Nem sempre é possível calcular o valor numérico de algumas expressões para determinados valores.

Observe:

Na expressão $\dfrac{5x}{x - 4}$, quando $x = 4$, temos:

$$\dfrac{5 \cdot 4}{4 - 4} = \dfrac{20}{0} \ ?$$

Como o denominador se anula, a expressão não tem valor numérico para $x = 4$.

NÃO EXISTE DIVISÃO POR ZERO.

Exercícios complementares

18. Existe o valor numérico da expressão $\dfrac{7x}{x-y}$ para $x = 3$ e $y = 3$? Por quê?

19. Uma indústria produz apenas dois tipos de xampu. O primeiro com preço de R$ 15,00 por unidade e o segundo com preço de R$ 23,00 por unidade. Se chamarmos x a quantidade vendida do primeiro tipo e y a quantidade vendida do segundo tipo, qual é a expressão algébrica da venda desses dois artigos? Qual será o valor total, se forem vendidas 300 e 400 unidades, respectivamente?

20. Complete o quadro.

x	3	1	−3	$\frac{1}{2}$
y	7	−1	−2	$\frac{1}{4}$
x + 3y				
2x + y				
$x^2 - y^2$				
$(x + y)^2$				

21. A fórmula para calcular o número do sapato com base na medida do pé de uma pessoa, é:

$$S = \dfrac{5p + 28}{4}$$

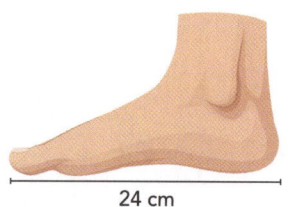

24 cm

Dados:
- S = número do sapato;
- p = medida do pé, em centímetros.

Qual é o número do sapato cujo pé mede 24 cm?

22. Calcule o valor numérico das seguintes expressões:

a) $2a + bc$ para $a = 2$, $b = -3$ e $c = -4$
b) $-xy + 2x$ para $x = -3$ e $y = 4$
c) $3x^2y + 2z^2$ para $x = -2$, $y = 3$ e $z = -2$
d) $a^2 - (b^2 - c^2)$ para $a = 4$, $b = 6$ e $c = -3$

23. (Fumarc-MG) Observe a tabela:

	25	x
	60	12
0,2 de	120	y
	180	36
	400	z

Considerando os valores de x, y, e z da tabela, qual é o resultado da expressão $x - y + 3z$?

24. No Brasil, para medir a temperatura, utilizam-se termômetros graduados em graus Celsius (°C), mas, na Inglaterra, por exemplo, utiliza-se a graduação em graus Fahrenheit (°F). A fórmula que relaciona os graus Celsius e os graus Fahrenheit é a apresentada na lousa abaixo.

$$F = \dfrac{9C}{5} + 32$$

Utilizando essa fórmula, calcule em graus Fahrenheit, a temperatura correspondente a 0 °C e a 40 °C, preenchendo corretamente os retângulos da figura.

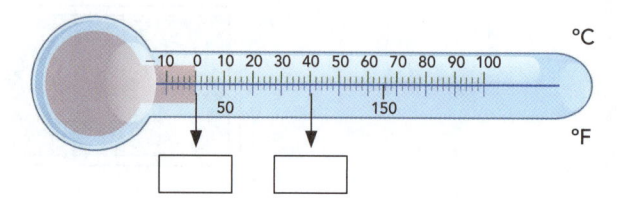

Panorama

25. (Saeb-MEC) Paulo é dono de uma fábrica de móveis. Para calcular o preço V de venda de cada móvel que fabrica, ele usa a seguinte fórmula V = 1,5c + 10, sendo c o preço de custo desse móvel, em reais. Considerando c = 100, então, Paulo vende esse móvel por:
a) R$ 110,00
b) R$ 150,00
c) R$ 160,00
d) R$ 210,00

26. (Saresp) Uma locadora cobra R$ 20,00 por dia pelo aluguel de uma bicicleta. Além disso, ela também cobra, apenas no primeiro dia, uma taxa de R$ 30,00. Chamando de x o número de dias que a bicicleta permanece alugada e de y o valor total do aluguel, é correto afirmar que:
a) y = 600x
b) y = 50x
c) y = 30x + 20
d) y = 20x + 30

27. (UMC-SP) Se x = 1, y = 2x e z = 2y, o valor de x + y + z é:
a) 3
b) 5
c) 7
d) 9

28. (Fuvest-SP) O valor da expressão $a^3 - 3a^2x^2y^2$, para a = 10, x = 2 e y = 1, é:
a) 100
b) 250
c) −150
d) −200

29. (Fasp-SP) O valor numérico da expressão $-x^3y + 5xy^2 - 6x$, para $x = -1$ e $y = \frac{1}{2}$, é:
a) 0
b) $\frac{21}{4}$
c) −3
d) $\frac{17}{4}$

30. (PUC-DF) O valor numérico da expressão $2\sqrt{xy} - \sqrt{x^2 - 21y}$, para x = 12 e y = 3, é igual a:
a) 0.
b) 3.
c) 9.
d) −3.

31. Sendo m = 2 e n = −3, quanto é mn^2?
a) 18
b) 36
c) −18
d) −36

32. Sabendo-se que a = 5, b = 4, c = 3 e $p = \frac{a+b+c}{2}$, então o valor numérico de p(p − a)(p − b)(p − c) é:
a) 36
b) 18
c) 26
d) 16

33. Sendo a = −1, b = −3 e c = 5, o valor da expressão $\frac{a^2 - 2b - c}{b + 2}$ é:
a) 1.
b) 2.
c) −1.
d) −2.

34. (Mack-SP) Se $A = x^2 + \frac{1}{5}$, o valor de A, quando $x = \frac{2}{5}$, é:
a) 1.
b) $\frac{9}{25}$.
c) $\frac{9}{5}$.
d) $\frac{6}{25}$.

35. (Fuvest-SP) O valor da expressão $\frac{a+b}{1-ab}$, para $a = \frac{1}{2}$ e $b = \frac{1}{3}$, é:
a) 0
b) 1
c) 5
d) 6

36. (UCMG) O valor da expressão $\frac{0,25 - x^2}{0,5 + x}$ para x = −2,1 é:
a) 2,6
b) 3,1
c) −1,2
d) −1,6

37. (Funcefet-PR) Cada uma das figuras geométricas, envolvidas nas operações a seguir, tem um valor dado por um número inteiro.

Se ○ × 5 = 20, ⬡ × ○ = 28, ◇ + ⬡ + ○ = 6 e $\frac{○}{▱} = 2$, então $\frac{▱ + ⬡}{○ - ◇}$ é igual a:

a) 1
b) $\frac{3}{5}$
c) −1
d) $-\frac{3}{5}$

Capítulo 7
Monômios

Monômio ou termo algébrico

Um **monômio** é um número ou um produto de números em que alguns deles são **representados** por letras.

Exemplos:
- **A** $5x$
- **B** $\frac{3}{4}a^2$
- **C** $-xyz$
- **D** $-7ab^3c^2$

Em um monômio as letras só devem apresentar **expoentes naturais**.

Partes de um monômio

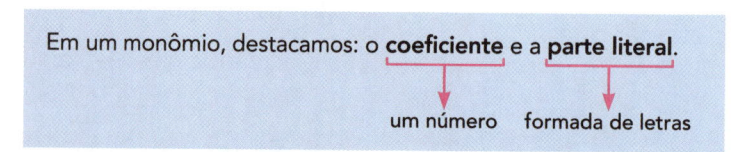

Em um monômio, destacamos: o **coeficiente** (um número) e a **parte literal** (formada de letras).

Exemplos:
- **A** $7x$ → coeficiente: 7; parte literal: x
- **B** $-\frac{7}{4}a^2m$ → coeficiente: $-\frac{7}{4}$; parte literal: a^2m
- **C** $-abc^2$ → coeficiente: -1; parte literal: abc^2
- **D** $\frac{x^2y}{3}$ → coeficiente: $\frac{1}{3}$; parte literal: x^2y

Todo número real não nulo é um monômio sem parte literal.

Exemplos:
- **A** $\sqrt{5}$
- **B** $-3,7$

> O NÚMERO ZERO É CHAMADO DE **MONÔMIO NULO**.

Grau de um monômio

O grau de um monômio não nulo é dado pela soma dos expoentes de sua parte literal.

Exemplo:

O monômio $7x^2y^3$ é do 5º grau (resultado da adição dos expoentes das letras).

O grau de um monômio também pode ser dado em relação a uma letra de sua parte literal.

Exemplo:

$7x^2y^3$
- $7x^2y^3$ é um monômio do 2º grau em relação a x
- $7x^2y^3$ é um monômio do 3º grau em relação a y

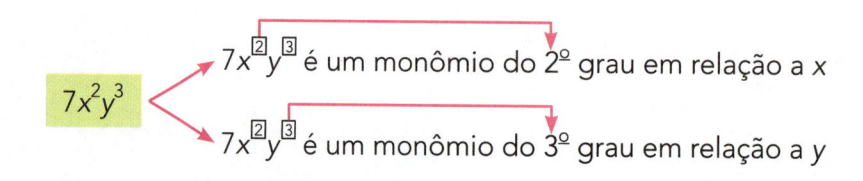

Exercícios de fixação

1. Quais das seguintes expressões são monômios?
   a) $-x$
   b) $3\sqrt{5}\,y$
   c) $7a - 4$
   d) $-9x^2y^3z$
   e) $-9x^2 + y^3z$
   f) $\dfrac{a + m}{7}$
   g) abc
   h) $a + b - c$
   i) $\dfrac{am}{7}$

2. Complete a tabela.

MONÔMIO	COEFICIENTE	PARTE LITERAL	GRAU DO MONÔMIO
$-8x$			
	5	x^3	
$-y^5$			
	$\dfrac{1}{2}$	ab	
	9	x^2y^4	
p^2q			
	0,7	não tem	
$-\dfrac{1}{8}xy^4z^3$			

3. Representando por x a idade de uma pessoa, traduza algebricamente:
   a) a idade dessa pessoa daqui a 12 anos;
   b) a idade dessa pessoa no ano passado;
   c) a idade que a pessoa terá quando tiver vivido tanto quanto viveu até hoje;
   d) os anos que faltam para ela aposentar-se com 70 anos.

   Entre as expressões algébricas que você acabou de escrever, qual pode ser chamada de monômio?

4. Quais das seguintes expressões algébricas são iguais ao monômio 6x?
   a) $x + 6$
   b) $6 \cdot x$
   c) $x \cdot 6$
   d) $x + x + x + x + x + x$

5. Escreva um monômio que satisfaça cada uma das condições a seguir:
   a) ter como parte literal xy^2;
   b) ter coeficiente -9 e parte literal m;
   c) ter duas variáveis, grau 9 e coeficiente -1.

6. Se o monômio $4x^myz^n$ é do 6º grau, devemos ter:
   a) $m + n = 4$.
   b) $m + n = 6$.
   c) $m + n = 5$.
   d) $m + n = 3$.

Monômios ou termos semelhantes

Termos semelhantes ou **monômios semelhantes** são aqueles que têm a mesma parte literal ou não têm parte literal.

Exemplos:

A $9x$ e $-7x$ são termos semelhantes

B $5a^2b$ e $-3a^2b$ são termos semelhantes

C $4,18$ e -5 são termos semelhantes ⟶ Os números reais são considerados **termos semelhantes**.

D $8xy$ e $\dfrac{1}{2}yx$ são termos semelhantes ⟶ Não importa a **ordem** dos fatores literais.

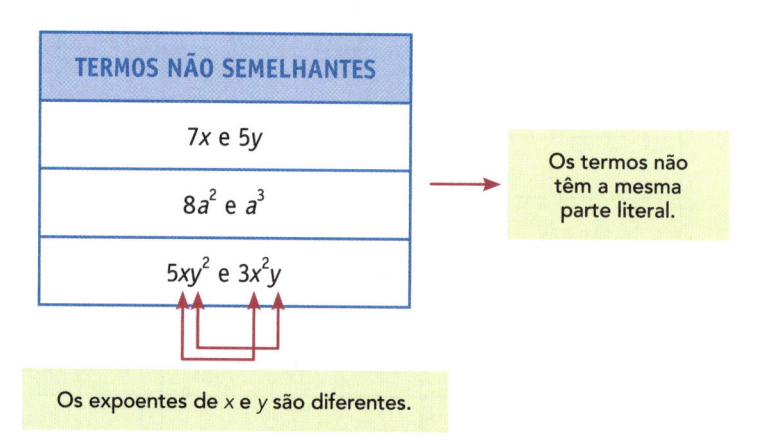

TERMOS SEMELHANTES
$7x$ e $5x$
$8a^2$ e a^2
$5xy^2$ e $3xy^2$

TERMOS NÃO SEMELHANTES
$7x$ e $5y$
$8a^2$ e a^3
$5xy^2$ e $3x^2y$

Os termos não têm a mesma parte literal.

Os expoentes de x e y são diferentes.

Exercícios de fixação

7. Identifique os pares de termos semelhantes.
  a) $5x$ e $23x$
  b) $4x$ e $9x^2$
  c) $7y$ e $7x$
  d) $3xy$ e $-yx$
  e) $-6x^3$ e $-6x^2$
  f) $3a$ e $-\dfrac{a}{2}$
  g) 15 e -40
  h) $4xy^2$ e $3x^2y$
  i) abc e $-8cba$
  j) $4m^2x^7$ e $-10x^7$
  k) $-35ab^2$ e $18ab^2$
  l) $-\dfrac{7}{6}mn$ e $\dfrac{4mn}{5}$

8. Forme conjuntos de termos semelhantes com os monômios do quadro.

$7x$	$-y^2$	y
$-3y$	$9y$	$3x$
$5y^2$	$9x^2$	$7y^2$
$6x^2$	$-4x$	$-8x^2$

9. Observe os quatro monômios da tabela e responda.

A	B	C	D
$8mn^3$	$8m^3n$	$3yz^2$	$-3yz^2$

  a) Quais deles têm maior grau?
  b) Quais são semelhantes?
  c) Quais têm o mesmo coeficiente?

Adição algébrica de monômios

> 3 peras + 2 peras = 5 peras → $3p + 2p = 5p$
> 2 maçãs + 5 maçãs = 7 maçãs → $2m + 5m = 7m$
> 4 peras + 3 maçãs = ? → $4p + 3m = ?$

Acompanhe o cálculo: $7x^3 + 5x^3 = (7 + 5)x^3 = 12x^3$
Observe que devemos:

1º somar algebricamente os coeficientes;
2º manter a parte literal.

Exemplos:

A $5x^3 - 9x^3 = -4x^3$

B $7a - 6a + 2a = 3a$

A expressão $5x + 2y$ não pode ser simplificada, pois os termos $5x$ e $2y$ **não** são termos semelhantes.

Exercícios de fixação

10. Efetue.
   a) $4m + m$
   b) $-7x - x$
   c) $8a^4 - 6a^4$
   d) $xy - 10xy$
   e) $x + x$
   f) $9a - 9a$
   g) $3ab - 8ab$
   h) $-7cd^2 - 5cd^2$
   i) $8x - 7x + 2x$
   j) $6t^2 - 4t^2 - 2t^2$
   k) $3abc - 2abc + 5abc$
   l) $-6m - m - 4m - 2m$

11. Efetue.
   a) $3x + 2{,}7x$
   b) $1{,}7y - 4y$
   c) $x - 0{,}5x$
   d) $0{,}5m^2 - m^2$
   e) $0{,}9a^3 - 0{,}4a^3 + 1{,}5a^3$
   f) $0{,}3x - 0{,}01x - 0{,}1x$

12. Traduza o perímetro da figura por um monômio sabendo que ABCD é um quadrado.

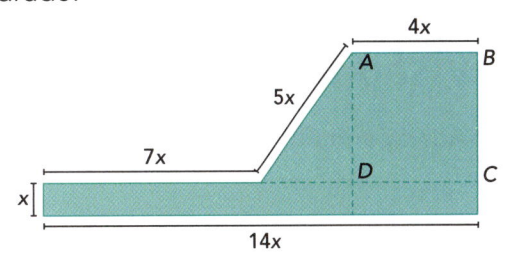

13. Veja o exemplo e efetue.

$$\frac{2}{3}xy + \frac{1}{2}xy = \frac{4xy + 3xy}{6} = \frac{7xy}{6}$$

   a) $\dfrac{3x}{8} + \dfrac{1x}{2}$
   b) $\dfrac{a}{2} - \dfrac{2a}{3}$
   c) $\dfrac{4}{5}m - \dfrac{1}{2}m$
   d) $-\dfrac{3}{2}x^2 - \dfrac{3}{4}x^2$
   e) $7p - \dfrac{3}{5}p$
   f) $\dfrac{1}{3}t - 2t$

Multiplicação de monômios

Acompanhe o cálculo: $(5x^2) \cdot (3x^4) = (5 \cdot x \cdot x) \cdot (3 \cdot x \cdot x \cdot x \cdot x) =$
$= 5 \cdot 3 \cdot x \cdot x \cdot x \cdot x \cdot x \cdot x =$
$= 15x^6$

Sempre é possível representar o produto de dois monômios como um único monômio. O exemplo mostra-nos que devemos:

> 1º multiplicar os coeficientes;
> 2º multiplicar as partes literais.

Exemplos:

A $(+2x) \cdot (-3x^2) = \underbrace{(+2) \cdot (-3)}_{-6} \cdot \underbrace{x \cdot x^2}_{x^3} = -6x^3$

B $(7x) \cdot (-3x^4) = -21x^5$

C $(-6a^4) \cdot (-5a^3) = 30a^7$

D $(5a^3x) \cdot (ax) \cdot (a^2y) = 5a^6x^2y$

Exemplo:

Qual é a medida da área do retângulo?

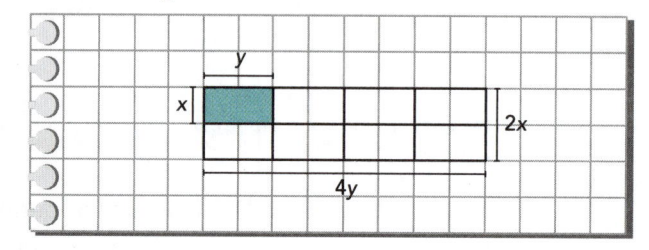

Observando a figura: $2x \cdot 4y = 8xy$

Divisão de monômios

Acompanhe o cálculo: $(20x^5) : (4x^2) = \dfrac{20x^5}{4x^2} =$

$= \dfrac{20 \cdot x \cdot x \cdot x \cdot \cancel{x} \cdot \cancel{x}}{4 \cdot \cancel{x} \cdot \cancel{x}} =$
$= 5 \cdot x \cdot x \cdot x =$
$= 5x^3$

O exemplo mostra que devemos:

> 1º dividir os coeficientes;
> 2º dividir as partes literais.

Exemplos:

A $(15x^8) : (3x^6) = \dfrac{15x^8}{3x^6} = 5x^2$

B $(25a^6x^5) : (-5a^2x^3) = -5a^4x^2$

C $(-12m^2) : (-6m^2) = 2$

D $(-5a^4b) : (-2am) = \dfrac{5a^3b}{2m}$

ilustrando →
- $25 : (-5) = -5$
- $a^6 : a^2 = a^4$
- $x^5 : x^3 = x^2$

Ao dividir um monômio por outro, podemos obter → um número.
→ outro monômio.
→ uma fração algébrica.

Exercícios de fixação

14. Calcule.
   a) $1{,}5p \cdot 2p$
   b) $(6x) \cdot (5y)$
   c) $(2a^7) \cdot (5a^2)$
   d) $(+2c) \cdot (-7ac)$
   e) $(+4p^2) \cdot (-6q^3)$
   f) $-3xyz \cdot (-5xyz)$
   g) $0{,}1 \cdot 10m$
   h) $3 \cdot (-5x)$
   i) $-x \cdot (-45x)$

15. Continue calculando.
   a) $(-5x) \cdot (-3x) \cdot (-2x)$
   b) $(-8x^2) \cdot (+5x^3) \cdot (-3x)$
   c) $(7x^2y^4) \cdot (-2xy^2) \cdot (-xy)$

16. Qual monômio representa a área total da figura?

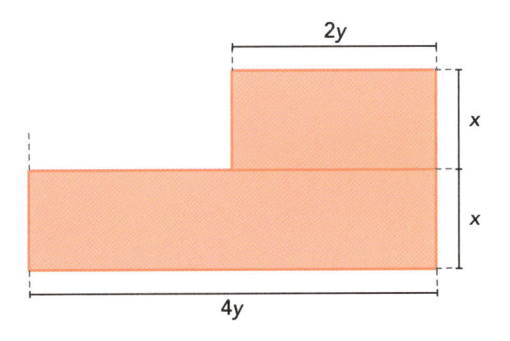

17. Calcule.
   a) $x^8 : x^2$
   b) $14m^2 : 7m$
   c) $-2x^3 : x$
   d) $-10a^5 : 2a^5$
   e) $(20x^2) : 4$
   f) $(18x^3) : 3x^3$
   g) $6m^5 : (-2m^2)$
   h) $10a^2m^3 : (-5am)$
   i) $12a^3d^2 : 2ad$

18. Calcule.
   a) $(27x^3y^2) : (9x^2y)$
   b) $(+12x^2y^3) : (-3xy^2)$
   c) $(-3ab^3) : (-ab^2)$
   d) $(+2x^3y) : (-4x^2)$
   e) $(-8ac^5) : (-16c^2)$
   f) $(21x^4y) : (14xy^4)$

19. Determine as medidas desconhecidas.

5y	?	15xy	?	25y²
4x	?		6	?

20. Observe o exemplo e calcule.

$$\left(\frac{1}{2}xz\right) \cdot \left(\frac{7}{5}yz\right) = \frac{7}{10}xyz^2$$

   a) $\left(-\frac{3}{4}x\right) \cdot \left(+\frac{2}{3}y\right)$
   b) $\frac{a}{3} \cdot \left(-\frac{2}{5}a^3\right)$
   c) $(-7xy^3) \cdot \left(-\frac{1}{5}x^2y\right)$

21. Observe o exemplo e calcule.

$$\left(\frac{2}{3}m^5n^7\right) : \left(\frac{3}{2}n^3\right) = \left(\frac{2}{3} \cdot \frac{2}{3}\right)\frac{m^5n^7}{n^3} = \frac{4}{9}m^5n^4$$

   a) $\left(+\frac{1}{3}p^5\right) : \left(-\frac{1}{5}p^4\right)$
   b) $\left(+\frac{5}{6}a^2c\right) : \left(-\frac{10}{9}ac\right)$
   c) $\left(-\frac{2}{5}xy^2\right) : \left(-\frac{5}{4}xy^2\right)$
   d) $x^4 : \frac{1}{3}x^2$
   e) $\frac{2}{3}m^3 : \left(-\frac{2}{3}m\right)$
   f) $\left(\frac{2}{3}a^3\right) : (-3a)$

Potenciação de monômios

Acompanhe o cálculo:

$$(7a^3m)^2 = (7a^3m) \cdot (7a^3m) =$$
$$= \underline{7 \cdot 7} \cdot \underline{a^3 \cdot a^3} \cdot \underline{m \cdot m} =$$
$$= 49a^6m^2$$

O exemplo mostra que devemos:

> **1º** elevar o coeficiente à potência indicada;
> **2º** elevar a parte literal à potência indicada.

Exemplos:

A $(-2x)^4 = (-2)^4 \cdot x^4 = 16x^4$

B $(-5a^2c^3)^3 = (-5)^3 \cdot (a^2)^3 \cdot (c^3)^3 = -125a^6c^9$

Ilustrando:
Que expressão representa a área do quadrado abaixo?

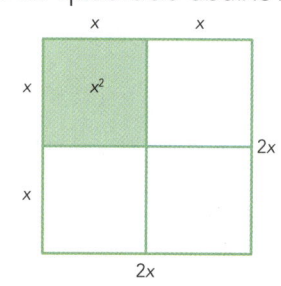

A área do quadrado maior pode ser determinada de dois modos:
- pela soma das áreas dos quatro quadrados menores

$$x^2 + x^2 + x^2 + x^2 = 4x^2$$

- elevando a 2 o lado do quadrado maior.

$$2x \cdot 2x = (2x)^2 = 4x^2$$

Monômios quadrados perfeitos – raiz quadrada

Aplicando a definição de raiz quadrada, temos:

A $\sqrt{25x^2} = 5x$, pois $(5x)^2 = 25x^2$ **B** $\sqrt{49a^6} = 7a^3$, pois $(7a^3)^2 = 49a^6$

Observe que:

> Para extraírmos a raiz quadrada de um monômio, extraímos a raiz quadrada do coeficiente e dividimos o expoente de cada variável por 2.

Exemplos:

A $\sqrt{9a^8} = 3a^4$ **B** $\sqrt{4x^2y^6} = 2xy^3$

Consideraremos que os resultados obtidos não assumam valores numéricos negativos.

Exercícios de fixação

22. Qual monômio representa a área de cada uma das partes coloridas dos quadrados de lado x?

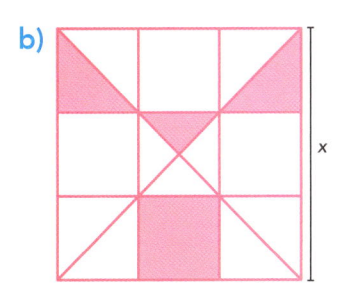

a)

b)

23. Calcule.

a) $(x^7)^2$
b) $(am)^2$
c) $(3x)^2$
d) $(5x^2y^2)^2$
e) $(-4a^2y)^2$
f) $(-2pq)^3$
g) $(-4x^5)^2$
h) $(-3x^2y)^4$
i) $(-10am^2)^3$

24. Continue calculando.

a) $(-cab^2)^4$
b) $(-7h^2m)^2$
c) $(-2a^2c^3)^3$
d) $(-5x^4y^3)^1$
e) $(-4x^2y^3)^0$
f) $(-3ax^5)^4$

25. Veja o exemplo e calcule.

$$\left(-\frac{1}{7}a^5\right)^2 = \left(-\frac{1}{7}\right)^2 \cdot (a^5)^2 = \frac{1}{49}a^{10}$$

a) $\left(-\frac{3}{5}p\right)^2$
b) $\left(-\frac{2}{3}xy\right)^3$
c) $\left(-\frac{1}{3}ac^2\right)^5$
d) $\left(+\frac{1}{4}ad^2\right)^2$
e) $\left(-\frac{x^3}{4}\right)^2$
f) $\left(-\frac{xy}{2}\right)^3$

26. Calcule.

a) $\sqrt{x^4}$
b) $\sqrt{9m^2}$
c) $\sqrt{81y^2}$
d) $\sqrt{49a^6}$
e) $\sqrt{64a^4m^6}$
f) $\sqrt{36a^2c^4}$

27. Calcule.

a) $\sqrt{3\,600\,m^{10}}$
b) $\sqrt{0,49\,x^8}$
c) $\sqrt{0,01x^2y^{20}}$

28. Calcule.

a) $\sqrt{\dfrac{x^2}{4}}$
b) $\sqrt{\dfrac{81}{100}x^6}$
c) $\sqrt{\dfrac{25a^2c^6}{9}}$

29. A figura abaixo é formada por vários cubos.

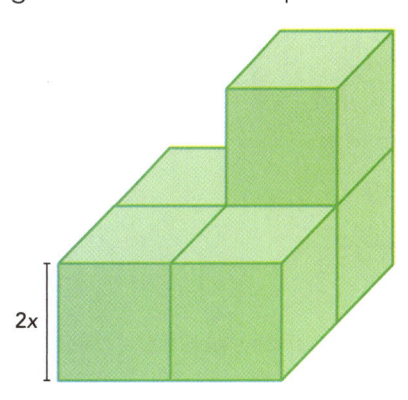

a) Qual monômio representa o volume de cada cubo?
b) Qual monômio representa o volume total dessa figura?
c) Qual é o volume dessa figura para $x = 4$ cm?

Exercícios complementares

30. Qual das seguintes expressões não é monômio?

   a) $7x$
   b) $-x^2y$
   c) $x^2 + y$
   d) $\dfrac{x^2y}{4}$

31. Qual alternativa contém termos semelhantes?

   a) $5x, 5y, 5z$
   b) $xy, 8x^2y^2, x^3y^3$
   c) $3x^2y, 4xy^2, 5xy$
   d) $-x^2y, 5x^2y, 9x^2y$

32. Calcule.

   a) $2x + 6x + 0{,}3x + x$
   b) $-36y - y$
   c) $3a - 7a + a + 0{,}5a$
   d) $x^5 - 21x^5 + 8x^5$
   e) $-6abc - abc - 2abc$
   f) $-7m + m + 6m$

33. Calcule.

   a) $-\dfrac{1}{3}x - \dfrac{5}{3}x$
   b) $\dfrac{x}{2} + \dfrac{3x}{5} - \dfrac{2x}{5}$

34. Sejam:

   $A = 5xy^2$ $C = 3xy$ $E = 5x^2y$
   $B = -2x^2y$ $D = x^2y^2$ $F = -4xy^2$

   Calcule:

   a) AB
   b) CD
   c) $2A - 3F$
   d) $3(B + E)$
   e) $2F - A$
   f) $-4(E - B)$

35. Quantos cubos pequenos cabem no cubo grande?

   a) 2
   b) 4
   c) 6
   d) 8

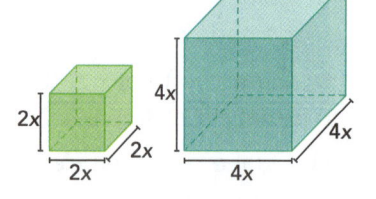

36. Escreva uma expressão simplificada para o perímetro de cada figura.

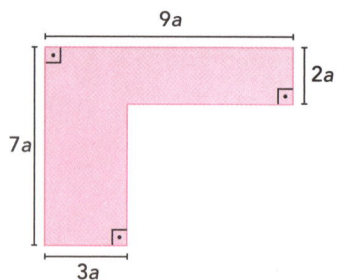

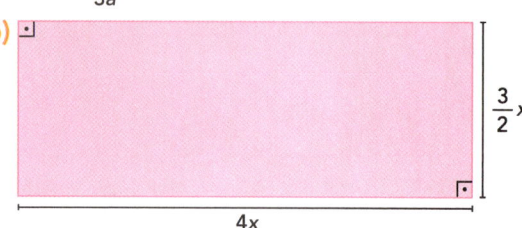

   a) (figura com lados $9a$, $2a$, $7a$, $3a$)
   b) (retângulo com lados $4x$ e $\dfrac{3}{2}x$)

37. O preço, em reais, de x artigos a 10 centavos cada um é:

   a) $\dfrac{x}{10}$.
   b) $10x$.
   c) $\dfrac{10}{x}$.
   d) $10 + x$.

38. Na figura, a área do quadrado é y^2, e as áreas de dois dos retângulos são xy e zy. A área do terceiro retângulo é:

   a) x^2.
   b) z^2.
   c) xz.
   d) yz.

39. (Encceja-MEC) Uma clínica de reabilitação possui uma escada para exercícios como a que se vê abaixo:

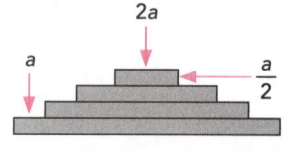

Uma pessoa, ao subir e descer a escada acima, percorrerá, na horizontal, uma distância representada pela expressão algébrica:

   a) $4a$ b) $6a$ c) $8a$ d) $12a$

Panorama

40. O produto $(0,2a^3)(0,3a^2)$ é igual a:
   a) $0,6a^5$.
   b) $0,6a^6$.
   c) $0,06a^5$.
   d) $0,06a^6$.

41. Os resultados de $3x + 2x$ e de $3x \cdot 2x$ são, respectivamente:
   a) $5x$ e $6x$.
   b) $5x^2$ e $6x$.
   c) $5x$ e $6x^2$.
   d) $5x^2$ e $6x^2$.

42. A expressão $(4x)^2 - x^2 + 3x^2$ equivale a:
   a) $6x^2$.
   b) $18x^2$.
   c) $-6x^2$.
   d) $20x^2$.

43. O resultado de $(-2x^2)^3 \cdot (-3x)^2$ é:
   a) $6x^3$.
   b) $48x^8$.
   c) $72x^8$.
   d) $-72x^8$.

44. O resultado de $(-5x^3)^2 : (5x^4)$ é:
   a) x^2.
   b) $5x^2$.
   c) $-x^2$.
   d) $-5x^{10}$.

45. O resultado de $\sqrt{100\,a^4 x^{16}}$ é:
   a) $50a^2x^8$.
   b) $50a^2x^4$.
   c) $10a^2x^8$.
   d) $10a^2x^4$.

46. O resultado de $(p^2)^3 : (0,1p^3)^2$ é:
   a) 10.
   b) $10p$.
   c) 100.
   d) $100p$.

47. (SEE-SP) $\dfrac{x}{2} - \dfrac{2}{5}x$ é igual a:
   a) $\dfrac{x}{10}$
   b) $-\dfrac{x}{10}$
   c) $\dfrac{x}{3}$
   d) $-\dfrac{x}{3}$

48. (PUC-RJ) Se $y = 2x$ e $z = 2y$, então $x + y + z$ equivale a:
   a) $3x$.
   b) $5x$.
   c) $7x$.
   d) $9x$.

49. Se triplicarmos a medida dos lados de um quadrado, sua área ficará:
   a) dividida por 3.
   b) dividida por 6.
   c) multiplicada por 4.
   d) multiplicada por 9.

50. Qual monômio representa a área da figura?
   a) $16x^2$
   b) $18x^2$
   c) $25x^2$
   d) $36x^2$

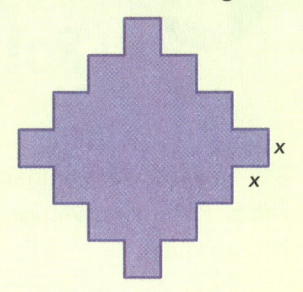

51. O monômio que representa a área da região destinada ao jardim de uma empresa cujo terreno retangular está representado na figura abaixo é:
   a) $3x^2$. 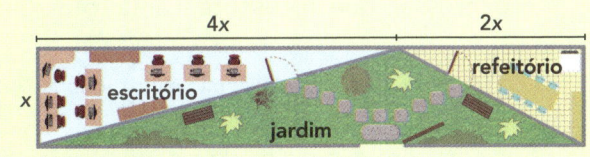
   b) $4x^2$.
   c) $6x^2$.
   d) $8x^2$.

52. Um homem compra diversos artigos por x reais a dúzia e revende cada artigo por $\dfrac{x}{9}$ reais. Em cada artigo, seu lucro em reais é de:
   a) $\dfrac{x}{3}$.
   b) $\dfrac{x}{4}$.
   c) $\dfrac{x}{8}$.
   d) $\dfrac{x}{36}$.

53. (Cefet-RN) Uma lanchonete vende sanduíches a x reais cada um. Sabendo que $\dfrac{1}{4}$ desse preço corresponde ao custo da carne, do pão e dos demais ingredientes, que $\dfrac{1}{2}$ desse preço corresponde a outras despesas e que o restante é lucro, o monômio que representa o lucro na venda de cada sanduiche é:
   a) $0,5x$
   b) $0,7x$
   c) $0,25x$
   d) $0,75x$

Capítulo 8
Polinômios

Vamos determinar a área total da figura ao lado. Para isso, vamos calcular as áreas A, B e C e somá-las.

- área $A = x^2$
- área $B = xy$
- área $C = y^2$

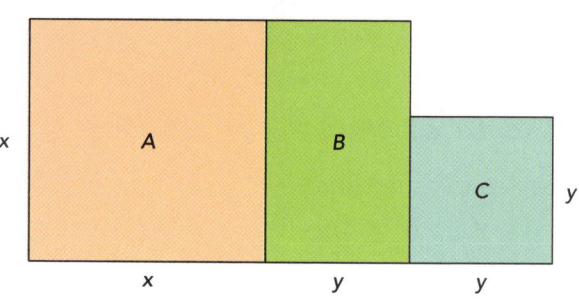

A expressão que apresenta a área total dessa figura é $x^2 + xy + y^2$ e é denominada **polinômio**.

> Polinômio é um monômio ou a soma algébrica de monômios.

São também exemplos de polinômios as expressões:

A $2x - 15$

B $a^2 - 2ab - 6$

C $x^4 - 3x^2 + 7x - 12$

D $\dfrac{3}{5}y - \dfrac{2}{7}x + xy$

Os monômios que formam um polinômio também são chamados de **termos** do polinômio.

Quando um polinômio apresenta termos semelhantes, eles podem ser adicionados, ficando reduzidos a um só termo. Observe o exemplo:

$$5x^2 + 8x - x^2 - 2x = \underbrace{5x^2 - x^2}_{} + \underbrace{8x - 2x}_{} =$$
$$= 4x^2 + 6x$$

Esse polinômio foi escrito de forma **mais simples**, e esse processo de simplificação é chamado **redução de termos semelhantes**.

Um polinômio sem termos semelhantes é chamado:

- **monômio** → se tiver 1 termo;
- **binômio** → se tiver 2 termos;
- **trinômio** → se tiver 3 termos.

Mono significa "um" e **poli** significa "muitos", mas observe que um polinômio pode ser simplesmente um monômio.

Exemplos:

A $8a$ é um polinômio com um termo ou um **monômio**

B $4x + 7$ é um polinômio com dois termos ou um **binômio**

C $x^2 - 5x + 6$ é um polinômio com três termos ou um **trinômio**

Os polinômios com mais de três termos não têm nome especial.

Exercícios de fixação

1. Indique a expressão correspondente à situação:

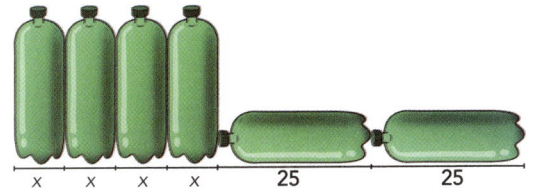

x x x x   25   25

2. Escreva a expressão de maneira simplificada:

$7b + 3m + 4p + 3b + 5m + 2p$

7 bananas
3 maçãs
4 pêras

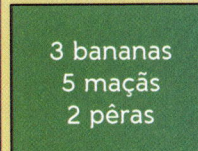

3 bananas
5 maçãs
2 pêras

3. Reduza os termos semelhantes.
a) $4x - 2a + x$
b) $7x + 2x - y - 2y$
c) $5x^2 - 3x - 5x^2 - 4x$
d) $6a + 7y - 2y - 4a$
e) $-9x + 5m + 7x - 2m$

4. Continue reduzindo os termos semelhantes.
a) $15a + 10 - 3a$
b) $a + 1 + a - 7$
c) $-10x^2 - 3x - 5x^2$
d) $xy^2 + xy^2 + x^2y$
e) $8x^2 + 5y^2 - x^2 + 4xy$

5. Qual polinômio representa o perímetro do retângulo?

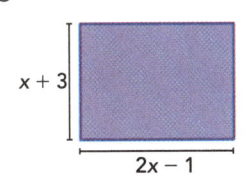

$x + 3$
$2x - 1$

6. Pensei num número x. Adicionei a ele sua metade. Obtive:

a) $x + 2x$.

b) $x + \dfrac{1}{2}$.

c) $\dfrac{x+2}{2}$.

d) $x + \dfrac{x}{2}$.

7. Veja o exemplo e reduza os termos semelhantes.

$$x + 3 + \dfrac{x}{2} - \dfrac{1}{4} = x + \dfrac{x}{2} + 3 - \dfrac{1}{4} =$$
$$= \dfrac{2x + x}{2} + \dfrac{12 - 1}{4} =$$
$$= \dfrac{3x}{2} + \dfrac{11}{4}$$

a) $2x^3 + x^3 + x + \dfrac{1}{2}x$

b) $3a - 6a - \dfrac{3}{5} + 1$

c) $\dfrac{x}{9} - \dfrac{y}{2} - \dfrac{x}{6} + \dfrac{y}{3}$

d) $\dfrac{2}{3}a + \dfrac{1}{6} - \dfrac{a}{2} - \dfrac{1}{9}$

8. A expressão $\dfrac{5}{2}m + \dfrac{n}{2} + 0{,}5n - \dfrac{m}{3}$ é igual a:

a) $2m + n$.
b) $-\dfrac{13}{6}m + n$.
c) $\dfrac{13}{6}m - n$.
d) $\dfrac{13}{6}m + n$.

9. (OBM) Na figura, o número 8 foi obtido somando-se os dois números diretamente abaixo de sua "casinha". Os outros números nas três linhas superiores são obtidos da mesma forma. Qual é o valor de x?

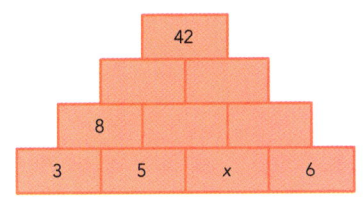

42

8

3   5   x   6

10. Classifique os polinômios como monômio, binômio ou trinômio.

a) 15
b) $7x^2$
c) $4a - 3m$
d) $5x^2 - 7x + 6$
e) $x + y + z$
f) $5a^4 - a^3 + a - 1$
g) xyz
h) $xy - z$
i) $-1\,000$
j) $-7 + x^3y$
k) $ab - bc + ac$
l) $a - b + c - \dfrac{1}{2}$

Grau de um polinômio

O grau de um polinômio reduzido não nulo é dado por seu termo de maior grau.

Exemplos:

A O polinômio $2x^3y - 5x^4y^3 + xy$ é do **7º grau**.
   $\underbrace{2x^3y}_{\text{4º grau}} \underbrace{-5x^4y^3}_{\text{7º grau}} \underbrace{+xy}_{\text{2º grau}}$

B O polinômio $7a^3 + 5a^2b^2 - 4ab$ é do **4º grau**.
   $\underbrace{7a^3}_{\text{3º grau}} \underbrace{+5a^2b^2}_{\text{4º grau}} \underbrace{-4ab}_{\text{2º grau}}$

O grau de um polinômio também pode ser dado em relação a determinada variável. O maior grau da variável considerada indica o grau do polinômio.

Assim:

- $7x^4y^3 + 2x^2y^5 - xy^7$ → polinômio do **4º grau** em relação a x
  → polinômio do **7º grau** em relação a y

  maior grau de x   **maior** grau de y

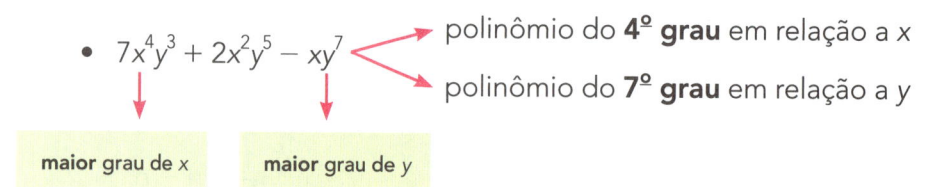

Polinômio com uma variável

É o polinômio que apresenta uma única letra como variável.

Exemplos:

A $6x^2 - x + 5$

B $4x + x^3 - 6 + 8x^2$

São polinômios na variável x.

Geralmente, os termos do polinômio com uma variável são apresentados segundo as potências decrescentes da variável. Veja o exemplo:

- $4x + x^3 - 6 + 8x^2$ → polinômio não ordenado
- $x^3 + 8x^2 + 4x - 6$ → polinômio ordenado

Quando um polinômio estiver ordenado e estiver faltando uma ou mais potências, dizemos que os coeficientes desses termos são zero e o polinômio é incompleto.

POLINÔMIO INCOMPLETO
$5x^4 - 8x^2 + 4$

Assim:

$\underbrace{x^3 + 7x + 4}_{\text{polinômio incompleto}} = \underbrace{x^3 + 0x^2 + 7x + 4}_{\text{forma geral}}$

Exercícios de fixação

11. Numa lanchonete há x mesas com 4 pernas e y mesas com 3 pernas.

Escreva a expressão algébrica que representa:
a) o número de mesas;
b) o número de pés das mesas.

12. Augusto entrou em um supermercado com x reais e gastou metade. Qual dos seguintes polinômios corresponde à quantia que lhe sobrou?
a) $x - 2x$
b) $x - \dfrac{1}{2}$
c) $x - \dfrac{x}{2}$
d) $1 - \dfrac{x}{2}$

13. A expressão $a^3 + b^3 + c^3 - 3abc$ é um:
a) monômio.
b) binômio.
c) trinômio.
d) polinômio.

14. Qual expressão a seguir representa um trinômio?
a) $4 + 3x^2 - 1 + 5x^2$
b) $4x + 3x^2 - x + 5x^2$
c) $4 + 3x - 1 + 5x^2$
d) $4 + 3x - 1 + 5x$

15. O polinômio $6x^3 - 2x^2 + x^5 - 8x^4 - 3$ é do:
a) 3º grau.
b) 4º grau.
c) 5º grau.
d) 6º grau.

16. O polinômio $0x^4 - 9x^3 - 5x^2 + x - 6$ é do:
a) 3º grau.
b) 4º grau.
c) 2º grau.
d) 6º grau.

17. O polinômio incompleto em relação a x é:
a) $5x - 6$.
b) $8x^2 - x + 5$.
c) $5x^2 - 4x + 3$.
d) $x^3 - 6x^2 - 8$.

18. O polinômio que está ordenado segundo as potências decrescentes de x é:
a) $6x^3 - 4x + 2x^2 - 1$.
b) $5x^3 + x^2 - x - 1$.
c) $4 + 3x - 2x^2 + x^3$.
d) $1 + 2x^3 + 3x^2 + 4x$.

19. Considere a expressão da lousa e responda.

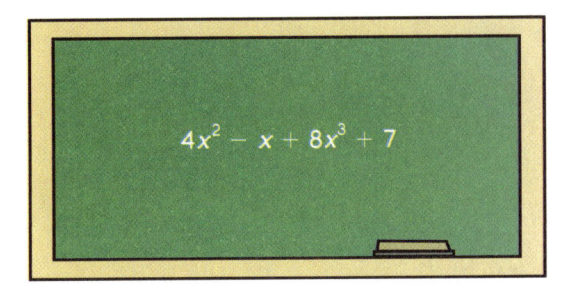

$$4x^2 - x + 8x^3 + 7$$

a) Como é denominada essa expressão?
b) Quantas variáveis há nesse polinômio?
c) Qual é o grau desse polinômio?
d) O polinômio é completo ou incompleto?
e) Qual é a forma ordenada do polinômio?

Adição de polinômios

Vamos calcular:
$(5x^2 - 4x + 3) + (2x^2 + 7x - 9) =$
$= 5x^2 - 4x + 3 + 2x^2 + 7x - 9 =$ → Eliminamos os parênteses.
$= 5x^2 + 2x^2 - 4x + 7x + 3 - 9 =$ → Agrupamos os termos semelhantes.
$= 7x^2 + 3x - 6$ → Reduzimos os termos semelhantes.

> Ao eliminar parênteses precedidos pelo sinal positivo (+), **não se trocam** os sinais dos termos neles incluídos.

Modo prático:
Escrevemos cada polinômio numa linha, colocando os termos semelhantes um embaixo do outro, e somamos:

$5x^2$	$-4x$	$+3$
$2x^2$	$+7x$	-9
$7x^2$	$+3x$	-6

A soma é $7x^2 + 3x - 6$.

Observe que a adição de polinômios é a adição de todos os seus monômios.

Subtração de polinômios

Acompanhe o cálculo:

$(5x^2 - 3x + 7) - (9x^2 - 5x + 2) =$
$= 5x^2 - 3x + 7 - 9x^2 + 5x - 2 =$
$= 5x^2 - 9x^2 - 3x + 5x + 7 - 2 =$
$= -4x^2 + 2x + 5$

> **Sinal negativo**
> Devemos **trocar** os sinais dos termos do segundo polinômio que está entre parênteses.

Observe que:

> Para subtrair um polinômio de outro, basta somar o primeiro com o oposto do segundo.

Modo prático:
Devemos colocar os termos semelhantes um embaixo do outro:

$5x^2$	$-3x$	$+7$
$-9x^2$	$+5x$	-2
$-4x^2$	$+2x$	$+5$

→ sinais trocados

Exercícios de fixação

20. Efetue as adições.

a) $7x^2 - 6x$
   $-2x^2 - x$

b) $x^2 + 3y^2 - z^2$
   $x^2 - y^2 + 4z^2$

c) $x^3 + 5x^2 - x$
   $ -5x^2 + 8x$

d) $m^3 - m^2 - 10m$
   $ - m^2 + 18m - 4$

21. A diferença $(10h^4 + h^2) - (10h^4 - h^2)$ é igual a:

a) 0.
b) h^4.
c) $2h^2$.
d) $20h^4 + 2h^2$.

22. O resultado de $-(-x^3 + y^2) - (7x^3 - 2y^2)$ é:

a) $8x^3 - y^2$.
b) $-6x^3 + y^2$.
c) $-8x^3 + y^2$.
d) $-8x^3 - 3y^2$.

23. O resultado de $(-2x^2 - 5x) + (8x - 6) - (-3x^2 + 7x)$ é:

a) $x^2 - 6x + 3$.
b) $x^2 - 4x - 6$.
c) $-5x^2 + 6x - 6$.
d) $-5x^2 + 10x - 12$.

24. Efetue as adições de polinômios.

a) $(-2x + 3y) + (9x - 7y)$
b) $(a^2 + a - 8) + (-a^2 - a + 8)$
c) $(3m - 7) + (5m + 2) + (-6m + 4)$
d) $(5x^3 + 4x^2 - 2x) + (-5x^3 - 4x^2 + 7x - 3)$

25. Se

$A = -x - 2y + 10$
$B = x + y + 1$
$C = -3x - 2y + 1$

então $A - B - C$ é igual a:

a) $x - y + 8$.
b) $3x + y + 10$.
c) $-5x - 3y + 12$.
d) $-3x - 5y + 10$.

26. O polinômio que representa o perímetro da figura abaixo é:

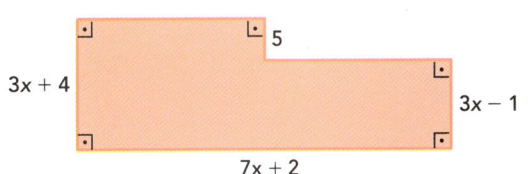

(figura: $3x + 4$, 5, $3x - 1$, $7x + 2$)

a) $18x + 11$.
b) $18x + 12$.
c) $20x + 11$.
d) $20x + 12$.

27. Efetue as seguintes subtrações de polinômios:

a) $(4x^2 - 4x + 5) - (2x^2 + 7x - 1)$
b) $(6a - 3b + 2c) - (2a - 2b + 5c)$
c) $(4x^3 - 5x^2 - 2) - (+7 - 6x^3)$
d) $(h^2 - h - 1) - (-h^2 + h + 1)$

28. O consecutivo de $2n - 3$ é:

a) $2n - 1$.
b) $2n + 2$.
c) $2n - 2$.
d) $2n - 4$.

29. (SEE-RJ) Numa adição de polinômios encontrou-se o resultado $3x^3 - 4x + 6$, mas verificou-se que a parcela $5x^3 - 8x^2 - 9$ havia sido incluída indevidamente. O resultado certo da adição é:

a) $2x^3 - 8x^2 + 4x - 15$
b) $-2x^3 + 8x^2 - 4x + 15$
c) $8x^3 - 8x^2 - 4x - 3$
d) $-8x^3 - 8x^2 - 4x + 3$

30. Para evitar o uso de dinheiro, um hotel fazenda entregou aos hóspedes um colar contendo 5 contas vermelhas, 8 brancas e 10 azuis. Uma conta branca correspondia a 5 azuis ou valia metade da vermelha. Se cada conta azul valia R$ 1,00, pode-se concluir que o valor do colar era:

a) R$ 80,00
b) R$ 90,00
c) R$ 100,00
d) R$ 120,00

Aqui tem mais

Considerando que:

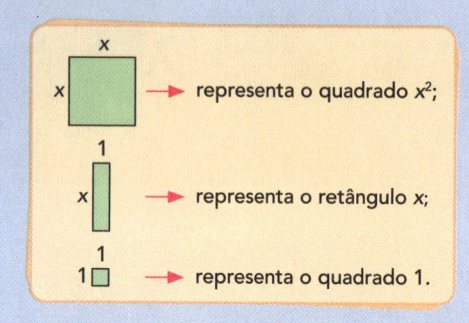

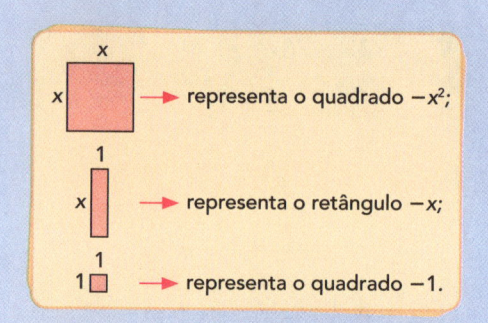

- ■ (x por x, verde) → representa o quadrado x^2;
- ▮ (x por 1, verde) → representa o retângulo x;
- ▫ (1 por 1, verde) → representa o quadrado 1.

- ■ (x por x, vermelho) → representa o quadrado $-x^2$;
- ▮ (x por 1, vermelho) → representa o retângulo $-x$;
- ▫ (1 por 1, vermelho) → representa o quadrado -1.

A Podemos efetuar de forma geométrica a **adição** de polinômios observando que as figuras de cores diferentes representam quantidades opostas e "anulam-se" aos pares. Veja o exemplo:

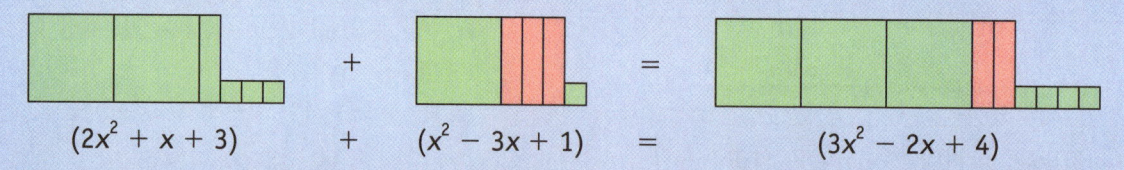

$(2x^2 + x + 3) + (x^2 - 3x + 1) = (3x^2 - 2x + 4)$

B Vamos efetuar, geometricamente, a subtração de polinômios. Veja o exemplo:

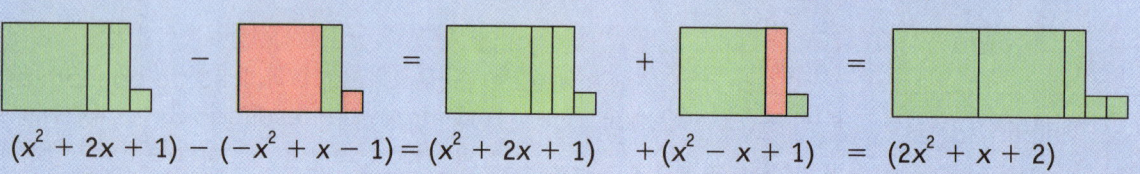

$(x^2 + 2x + 1) - (-x^2 + x - 1) = (x^2 + 2x + 1) + (x^2 - x + 1) = (2x^2 + x + 2)$

Tarefa especial

31. O número de cada retângulo é obtido adicionando os números dos dois retângulos situados abaixo dele. Escreva uma expressão simplificada para o retângulo colorido superior.

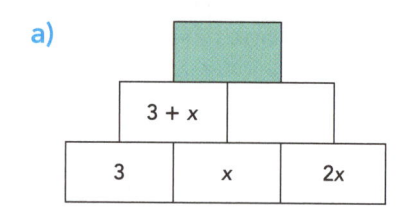

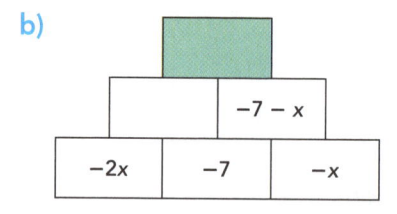

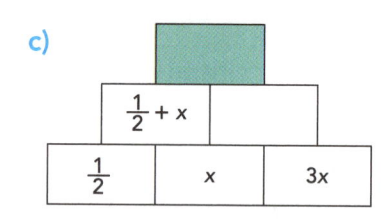

a)
3 + x		
3	x	2x

b)
	−7 − x	
−2x	−7	−x

c)
$\frac{1}{2}$ + x		
$\frac{1}{2}$	x	3x

32. (NCE-UFRJ) Em um programa de televisão no qual são distribuídos prêmios são feitas 15 perguntas aos candidatados. Toda pergunta deve ser respondida. Para cada resposta certa o candidato ganha 2 pontos e a cada errada perde 1 ponto. Se indicarmos por x o número de respostas certas, a expressão que indica a pontuação do candidato é:

a) $3x + 15$ b) $3x - 15$ c) $2x + 15$ d) $2x - 15$

33. A soma de três dos polinômios abaixo é igual a $7x + 6$. Quais são os três polinômios?

Ⓐ $3x + 2$ Ⓑ $3x - 2$ Ⓒ $2x + 6$ Ⓓ $2x - 2$ Ⓔ $2x + 3$

Multiplicação de monômio por polinômio

Acompanhe o cálculo:

$2x \cdot (7x^2 - 4x + 5) = 2x \cdot (7x^2) - 2x \cdot (4x) + 2x \cdot (5) =$
$= 14x^3 - 8x^2 + 10x$

> Usamos a propriedade distributiva.

Essa multiplicação também pode ser indicada da seguinte maneira:

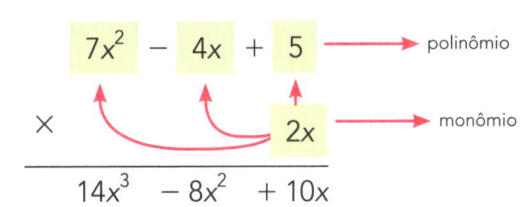

$$\begin{array}{r} 7x^2 - 4x + 5 \\ \times \quad 2x \\ \hline 14x^3 - 8x^2 + 10x \end{array}$$

polinômio
monômio

> Multiplicamos o monômio por todos os termos do polinômio.

Exemplos:

A $3x \cdot (5x^2 + y) = 15x^3 + 3xy$

B $-4m^2 \cdot (3m - 5) = -12m^3 + 20m^2$

C $2a \cdot (a^2 - 3ac + c^2) = 2a^3 - 6a^2c + 2ac^2$

D $5xy \cdot (2y^2 - 3xy + x^2) = 10xy^3 - 15x^2y^2 + 5x^3y$

Exercícios de fixação

34. A figura representa um jardim retangular.

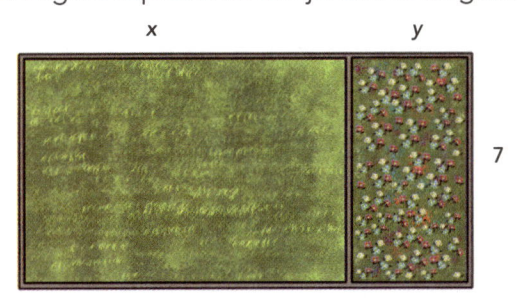

a) Qual polinômio representa o perímetro do jardim?
b) Qual monômio representa a área do canteiro de flores?
c) Qual polinômio representa a área total do jardim?

35. Calcule os produtos.
a) $10 \cdot (4p + 5q)$
b) $8 \cdot (-2x^2 - x - 7)$
c) $-x \cdot (-x + xy)$
d) $-3t \cdot (-2t - 5)$

36. Calcule os produtos.
a) $(y^2 - 6y) \cdot 4y$
b) $(-b - a) \cdot 3ab$
c) $(-ab) \cdot (a - b)$
d) $(a + m) \cdot (-am)$
e) $(-p^2 - 4p + 1) \cdot (-p^3)$
f) $-2pq \cdot (-3p^2 - q + 1)$

37. Qual polinômio representa a medida da área colorida do retângulo?

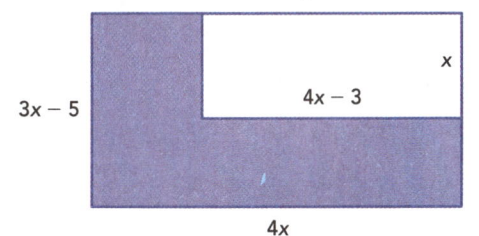

38. Efetue as multiplicações.
a) $\dfrac{1}{2} \cdot (8x - 12y - 32)$
b) $-\dfrac{3}{4} \cdot (12m - 4n - 8)$

Multiplicação de polinômio por polinômio

Vamos calcular o produto usando a propriedade distributiva da multiplicação:
$(3x + 5) \cdot (4x - 2) = 3x \cdot (4x - 2) + 5 \cdot (4x - 2) =$
$= 12x^2 - 6x + 20x - 10 =$
$= 12x^2 + 14x - 10$

Na prática, multiplicamos cada termo do primeiro polinômio por todos os termos do segundo e, em seguida, reduzimos os termos semelhantes.

$$(3x + 5) \cdot (4x - 2) = 12x^2 - 6x + 20x - 10 = 12x^2 + 14x - 10$$

Podemos também utilizar este **dispositivo prático**:

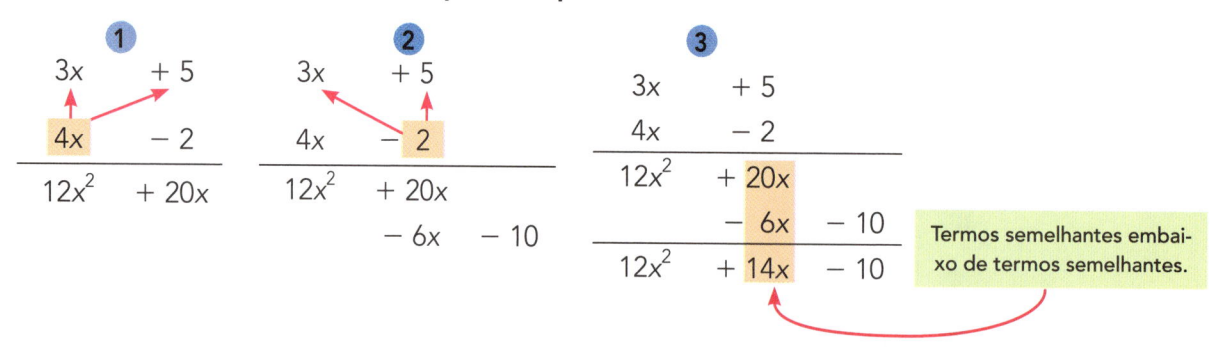

1
```
  3x    + 5
  4x    - 2
―――――――――――
 12x²   + 20x
```

2
```
  3x    + 5
  4x    - 2
―――――――――――
 12x²   + 20x
        - 6x   - 10
```

3
```
  3x    + 5
  4x    - 2
―――――――――――
 12x²   + 20x
        - 6x   - 10
―――――――――――――――――
 12x²   + 14x  - 10
```

Termos semelhantes embaixo de termos semelhantes.

Os polinômios devem estar ordenados em potências decrescentes.

Exemplos:

A Calcule $(3x - 5) \cdot (2x - 1)$.

```
     3x  -  5
     2x  -  1
―――――――――――――
    6x²  - 10x
         -  3x  + 5
―――――――――――――――――――
    6x²  - 13x  + 5
```

B Calcule $(3x^2 - 2x + 1) \cdot (2x + 3)$.

```
    3x²  - 2x  + 1
          2x   + 3
―――――――――――――――――――
    6x³  - 4x² + 2x
         + 9x² - 6x  + 3
―――――――――――――――――――――――
    6x³  + 5x² - 4x  + 3
```

Aqui tem mais

Vamos ilustrar a seguinte multiplicação usando áreas de retângulos.

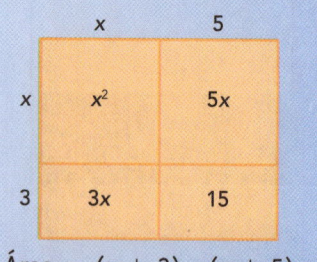

	x	5
x	x^2	$5x$
3	$3x$	15

Área $= (x + 3) \cdot (x + 5) =$
$= x^2 + 3x + 5x + 15 =$
$= x^2 + 8x + 15$

Exercícios de fixação

39. O produto $-4(m^2n)(-3m^4n^3)$ é igual a:
a) $12m^6n^3$.
b) $12m^8n^3$.
c) $12m^6n^4$.
d) $-12m^6n^4$.

40. O produto $\frac{1}{3}am^2(-3a^3m^2)$ é igual a:
a) a^4m^4.
b) a^3m^4.
c) $-a^4m^4$.
d) $-\frac{1}{9}a^4m^4$.

41. O produto $(0,2x^3)(0,3x^2)$ é igual a:
a) $0,6x^5$.
b) $6x^6$.
c) $0,06x^5$.
d) $5x^5$.

42. O produto $\left(\frac{1}{2}xy\right)\left(\frac{1}{2}xy\right)\left(\frac{1}{2}xy\right)$ é igual a:
a) $\frac{1}{8}x^3y^3$.
b) $\frac{1}{6}x^3y^3$.
c) $\frac{1}{8}xy$.
d) $\frac{3}{6}x^3y^3$.

43. Observe o retângulo a seguir.

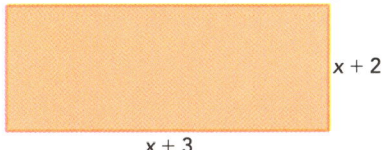

(retângulo com lados $x+2$ e $x+3$)

a) O que significa a expressão $2(x+2) + 2(x+3)$ em relação a essa figura?
b) E a expressão $(x+2)(x+3)$?
c) Escreva um polinômio na forma reduzida que represente o perímetro e outro que represente a área desse retângulo.

44. Calcule os produtos.
a) $(x+3) \cdot (x+4)$
b) $(a-2) \cdot (a-7)$
c) $(y-6) \cdot (y+6)$
d) $(2x-5) \cdot (3x-2)$
e) $(1-2x) \cdot (4+3x)$
f) $(-x+4) \cdot (x+5)$

45. Calcule os produtos.
a) $(x^2+3x) \cdot (x-4)$
b) $(x^7+3) \cdot (x^7-3)$
c) $(1-t^4) \cdot (1+t^4)$
d) $(xy-7) \cdot (xy+6)$

46. Calcule os produtos.
a) $(x^2+3x-4) \cdot (x-2)$
b) $(c^3+4c^2+c) \cdot (c-1)$
c) $(-y^2+y-3) \cdot (-y+1)$
d) $(x^3-2x^2+x+1) \cdot (x-1)$

47. Se $A = -x^2+5x-7$ e $B = 3x+8$, então $2A - B$ é igual a:
a) $-2x^2+2x+1$.
b) $-2x^2+2x-6$.
c) $2x^2+7x-6$.
d) $-2x^2+7x-22$.

48. (SEE-RJ) O produto $(2x^3 - 3x^2)(2x^2 - x)$ é um polinômio cujo termo de quarto grau é:
a) $8x^4$
b) $4x^4$
c) $-4x^4$
d) $-8x^4$

49. Simplifique as expressões seguindo o exemplo.

$x \cdot (x+y) - y \cdot (x-y) - 5y^2 =$
$= x^2 + xy - xy + y^2 - 5y^2 =$
$= x^2 - 4y^2$

a) $3 \cdot (x+1) - 2 \cdot (x-2)$
b) $3x \cdot (x-4) + 2x \cdot (x-8)$

50. Simplifique as expressões seguindo o exemplo.

$(x+4) \cdot (x-3) - (-6x^2+4x+2) =$
$= (x^2+x-12) - (-6x^2+4x+2) =$
$= x^2+x-12+6x^2-4x-2 =$
$= x^2+6x^2+x-4x-12-2 =$
$= 7x^2-3x-14$

a) $(x+3) \cdot (x+4) - 2 \cdot (x+1)$
b) $3x \cdot (x-1) + (x+2) \cdot (x+5)$
c) $(x+7) \cdot (x-7) + (x+2) \cdot (x-1)$
d) $(3x+1) \cdot (2x-3) - (6x-1) \cdot (x+2)$

51. Qual polinômio representa a área colorida da figura?

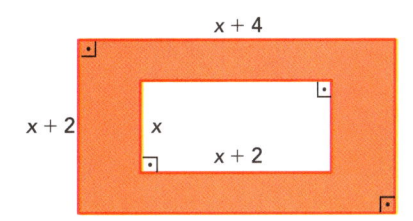

(retângulo externo $x+4$ por $x+2$, retângulo interno $x+2$ por x)

Divisão de polinômio por monômio

Vamos efetuar a divisão:

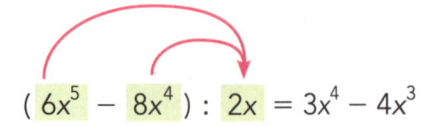

$(6x^5 - 8x^4) : 2x = 3x^4 - 4x^3$

Na prática, usamos a forma fracionária.

$(6x^5 - 8x^4) : 2x = \dfrac{6\,x^5}{2\,x} - \dfrac{8\,x^4}{2\,x} =$
$= 3x^4 - 4x^3$

Exemplos:

A $(15a^4 - 12a^3 + 3a^2) : 3a = \dfrac{15a^4}{3a} - \dfrac{12a^3}{3a} + \dfrac{3a^2}{3a} = 5a^3 - 4a^2 + a$

B $(40x^3 - 3x) : (-5x) = -\dfrac{40x^3}{5x} + \dfrac{3x}{5x} = -8x^2 + \dfrac{3}{5}$

Os exemplos nos mostram que: **Dividimos cada termo do polinômio pelo monômio.**

Exercícios de fixação

52. Calcule os quocientes.
a) $(14x^2 - 8) : 2$
b) $(6x^2 - 21x + 5) : 3$
c) $(-9a^2 + 13) : (-1)$
d) $(30x^4 - 15x^2) : (-3)$

53. Calcule os quocientes.
a) $(12x^2 + 9x) : 3x$
b) $(-6x^2 + 4x) : 2x$
c) $(x^4 + 5x^3 + x^2 - 4x) : x$
d) $(-8a^4 + 6a^3 - 10a) : (-2a)$
e) $(40x^2 - 20x - 3ax) : (-10x)$

54. Calcule os quocientes.
a) $(4{,}2x^2 - 0{,}49x) : 0{,}7x$
b) $(0{,}36a^4 - 4{,}8a^2) : 0{,}06a$
c) $(24x^4m^2 - 10x^3m) : 4x^2m$

55. (Cesgranrio-RJ) Simplificando a expressão $a^3(a^2 + a^3) : a^5$, encontramos:
a) $1 + a$
b) $1 - a$
c) $1 + 5a$
d) $a + a^2$

56. Dividindo-se o resultado de $(-2{,}5x^3y^2 + 2{,}3x^3y^2 - 0{,}4x^3y^2)^2$ por $0{,}4x^2y^4$ obtém-se:
a) $0{,}9x^4$.
b) $0{,}9x^3$.
c) $0{,}9x^3y$.
d) $0{,}9x^4y$.

57. Escreva uma expressão simplificada que represente a medida da área do triângulo.

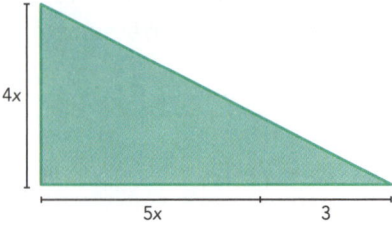

(triângulo com altura $4x$ e base $5x + 3$)

58. (Olimpíada Regional de Matemática – Grande Porto Alegre–RS) Escolhi um número, multipliquei-o por quatro (4), somei oito (8) ao resultado e finalmente dividi o que restou por dois (2). O resultado foi igual:
a) ao dobro do número.
b) a quatro (4) vezes o número mais quatro (4).
c) ao dobro do número mais quatro (4).
d) ao dobro do número mais oito (8).

Divisão de polinômio por polinômio

Vamos mostrar, por meio de exemplos, uma regra prática para efetuar a divisão de polinômios.

Exemplos:

A Vamos efetuar a divisão $(6x^3 - 11x^2 + 12x - 15) : (3x^2 - x + 4)$.

Solução:

$$\begin{array}{r|l} 6x^3 - 11x^2 + 12x - 15 & 3x^2 - x + 4 \end{array}$$

Os termos dos polinômios devem estar em ordem decrescente em relação ao expoente da variável.

$$\begin{array}{r|l} \underset{\text{termo de maior grau}}{6x^3} - 11x^2 + 12x - 15 & \underset{\text{termo de maior grau}}{3x^2} - x + 4 \\ & 2x \end{array}$$

Dividimos o primeiro termo $6x^3$ por $3x^2$. Obtemos $2x$.

$$\begin{array}{r|l} \cancel{6x^3} - 11x^2 + 12x - 15 & 3x^2 - x + 4 \\ -\cancel{6x^3} + 2x^2 - 8x & 2x \\ \hline -9x^2 + 4x - 15 & \end{array}$$

Multiplicamos $2x$ pelos termos do divisor, colocando o resultado com **sinal trocado** sob o dividendo. Em seguida, adicionamos os termos semelhantes e baixamos o termo seguinte.

$$\begin{array}{r|l} \cancel{6x^3} - 11x^2 + 12x - 15 & 3x^2 - x + 4 \\ -\cancel{6x^3} + 2x^2 - 8x & 2x - 3 \leftarrow \text{quociente} \\ \hline -\cancel{9x^2} + 4x - 15 & \\ +\cancel{9x^2} - 3x + 12 & \\ \hline +x - 3 \leftarrow \text{resto} & \end{array}$$

Repetimos todo o procedimento com o resto parcial obtido até que o resto tenha grau menor que o divisor.

Observe que:

$$\underbrace{6x^3 - 11x^2 + 12x - 15}_{\text{dividendo}} = \underbrace{(3x^2 - x + 4)}_{\text{divisor}} \cdot \underbrace{(2x - 3)}_{\text{quociente}} + \underbrace{(x - 3)}_{\text{resto}}$$

B Vamos efetuar a divisão $(2x^4 - 9x^3 - 6x^2 + 16x - 5) : (2x^2 + x - 3)$.

Solução:
Os polinômios estão ordenados decrescentemente.

$$\begin{array}{r|l} \cancel{2x^4} - 9x^3 - 6x^2 + 16x - 5 & 2x^2 + x - 3 \\ -\cancel{2x^4} - x^3 + 3x^2 & x^2 - 5x + 1 \leftarrow \text{quociente} \\ \hline -\cancel{10x^3} - 3x^2 + 16x & \\ +\cancel{10x^3} + 5x^2 - 15x & \\ \hline +2x^2 + x - 5 & \\ -2x^2 - x + 3 & \\ \hline -2 \leftarrow \text{resto} & \end{array}$$

A divisão não é exata.

63

Exercícios de fixação

59. Efetue as divisões de polinômios.

a) $(x^2 + 9x + 14) : (x + 7)$

b) $(6x^2 - 13x + 8) : (3x - 2)$

c) $(12x^2 - 11x - 15) : (4x + 3)$

d) $(2x^3 - 5x^2 + 6x - 4) : (x - 1)$

e) $(-15x^3 + 29x^2 - 33x + 28) : (3x - 4)$

f) $(x^3 - 6x^2 - x + 30) : (x^2 - x - 6)$

g) $(2x^4 + 3x^3 - x^2 + 7x - 3) : (2x^2 - x + 3)$

h) $(-8x^4 - 8x^3 + 6x^2 - 16x + 8) : (4x^3 + 6x^2 + 8)$

60. Acompanhe a divisão $(x^4 - 4x^2 + 8x + 35) : (x^2 - 4x + 7)$.

Iniciamos a divisão sem nos esquecer de acrescentar, no dividendo, o termo $0x^3$.

$$\begin{array}{r|l}
x^4 - 0x^3 - 4x^2 + 8x + 35 & \underline{x^2 - 4x + 7} \\
\underline{-x^4 + 4x^3 - 7x^2} & x^2 + 4x + 5 \quad \leftarrow \text{quociente}\\
4x^3 - 11x^2 + 8x & \\
\underline{-4x^3 + 16x^2 - 28x} & \\
5x^2 - 20x + 35 & \\
\underline{-5x^2 + 20x - 35} & \\
0 \quad \leftarrow \text{resto} &
\end{array}$$

Determine o quociente e o resto das divisões.

a) $(3x^3 - 30x + 2) : (x^2 - 3x + 1)$

b) $(x^4 + x^2 - 3x + 1) : (x^2 - x - 1)$

c) $(8x^4 - 6x^2 + 3x - 2) : (2x^2 - 3x + 2)$

d) $(x^3 - 64) : (x - 4)$

61. (Mack-SP) O polinômio que dividido por $(x + 5)$ tem por quociente $(x - 2)$ e resto 3 é:

a) $x^2 + 3x + 7$ b) $x^2 + 3x - 7$ c) $x^2 - 3x - 7$ d) $x^2 + 3x - 13$

62. (ET-UFPR) A área do retângulo da figura abaixo é dada por $x^2 + 6x + 8$.

A medida do menor lado desse retângulo é dada por:

a) $2x$

b) $x + 1$

c) $x + 2$

d) $x + 4$

Aqui tem mais

Observe que a divisão de polinômios é muito parecida com a divisão de números inteiros.
Veja a divisão 697 : 32.

$$\begin{array}{r|l}
600 + 90 + 7 & \underline{30 + 2} \\
\underline{-600 - 40} & 20 + 1 \\
50 + 7 & \\
\underline{-30 - 2} & \\
20 + 5 &
\end{array}$$

Resposta: O quociente é 21 e o resto 25.

Exercícios complementares

63. Qual polinômio representa a área da figura?

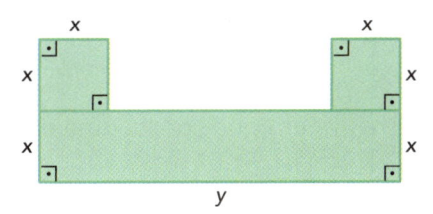

64. Calcule.
a) $(x^2 - 1,5x + 2) + (-x^2 + 2,3x - 6)$
b) $(15xy^2 + 3x^2y) + (-10xy^2 - 3x^2y - x^3)$

65. Dados os polinômios:

$$E = 3x - 5y + 7$$
$$F = 2x - 3y - 6$$
$$G = -x - y - 1$$

calcule:
a) $E + F + G$
b) $E + F - G$
c) $G - F + E$
d) $G - E - F$

66. Calcule os produtos.
a) $x \cdot (-2 + xy)$
b) $2x^3 \cdot (6x^2 + 7)$
c) $xy \cdot (x^3 - y^3)$
d) $-5m \cdot (m^2 - 4m - 2)$

67. Escreva o polinômio que possibilita calcular a área da parte colorida da figura.

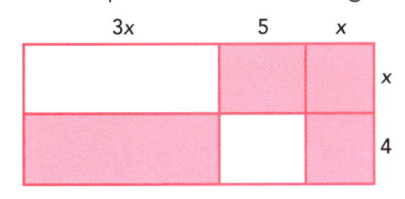

68. Calcule os produtos.
a) $(x^3 - 2) \cdot (x^3 + 6)$
b) $(pq - 5) \cdot (pq + 2)$
c) $(-x + 5) \cdot (x + 2)$
d) $(x^2 + x - 1) \cdot (x - 1)$

69. Determine os quocientes.
a) $(-6y^4 - 15y^7) : (-3y)$
b) $(9x^3 + 6x^2 - 12x) : 4x$

70. Simplifique as expressões.
a) $2 \cdot (-6p + 3q) - 7(p - q)$
b) $10 - 4(x - 3) - x(6x - 1)$
c) $15 - (3x + 2) \cdot (x - 7)$
d) $4x + (2x + 5) \cdot (5x - 2) - 8$

71. Calcule.
a) $\left(\dfrac{1}{2}a - c\right) - \left(\dfrac{1}{2}c - \dfrac{3}{4}a\right)$
b) $\left(x^4 - x^2 + \dfrac{3}{5}\right) - \left(x^4 - x^2 + \dfrac{1}{2}\right)$

72. O resultado de $\dfrac{x}{2} \cdot (10x - 8)$ é:
a) $5x - 4$.
b) $5x^2 + 4$.
c) $5x^2 - 4x$.
d) $10x^2 - 8$.

73. O quociente $(a^{60} - a^{20}) : a^{10}$ tem como resultado:
a) $a^6 - a^2$.
b) $a^6 + a^2$.
c) $a^{50} - a^{10}$.
d) $a^{50} + a^{10}$.

74. Calcule os quocientes.
a) $\left(-\dfrac{2}{3}x - 10\right) : (-2)$
b) $(-m^2 + m) : \left(\dfrac{1}{3}m\right)$

75. (Cefet-PR) O polinômio que expressa a área da figura ao lado é: 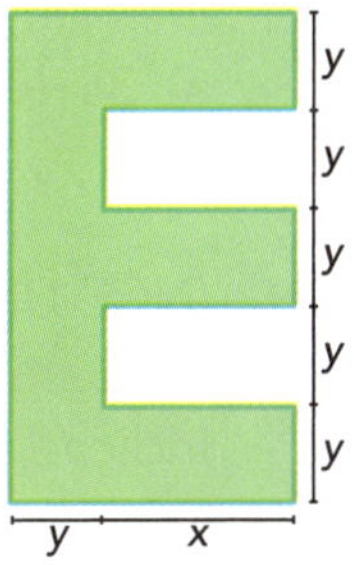
a) $5y^2 + 5xy$
b) $4y^2 + 3xy$
c) $5y^2 + 3xy$
d) $5y^2 + 5xy$

76. (SEE-SP) De uma folha retangular, de lados iguais a x e $x + 8$, foram recortados dois quadrados de lado y, conforme mostra a figura.
O perímetro dessa folha, após o recorte, pode ser corretamente expresso por: 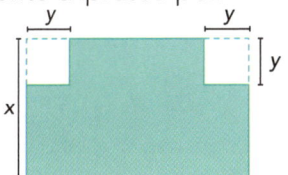
a) $4x + 16$
b) $6x + 18$
c) $4x + 16 - 4y$
d) $4x + 6y + 12$

Exercícios selecionados

77. (NCE-UFRJ) As idades de Chico, Juca e Matias são números consecutivos de modo que Chico é um ano mais novo que Juca, que é um ano mais novo que Matias. Se x é a idade de Chico, então a soma das idades dos três será igual a:

a) $x + 3$ b) $2x + 3$ c) $3x + 3$ d) $3x + 6$

78. (Cefet-PI) Observando a tirinha que segue, assinale a alternativa em que consta uma expressão para o problema proposto.

(Tirinha: "PENSE NUM NÚMERO DE UM A DEZ!" / "AGORA MULTIPLIQUE POR TRÊS E SOME CINCO!" / "DIVIDA POR DOIS E SOME MAIS QUATRO!" / "POSSO ADIVINHAR?" "PODE!" / "VOCÊ NEM SEQUER PENSOU NO PRIMEIRO NÚMERO!" "FANTÁSTICO!" — Fernando Gonsales)

a) $3x + 9$ b) $1,5x + 9$ c) $3x + 6,5$ d) $1,5x + 6,5$

79. Observe os dez cartões numerados:

1	2	3	4	5
$-7a + (-3a - 20)$	$a - (-1 + 4a)$	$-4 - (a - 1)$	$-3(-a - 1)$	$-a + (-a + 1)$

6	7	8	9	10
$-2a - (-4a + 2)$	$5 - (8 + a)$	$1 - (-a - 3)$	$3(a - 1)$	$2(a - 1)$

Indique o(s) número(s) do(s) cartão(ões) que representa(m) os polinômios a seguir:

a) $3a + 3$
b) $-2a + 1$
c) $a + 4$
d) $-3a + 1$
e) $-3 - a$
f) $-10a - 20$
g) $3a - 3$
h) $2a - 2$

80. (NCE-UFRJ) Luíza saiu de sua casa, localizada no ponto A, e passou pela casa de quatro de seus amigos, indicadas na figura pelos pontos B, C, D e E, separadas entre si pelas distâncias indicadas na figura.

Se a distância total percorrida por Luíza até chegar à residência indicada pela letra E é de 28 unidades de comprimento, qual o valor de x?

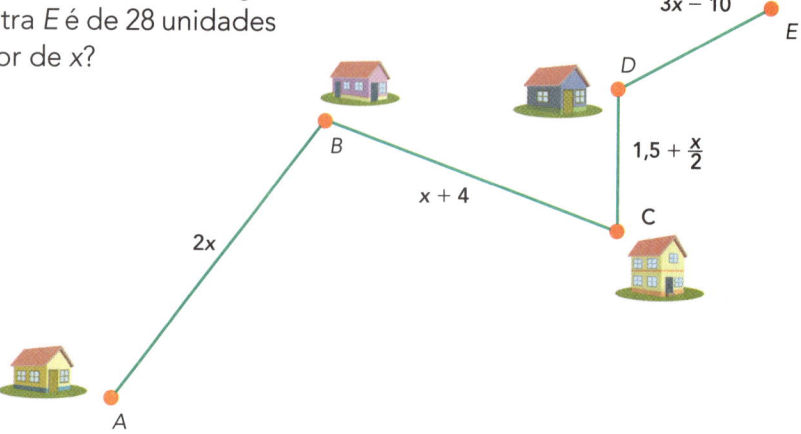

(Figura: A→B: $2x$; B→C: $x + 4$; C→D: $1,5 + \dfrac{x}{2}$; D→E: $3x - 10$)

Panorama

81. (Saresp) Numa padaria há um cartaz afixado em que constam os seguintes itens:

LEITE R$ 1,70   PÃO R$ 0,12

Joana comprou uma quantidade x de litros de leite e uma quantidade y de pães. A expressão algébrica que representa essa compra é:
a) $10x + 3y$.
b) $10y + 3x$.
c) $0,12x + 1,70y$.
d) $1,70x + 0,12y$.

82. Se:

$A + B = 2x + 3y - 4$
$B = 5x - 2y - 1$

então o polinômio A é:
a) $3x - 5y + 3$.
b) $3x + 5y - 3$.
c) $-3x + 5y + 3$.
d) $-3x + 5y - 3$.

83. A expressão $12 \cdot \left(\dfrac{x}{3} + \dfrac{x}{4} - \dfrac{x}{2}\right)$ é igual a:
a) x.
b) $\dfrac{x^3}{3}$.
c) $60x$.
d) $\dfrac{12x}{5}$.

84. (Cefet-SC) Seis pessoas vão a um restaurante e pedem seis pratos do dia e cinco sobremesas. Se o prato do dia custa x reais e cada sobremesa custa 3 reais a menos que o prato do dia, qual é o polinômio que representa a quantia que essas pessoas gastam no restaurante? 
a) $11x - 3$
b) $15 - 11x$
c) $6x - 5x - 3$
d) $6x + 5(x - 3)$

85. (Cefet-SC) A distribuição dos salários de uma empresa está representada no quadro abaixo. Qual é o polinômio cuja forma reduzida expressa o total dos salários dos funcionários dessa empresa?

Número de funcionários	Salário de cada um (em reais)
12	x
5	x + 1 000
3	2x

a) $4x + 1000$
b) $x + 20000$
c) $23x + 5000$
d) $20x + 1000$

86. O resultado de $0,5(0,3x + 4,2y)$ é:
a) $1,5x + 2,1y$.
b) $1,5x + 0,21y$.
c) $0,15x + 21y$.
d) $0,15x + 2,1y$.

87. O produto $(xy + 7) \cdot (xy - 9)$ tem como resultado:
a) $x^2y^2 - 63$.
b) $x^2y^2 - 2xy - 63$.
c) $xy^2 - 2xy - 63$.
d) $x^2y^2 - 16xy - 63$.

88. A expressão $3x(5x - 1) + (-2x)^2$ é igual a:
a) $15x^2 + x$.
b) $4x^2 + 15x - 1$.
c) $19x^2 - 3x$.
d) $11x^2 - 3x$.

89. Sílvia tem bombons em 4 caixas. Tem 10 bombons na primeira caixa e x bombons em cada uma das outras três. Se comeu dois de cada caixa, quantos bombons restaram? 
a) $3x + 8$
b) $3x + 2$
c) $3x - 2 + 8$
d) $3x + (10 - 2)$

Capítulo 9
Produtos notáveis

O que são produtos notáveis

Há certos produtos que ocorrem frequentemente no cálculo algébrico e que são chamados **produtos notáveis**.

Vamos apresentar aqueles cujo emprego é mais frequente.

> **Produto** é o resultado de uma multiplicação.
>
> **Notável** significa importante.

Quadrado da soma de dois termos

Veja:

$(a + b)^2 = (a + b) \cdot (a + b) =$
$= a^2 + ab + ab + b^2 =$
$= a^2 + 2ab + b^2$

Modo prático:

$$\begin{array}{r} a + b \\ a + b \\ \hline a^2 + ab \\ + ab + b^2 \\ \hline a^2 + 2ab + b^2 \end{array}$$

> O quadrado de um binômio é um trinômio!

Escrevemos: $(a + b)^2 = a^2 + 2ab + b^2$

Assim, podemos concluir que o quadrado da soma de dois termos é igual ao quadrado do primeiro termo mais duas vezes o produto do primeiro termo pelo segundo mais o quadrado do segundo termo.

$$(\text{primeiro} + \text{segundo})^2 = (\text{primeiro})^2 + 2 \cdot (\text{primeiro}) \cdot (\text{segundo}) + (\text{segundo})^2$$

Exemplos:

A Calcule $(x + 3y)^2$.
Solução:
- (primeiro termo)$^2 = x^2$
- $2 \cdot$ (primeiro termo) $\cdot$ (segundo termo) $= 2 \cdot x \cdot 3y = 6xy$
- (segundo termo)$^2 = (3y)^2 = 9y^2$

Então: $(x + 3y)^2 = x^2 + 6xy + 9y^2$

B Calcule $(5x^2 + 4y)^2$.
Solução:
- (primeiro termo)$^2 = (5x^2)^2 = 25x^4$
- $2 \cdot$ (primeiro termo) $\cdot$ (segundo termo) $= 2 \cdot 5x^2 \cdot 4y = 40x^2y$
- (segundo termo)$^2 = (4y)^2 = 16y^2$

Então: $(5x^2 + 4y)^2 = 25x^4 + 40x^2y + 16y^2$

Aqui tem mais

O quadrado do binômio e a geometria

Veja a representação geométrica do quadrado da soma de dois termos:

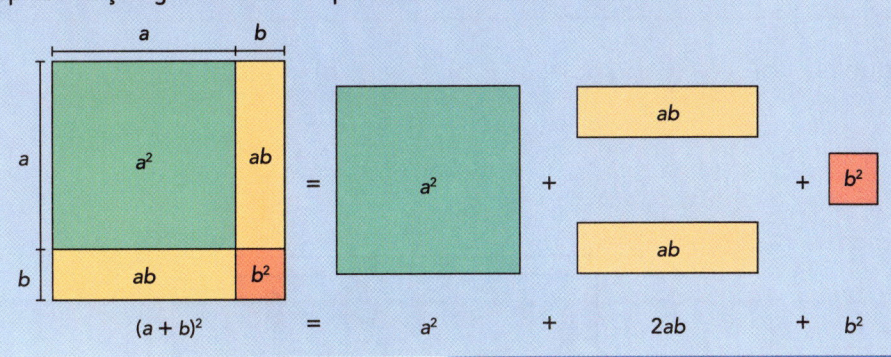

$$(a + b)^2 = a^2 + 2ab + b^2$$

Exercícios de fixação

1. Calcule os quadrados.
   a) $(a + 7)^2$
   b) $(3x + 1)^2$
   c) $(10x + y)^2$
   d) $(a + 3x)^2$
   e) $(5x^2 + 1)^2$
   f) $(c^3 + 6)^2$

2. Calcule os quadrados.
   a) $(xy + 5)^2$
   b) $(11 + pq)^2$
   c) $(xy + p^3)^2$

3. Calcule os quadrados.
   a) $(x + 0{,}5)^2$
   b) $(0{,}3 + a)^2$
   c) $(pq + 0{,}4)^2$

4. Calcule os quadrados.
   a) $\left(x + \dfrac{1}{2}\right)^2$
   b) $\left(\dfrac{1}{2}a + 3\right)^2$
   c) $\left(2m + \dfrac{n}{2}\right)^2$
   d) $\left(\dfrac{x}{2} + \dfrac{y}{2}\right)^2$

5. Simplifique as expressões.
   a) $(x + 1)^2 + (x + 2)^2$
   b) $(2x + 1)^2 + (3x + 1)^2$
   c) $5x - (2x + 3)^2$
   d) $(x + 5)^2 - x(x + 3)$

6. (SEE-SP) A área do quadrado é:
   a) $x^2 + 1$
   b) $x^2 + 2$
   c) $x^2 + 4$
   d) $x^2 + 2x + 1$

7. (Saresp-SP) A expressão algébrica que representa a situação "o quadrado da soma de dois números, mais 5 unidades" é:
   a) $x + y + 5^2$
   b) $(x + y + 5)^2$
   c) $(x + y)^2 + 5$
   d) $x^2 + y + 5^2$

8. Qual é a área do quadrado maior?
   a) 12
   b) 36
   c) 12x
   d) 36x

9. O desenvolvimento de $(10x + 0{,}1)^2$ é:
   a) $20x^2 + 2x + 0{,}1$.
   b) $100x^2 + 2x + 0{,}01$.
   c) $100x^2 + 2x + 0{,}1$.
   d) $100x^2 + 20x + 0{,}01$.

10. Sabendo que $x^2 + y^2 = 34$ e que $xy = 15$, o valor de $(x + y)^2$ é:
    a) 49.
    b) 64.
    c) 96.
    d) 510.

Quadrado da diferença de dois termos

> Veja este exemplo: $(5 - 3)^2 \neq 5^2 - 3^2$
> $2^2 \neq 25 - 9$
> $4 \neq 16$
>
> O exemplo mostra que $(a - b)^2 \neq a^2 - b^2$.

Observe que $(a - b)^2 \neq a^2 - b^2$, pois: $(a - b)^2 = (a - b) \cdot (a - b) =$
$= a^2 - ab - ab + b^2 =$
$= a^2 - 2ab + b^2$

Modo prático:

$$\begin{array}{r} a - b \\ \underline{a - b} \\ a^2 - ab \\ \underline{- ab + b^2} \\ a^2 - 2ab + b^2 \end{array}$$

O quadrado de um binômio é um trinômio!

Escrevemos:

$$(a - b)^2 = a^2 - 2ab + b^2$$

Assim, podemos concluir que o quadrado da diferença de dois termos é igual ao quadrado do primeiro termo menos duas vezes o produto do primeiro termo pelo segundo mais o quadrado do segundo termo.

$$(\text{primeiro} - \text{segundo})^2 = (\text{primeiro})^2 - 2 \cdot (\text{primeiro}) \cdot (\text{segundo}) + (\text{segundo})^2$$

Exemplos:

A Calcule $(7x - y)^2$.
Solução:
- $(\text{primeiro termo})^2 = (7x)^2 = 49x^2$
- $2 \cdot (\text{primeiro termo}) \cdot (\text{segundo termo}) = 2 \cdot 7x \cdot y = 14xy$
- $(\text{segundo termo})^2 = y^2$

Então: $(7x - y)^2 = 49x^2 - 14xy + y^2$

B Calcule $(3m - 5n)^2$.
Solução:
- $(\text{primeiro termo})^2 = (3m)^2 = 9m^2$
- $2 \cdot (\text{primeiro termo}) \cdot (\text{segundo termo}) = 2 \cdot 3m \cdot 5n = 30mn$
- $(\text{segundo termo})^2 = (5n)^2 = 25n^2$

Então: $(3m - 5n)^2 = 9m^2 - 30mn + 25n^2$

Aqui tem mais

Você também pode usar tabelas para calcular produtos notáveis. Veja:

1

·	a	b
a	a^2	ab
b	ab	b^2

$(a + b)^2 = a^2 + ab + ab + b^2 =$
$= a^2 + 2ab + b^2$

2

·	a	−b
a	a^2	$-ab$
−b	$-ab$	b^2

$(a - b)^2 = a^2 - ab - ab + b^2 =$
$= a^2 - 2ab + b^2$

AÍ, PESSOAL! UMA DICA LEGAL!

Exercícios de fixação

11. Calcule os quadrados.
- a) $(m - 3)^2$
- b) $(2a - 5)^2$
- c) $(7 - 3c)^2$
- d) $(5x - 2y)^2$
- e) $(4m^2 - 1)^2$
- f) $(2 - x^3)^2$
- g) $(x - 0,2)^2$
- h) $(xy - 5)^2$

12. Mostre que:
- a) $(a + b)^2 = (-a - b)^2$;
- b) $(-3 + 5a)^2 \cdot (3 - 5a)^2$.

13. Calcule os quadrados.
- a) $\left(m - \dfrac{1}{2}\right)^2$
- b) $\left(\dfrac{a}{2} - 1\right)^2$
- c) $\left(\dfrac{a}{3} - \dfrac{c}{2}\right)^2$
- d) $\left(3x - \dfrac{1}{6}\right)^2$

14. Simplifique as expressões.
- a) $(x - 4)^2 - (x - 1)^2$
- b) $(x + 1)^2 - (x - 2)^2$
- c) $(2x - 1)^2 + x(3x - 2)$
- d) $x(x - 1)^2 + x^2(x + 3)$

15. Determine a área da parte colorida do quadrado:

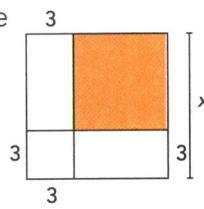

16. Qual expressão representa a área da figura?
- a) $2a^2 - 2a + 1$ 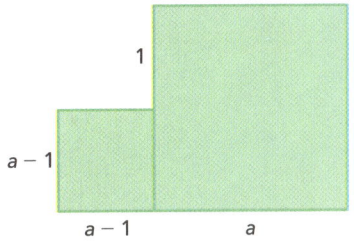
- b) $2a^2 + 2a + 1$
- c) $2a^2 - 2a - 1$
- d) $a^2 - 3a + 1$

17. O desenvolvimento de $(-2x - 3)^2$ é:
- a) $4x^2 + 12x + 9$.
- b) $-4x^2 + 12x - 9$.
- c) $4x^2 - 12x + 9$.
- d) $-4x^2 - 12x - 9$.

18. Sabendo que $xy = 12$, quanto vale $(x - y)^2 - (x + y)^2$?
- a) 16
- b) 48
- c) −16
- d) −48

19. Se $x - y = 7$ e $xy = 60$, então o valor da expressão $x^2 + y^2$ é:
- a) 53.
- b) 109.
- c) 169.
- d) 420.

Produto da soma pela diferença de dois termos

Veja:
$(a + b) \cdot (a - b) = a^2 - ab + ab - b^2$
$ = a^2 - b^2$

Modo prático:

$$\begin{array}{r} a + b \\ a - b \\ \hline a^2 + ab \\ -ab - b^2 \\ \hline a^2 - b^2 \end{array}$$

Escrevemos:

$$(a + b) \cdot (a - b) = a^2 - b^2$$

Assim, podemos concluir que o produto da soma pela diferença de dois termos é igual ao quadrado do primeiro termo menos o quadrado do segundo termo.

$$(\text{primeiro} + \text{segundo}) \cdot (\text{primeiro} - \text{segundo}) = (\text{primeiro})^2 - (\text{segundo})^2$$

Exemplos:

A Calcule $(3x + 2y) \cdot (3x - 2y)$.
  Solução:
  - $(\text{primeiro termo})^2 = (3x)^2 = 9x^2$
  - $(\text{segundo termo})^2 = (2y)^2 = 4y^2$

  Então: $(3x + 2y) \cdot (3x - 2y) = 9x^2 - 4y^2$

B Calcule $\left(5x - \dfrac{1}{2}\right) \cdot \left(5x + \dfrac{1}{2}\right)$.
  Solução:
  - $(\text{primeiro termo})^2 = (5x)^2 = 25x^2$
  - $(\text{segundo termo})^2 = \left(\dfrac{1}{2}\right)^2 = \dfrac{1}{4}$

  Então: $\left(5x - \dfrac{1}{2}\right) \cdot \left(5x + \dfrac{1}{2}\right) = 25x^2 - \dfrac{1}{4}$

Aqui tem mais

Você também pode usar tabela para calcular esse produto notável.
Veja:

·	a	b
a	a^2	ab
$-b$	$-ab$	$-b^2$

$(a + b) \cdot (a - b) = a^2 + ab - ab - b^2 =$
$ = a^2 - b^2$

Exercícios de fixação

20. Calcule os produtos.
a) $(x + 9) \cdot (x - 9)$
b) $(3x + 5) \cdot (3x - 5)$
c) $(2 - 7x) \cdot (2 + 7x)$
d) $(7x^2 - y) \cdot (7x^2 + y)$
e) $(m^2 - 5) \cdot (m^2 + 5)$
f) $(p^3 + 3) \cdot (p^3 - 3)$

21. Para cada figura, escreva uma expressão que represente a medida da área colorida.

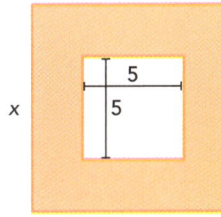

a) retângulo com lados $x + 3$ e $x - 3$

b) quadrado de lado x com quadrado interno de lado 5

22. Calcule os produtos.
a) $(xy + 4) \cdot (xy - 4)$
b) $(7 - am) \cdot (7 + am)$
c) $(x + 0,5) \cdot (x - 0,5)$
d) $(0,3 - a) \cdot (0,3 + a)$

23. Calcule os produtos.

> Note que $x + 1$ pode ser "trocado" por $1 + x$.

a) $(1 - x) \cdot (x + 1)$
b) $(x + 5) \cdot (5 - x)$
c) $(3 + xy) \cdot (xy - 3)$

24. Calcule os produtos.
a) $\left(1 + \dfrac{x}{3}\right) \cdot \left(1 - \dfrac{x}{3}\right)$
b) $\left(\dfrac{1}{3}x^2 + y^2\right) \cdot \left(\dfrac{1}{3}x^2 - y^2\right)$

25. A expressão $(3 + ab) \cdot (ab - 3)$ é igual a:
a) $a^2b - 9$.
b) $ab^2 - 9$.
c) $a^2b^2 - 9$.
d) $a^2b^2 - 6$.

26. Simplifique as expressões.
a) $(m - 1)^2 - (m + 1) \cdot (m - 1)$
b) $(7x + y)^2 + (7x + y) \cdot (7x - y)$
c) $(x + 3) \cdot (x - 3) + (x - 3)^2$
d) $(1 + x) \cdot (1 - x) - (1 + x)^2$

27. (PUC-SP) A expressão $(x + y) \cdot (x^2 + y^2) \cdot (x - y)$ é igual a:
a) $x^4 + y^4$.
b) $x^4 - y^4$.
c) $x^3 + xy^2 - x^2y - y^3$.
d) $x^3 + xy^2 + x^2y + y^3$.

28. Sendo $A = x + 2$ e $B = x - 2$, a expressão $A^2 + AB - B^2$ é equivalente a:
a) $x^2 + 4$.
b) $x^2 - 4$.
c) $x^2 + 8x + 8$.
d) $x^2 + 8x - 4$.

29. Se $x + y = 11$ e $x - y = 5$, então o valor de $x^2 - y^2$ é:
a) 10.
b) 55.
c) 96.
d) 110.

30. Qual expressão simplificada representa a área da figura?

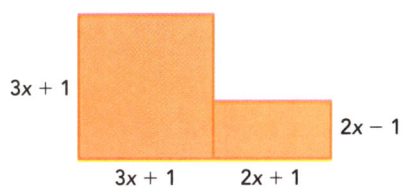

(figura em L: quadrado $3x+1$ por $3x+1$ e retângulo $2x+1$ por $2x-1$)

a) $13x^2 + 2$
b) $13x^2 + 6x$
c) $10x^4 + 2$
d) $13x^2 + 6x + 2$

31. A matemática pode ajudar a fazer cálculos rápidos. Veja:

① $21 \cdot 19 = (20 + 1) \cdot (20 - 1) =$
$= 20^2 - 1^2 =$
$= 400 - 1 =$
$= 399$

② $53 \cdot 47 = (50 + 3) \cdot (50 - 3) =$
$= 50^2 - 3^2 =$
$= 2500 - 9 =$
$= 2491$

Agora calcule mentalmente:
a) $51 \cdot 49$
b) $28 \cdot 32$

Exercícios complementares

32. Calcule os quadrados.
a) $(10 + a)^2$
b) $(2 + 3m)^2$
c) $(a + 5x)^2$
d) $(x^2 + x)^2$
e) $(p^5 - 10)^2$
f) $(3m^2 - a)^2$
g) $(xy - 10)^2$
h) $(a^5 - c^3)^2$

33. Calcule os quadrados.
a) $(x - 0{,}5)^2$
b) $(0{,}3 - a)^2$
c) $(pq + 0{,}4)^2$
d) $(xy + 0{,}5a^3)^2$

34. Indique as expressões equivalentes relacionando um número romano a cada letra.

Ⓐ $(20x - y)^2$
Ⓑ $(20x + y)^2$
Ⓒ $(20x)^2 + (-y)^2$
Ⓓ $(20x + y)(20x - y)$

Ⅰ $400x^2 - y^2$
Ⅱ $400x^2 + y^2$
Ⅲ $400x^2 + 40xy + y^2$
Ⅳ $400x^2 - 40xy + y^2$

35. Qual polinômio somado a $(x + 2)(x - 2)$ resulta em $(x + 2)^2$?

36. Simplifique as expressões.
a) $(x + 1)^2 + (x + 5)^2$
b) $(x + y)^2 - 2(x^2 + y^2)$
c) $(x + 5)^2 - (x - 5)^2$
d) $(3x - 1)^2 + (x - 2)^2$
e) $(a + b)^2 - (b + c)^2$

37. Escreva uma expressão simplificada para a área de cada uma das figuras.

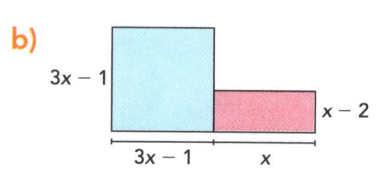

a) [Figura com retângulos de dimensões $2x+1$ por $2x+1$, $2x+1$ por $2x$, e x por x]

b) [Figura com quadrado de lado $3x-1$ e retângulo de dimensões x por $x-2$]

38. Calcule os produtos.
a) $(4x - 1) \cdot (4x + 1)$
b) $(1 - 7y) \cdot (1 + 7y)$
c) $(2x + y) \cdot (2x - y)$
d) $(x^2 - 3) \cdot (x^2 + 3)$
e) $(1 - x^5) \cdot (1 + x^5)$
f) $(a^2 + b^3) \cdot (a^2 - b^3)$

39. Calcule.
a) $\left(\dfrac{a}{2} + 1\right)^2$
b) $\left(x + \dfrac{1}{3}\right) \cdot \left(x - \dfrac{1}{3}\right)$

40. A figura a seguir é formada por três quadrados e um retângulo:

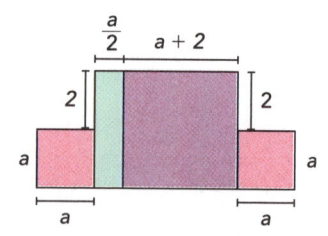

[Figura com dimensões: $\dfrac{a}{2}$, $a+2$, 2, a]

a) Qual expressão representa o perímetro da figura?
b) Se o perímetro vale 53 cm, qual é o valor de a?
c) Qual expressão representa a área da figura?
d) Faça $a = 6$ cm e calcule a área da figura.

Panorama

41. O desenvolvimento de $(1 + xyz)^2$ é:
   a) $1 + 2xyz$.
   b) $1 + x^2y^2z^2$.
   c) $1 + xyz + x^2y^2z^2$.
   d) $1 + 2xyz + x^2y^2z^2$.

42. (Obmep) Na figura abaixo temos dois quadrados. O maior tem lado $a + b$ e o menor, lado a. Qual é a área da região colorida?
   a) b^2
   b) $a + b$
   c) $a^2 + 2ab$
   d) $2ab + b^2$

43. (Cefet-RJ) Considere as expressões:
   ① $(a - b)^2 = a^2 - b^2$
   ② $a^2 + b^2 = (a + b)^2 - 2ab$
   ③ $(a + b)^2 - (a - b)^2 = 4ab$
   Então:
   a) são todas falsas.
   b) são todas verdadeiras.
   c) somente 2 e 3 são verdadeiras.
   d) somente 1 e 3 são verdadeiras.

44. Qual monômio devemos adicionar a $p^2 + 6pq$ para obter $(p + 3q)^2$?
   a) 9
   b) $9q^2$
   c) $6q^2$
   d) $9p^2$

45. (FCC-SP) A expressão $(x - y)^2 - (x + y)^2$ é equivalente a:
   a) 0.
   b) $2y^2$.
   c) $-2y^3$.
   d) $-4xy$.

46. A expressão $(x - 3)^2 - (3x^2 + 5)$ é igual a:
   a) $-2x^2 - 6x + 4$.
   b) $-2x^2 - 6x - 4$.
   c) $-2x^2 - 6x + 14$.
   d) $-2x^2 - 6x - 14$.

47. (PUC-SP) A expressão $(2a + b)^2 - (a - b)^2$ é igual a:
   a) $3a^2 + 2b^2$.
   b) $3a^2 + 6ab$.
   c) $4a^2b + 2ab^2$.
   d) $4a^2 + 4ab + b^2$.

48. O desenvolvimento de $\left(6x^5 - \dfrac{1}{3}\right)^2$ é:
   a) $36x^{25} - \dfrac{1}{9}$.
   b) $36x^{10} + \dfrac{1}{9}$.
   c) $36x^{10} - 4x^5 + \dfrac{1}{9}$.
   d) $36x^{10} - 2x^5 - \dfrac{1}{9}$.

49. A expressão $(-1 + x) \cdot (-1 - x)$ é igual a:
   a) $1 - x^2$.
   b) $1 + x^2$.
   c) $-1 - x^2$.
   d) $-1 + x^2$.

50. A expressão $5 \cdot (h + 1) \cdot (h - 1)$ é igual a:
   a) $5h - 1$.
   b) $5h - 5$.
   c) $5h^2 - 5$.
   d) $5h^2 - 1$.

51. A expressão $(3x)^2 + (10 + 3x) \cdot (10 - 3x)$ é igual a:
   a) 10.
   b) 100.
   c) $9x^2 + 100$.
   d) $12x^2 - 100$.

52. (Mack-SP) Se $(x - y)^2 - (x + y)^2 = -20$, então $x \cdot y$ é igual a:
   a) 0.
   b) -1.
   c) 5.
   d) 10.

53. Se $x^2 + y^2 = 13$ e $xy = 6$, então o valor de $(x + y)^2$ é:
   a) 25.
   b) 78.
   c) 19.
   d) 175.

54. Qual expressão simplificada representa a área colorida da figura?
   a) $x^2 - y^2$
   b) $x^2 + y^2$
   c) $2x + y^2$
   d) $x^2 - 2y$

55. (OBM) Se $x + y = 8$ e $xy = 15$, qual é o valor de $x^2 + 6xy + y^2$?
   a) 109
   b) 120
   c) 124
   d) 154

Capítulo 10
Fatoração

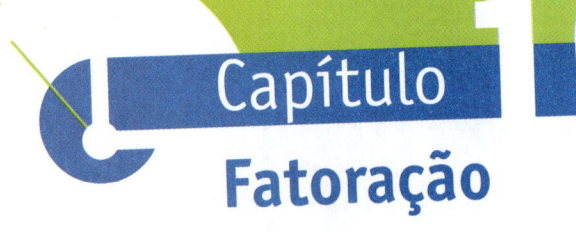

Fatoração de polinômios

Fatorar um polinômio significa escrever esse polinômio como uma multiplicação de dois ou mais polinômios.

$$4x + 20 = \underline{4(x + 5)}$$

forma fatorada

O que significa fatorar?
Fatorar significa transformar em produto.

Essa igualdade pode ser ilustrada da seguinte maneira:

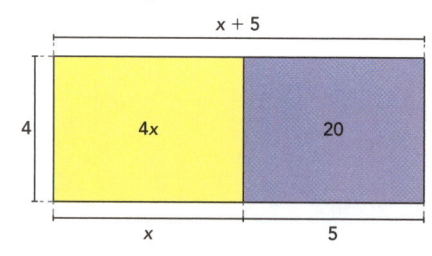

Vamos estudar os seguintes casos de fatoração:

① fator comum;
② agrupamento;
③ diferença de dois quadrados;
④ trinômio quadrado perfeito.

Fator comum

A "volta" da propriedade distributiva é a fatoração em que destacamos o fator comum.

Exemplos:

Ⓐ $ax + bx + cx = x(a + b + c)$ ⟶ O fator comum **x** é colocado em **evidência**.

Ⓑ $5mx - 5my = 5m(x - y)$ ⟶ O fator comum **5m** é colocado em **evidência**.

Ⓒ $4xy + 6ay - 2my = 2y(2x + 3a - m)$ ⟶ O fator comum **2y** é colocado em **evidência**.

Ilustrando:

O 2 ESTAVA ESCONDIDO!

$4xy + 6ay - 2my$
$\boxed{2} \cdot 2xy + \boxed{2} \cdot 3ay - \boxed{2} \cdot my$

Exercícios de fixação

1. Qual expressão **não** pode ser fatorada?
   a) $19x + 19y$
   b) $6x^3 - 5x^2$
   c) $4x - 3y + 6$
   d) $6x - 8y - 10z$

2. Fatore as expressões.
   a) $7a + 7b$
   b) $5x^2 - 5m^2$
   c) $4x - 4$
   d) $7g^2 - 28$

3. Indique duas fórmulas equivalentes para o perímetro deste hexágono:

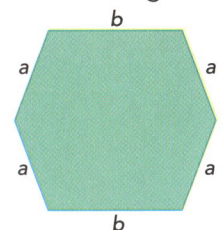

   (hexágono com lados b, a, a, b, a, a)

   Vamos fatorar $6x^4 - 12x^3 + 15x^2$.
   $6x^4 - 12x^3 + 15x^2 = 3x^2(2x^2 - 4x + 5)$

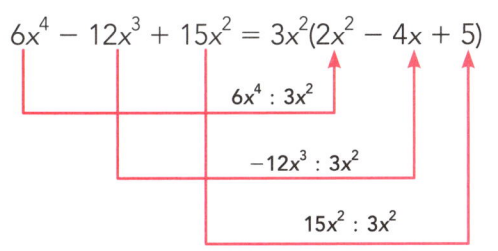

   $6x^4 : 3x^2$
   $-12x^3 : 3x^2$
   $15x^2 : 3x^2$

   - Fator comum dos coeficientes: 3
   - Fator comum da parte literal: x^2

   O fator comum $3x^2$ é colocado em **evidência**.

   O exemplo nos mostra que devemos:

   1º colocar em evidência o fator comum;
   2º dividir cada termo do polinômio dado pelo fator comum;
   3º escrever os quocientes obtidos entre parênteses.

   O fator comum literal é sempre a letra que aparece em todos os termos, com o menor expoente.

4. Continue fatorando as expressões.
   a) $4 - 8x - 16y$
   b) $33x + 22y - 55z$
   c) $ax + bx - cx$
   d) $am - 9an + 5a$

5. Fatore as expressões.
   a) $20x^2 - 50x$
   b) $36cd - 6cd^2$
   c) $x^2y + xy^2$
   d) $14x^2y - 28xy^2$
   e) $15a^4 - 21a^3$
   f) $2x^3 + 4x^2 - 6x$

6. Continue fatorando as expressões.
   a) $10x^2y - 15xy + 5y$
   b) $4\pi g + 12\pi t$
   c) $x^6 + x^7 + x^8$
   d) $-80x^2 - 50x$
   e) $\dfrac{3a}{7} - \dfrac{3c}{7} + \dfrac{3}{7}$
   f) $\dfrac{1}{2}x^2 + \dfrac{1}{4}x - \dfrac{1}{8}$

7. Se $3m + n = 7$, qual é o valor de $9m + 3n$?

8. Se $x + y = 15$, então $4x + 4y$ é igual a:
   a) 30.   b) 40.   c) 60.   d) 120.

9. Se $xy = 20$ e $x - y = 8$, qual é o valor de $x^2y - xy^2$?

10. Coloque o fator comum em evidência e calcule mentalmente.
    a) $5 \cdot 3 + 5 \cdot 7$
    b) $8 \cdot 99 + 8 \cdot 1$
    c) $9 \cdot 35 + 9 \cdot 15$
    d) $6 \cdot 111 - 6 \cdot 11$

11. Luciana comprou, para presentear seus tios, 4 camisas por R$ 68,00 cada uma e 4 gravatas por R$ 32,00 cada uma. Calcule, mentalmente, a despesa que Luciana teve com os presentes.

Agrupamento

Em alguns casos o polinômio pode ser fatorado embora não exista um fator comum a todos os termos.

Observe a figura:

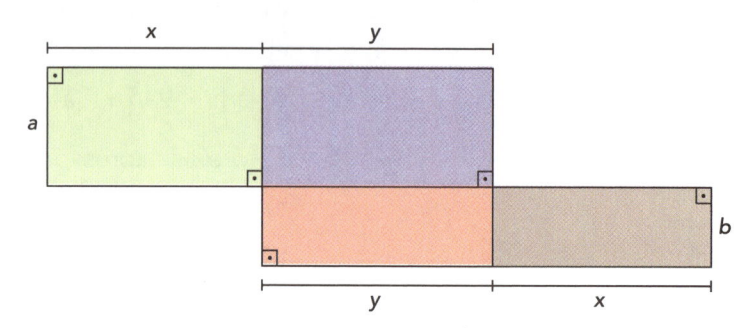

O polinômio que representa a área da figura acima é: $ax + ay + bx + by$

Podemos escrever esse polinômio na forma fatorada. Perceba que não há um fator comum aos quatro termos desse polinômio, mas é possível agrupá-los de modo que cada grupo tenha um fator comum.

$$ax + ay + bx + by = a(x + y) + b(x + y) = (x + y)(a + b)$$

fator comum   fator comum   fator comum

O que fizemos?

- Agrupamos os termos com fator comum.
- Colocamos em evidência o fator comum de cada grupo.
- Colocamos em evidência o novo fator comum.

Observe que a e b foram considerados fatores comuns, mas também poderíamos considerar x e y como fatores comuns. Nesse caso, seria preciso mudar a ordem dos termos, para obter grupos com fatores comuns.

Acompanhe:

$ax + ay + bx + by = ax + bx + ay + by$
$ = x(a + b) + y(a + b)$
$ = (a + b)(x + y)$ ← mesmo resultado

> APLICAMOS DUAS VEZES A FATORAÇÃO UTILIZANDO O PROCESSO DO FATOR COMUM.

Exemplos:

Vamos fatorar as expressões:

A $8ax + bx + 8ay + by = x(8a + b) + y(8a + b) = (8a + b) \cdot (x + y)$

B $4x - 8c + mx - 2mc = 4(x - 2c) + m(x - 2c) = (x - 2c) \cdot (4 + m)$

C $x^2 + 5x + ax + 5a = x(x + 5) + a(x + 5) = (x + 5) \cdot (x + a)$

D $x^3 + x^2 + x + 1 = x^2(x + 1) + 1(x + 1) = (x + 1) \cdot (x^2 + 1)$

Exercícios de fixação

12. Observe a figura.

a) Qual é a área de cada parte colorida?
b) Qual é a área total?
c) Qual é a forma fatorada de $ac + ad + bc + bd$?

13. Fatore as expressões.
a) $5x + 5y + ax + ay$
b) $7a - 7b + ma - mb$
c) $ay + 2by + ax + 2bx$
d) $6x + ax + 6y + ay$
e) $3ax + bx + 3ay + by$
f) $am - bm + an - bn$
g) $y^2 + 3y + ay + 3a$
h) $m^2 + mx + mb + bx$

14. O valor da expressão $ax + ay + bx + by$, em que $a + b = 15$ e $x + y = 6$, é:
a) 21.
b) 60.
c) 90.
d) 120.

15. (Saresp) Dentre os polinômios abaixo, o único equivalente a $xy - z^2 + xz - yz$ é:
a) $(x - z)(y + z)$.
b) $xy - z(z + x - y)$.
c) $x(x - y) + z(x - y)$.
d) $x(y + z) - z(z - y)$.

16. Fatore as expressões.
a) $a^3 + 3a^2 + 2a + 6$
b) $a^2 - a + ax - x$
c) $x^3 - x^2 + 6x - 6$
d) $x^3 + x^2 + x + 1$
e) $p^3 - 5p^2 + 4p - 20$
f) $7x - 3xy + 7 - 3y$

17. (Saresp) Ao calcular a área de uma determinada casa, representada na figura abaixo, uma pessoa calculou a área de cada cômodo da casa encontrando a seguinte expressão:

$$ab + ac + 10b + 10c$$

Uma outra pessoa calculou a área desta mesma casa de outra maneira, chegando também ao resultado anterior. Indique a forma fatorada com que essa última pessoa pode ter representado a área dessa casa.

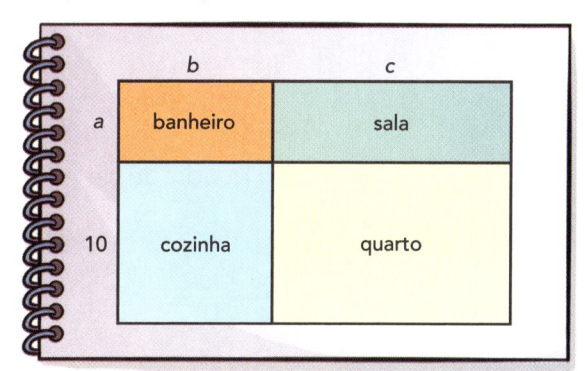

18. (Furb-SC) Um professor de Matemática tem 4 filhos. Em uma de suas aulas, ele propôs aos alunos que descobrissem o valor da expressão $ac + ad + bc + bd$, sendo que a, b, c e d são as idades de seus filhos na ordem crescente. O professor disse, também, que a soma das idades dos dois mais velhos é 59 anos e a soma das idades dos dois mais novos é 34 anos. Qual o valor numérico da expressão proposta pelo professor?

Diferença de dois quadrados

Vimos que:

$$(a + b) \cdot (a - b) = a^2 - b^2$$

Logo, podemos escrever que $(a + b) \cdot (a - b)$ é a forma fatorada de $a^2 - b^2$.

Exemplos:

A $x^2 - 25$

Temos que:
- x^2 é o quadrado de x ⟶ $(x)^2 = x^2$
- 25 é o quadrado de 5 ⟶ $5^2 = 25$

Então:

$$x^2 - 25 = (x + 5) \cdot (x - 5)$$

B $49 - a^2$

Temos que:
- 49 é o quadrado de 7 ⟶ $7^2 = 49$
- a^2 é o quadrado de a ⟶ $(a)^2 = a^2$

Então:

$$49 - a^2 = (7 + a) \cdot (7 - a)$$

C $4a^2 - 9b^2$

Temos que:
- $4a^2$ é o quadrado de $2a$ ⟶ $(2a)^2 = 4a^2$
- $9b^2$ é o quadrado de $3b$ ⟶ $(3b)^2 = 9b^2$

Então:

$$4a^2 - 9b^2 = (2a + 3b) \cdot (2a - 3b)$$

D $h^2 - \dfrac{1}{4}$

Temos que:
- h^2 é o quadrado de h ⟶ $(h)^2 = h^2$
- $\dfrac{1}{4}$ é o quadrado de $\dfrac{1}{2}$ ⟶ $\left(\dfrac{1}{2}\right)^2 = \dfrac{1}{4}$

Então:

$$h^2 - \dfrac{1}{4} = \left(h + \dfrac{1}{2}\right) \cdot \left(h - \dfrac{1}{2}\right)$$

A FATORAÇÃO AJUDA NOS CÁLCULOS COM NÚMEROS

Vamos aplicar a fatoração da diferença de quadrados na aritmética.

A $500^2 - 499^2 = (500 + 499) \cdot (500 - 499) =$
$= 999 \cdot 1 =$
$= 999$

B $1997^2 - 1996^2 = (1997 + 1996) \cdot (1997 - 1996) =$
$= 3993 \cdot 1 =$
$= 3993$

Exercícios de fixação

19. Fatore as expressões.
a) $x^2 - 36$
b) $25 - a^2$
c) $x^2 - y^2$
d) $p^2 - 100$
e) $9x^2 - 16$
f) $1 - 25a^2$
g) $4m^2 - x^2$
h) $49a^2 - x^2y^2$

20. A área do retângulo a seguir é dada por $4x^2 - 9$. Qual é a medida do menor lado desse retângulo?

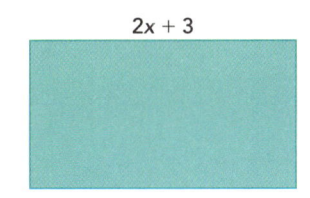

$2x + 3$

21. Fatore as expressões.
a) $a^4 - 9$
b) $81 - \pi^2$
c) $36x^4 - y^6$
d) $a^6 - m^2n^4$
e) $1 - 25a^2x^6$
f) $100x^2y^4 - 1$
g) $0,01x^2 - 49$
h) $a^6 - 16x^4$

22. Determine a área da região colorida e dê o resultado na forma fatorada.

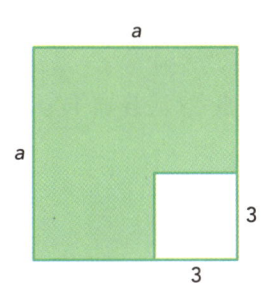

23. Fatore as expressões.
a) $\dfrac{1}{4}x^2 - a^2$
b) $\dfrac{1}{9}z^2 - 64$
c) $\dfrac{x^2}{36} - \dfrac{a^2}{25}$
d) $\dfrac{4}{9}p^2 - \dfrac{49q^2}{25}$

24. Sabendo que $x + y = 12$ e $x - y = 8$, quanto vale $x^2 - y^2$?

25. Se $p^2 - q^2 = 135$ e $p - q = 9$, então o valor de $p + q$ é:
a) 12.
b) 15.
c) 24.
d) 30.

26. Fatorando $0,09y^2 - 100$, obtemos:
a) $(0,3y - 10)(0,3y + 10)$.
b) $(0,03y - 10)(0,03y + 10)$.
c) $(0,3y - 50)(0,3y + 50)$.
d) $(0,03y - 50)(0,03y + 50)$.

27. Fatorando $-36 + 16x^4$, obtemos:
a) $(4x + 6)(4x - 6)$.
b) $(4x^2 + 6)(4x^2 - 6)$.
c) $(8x + 18)(8x - 18)$.
d) $(8x^2 + 18)(8x^2 - 18)$.

28. Na decomposição em fatores, há situações em que, depois de se colocar em evidência os fatores comuns, deve-se observar se surgiu um caso notável.
Observe o exemplo:

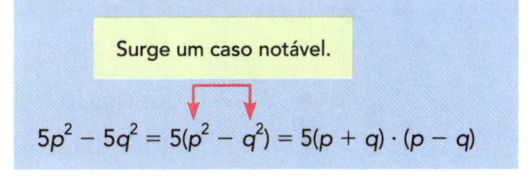

Surge um caso notável.
$5p^2 - 5q^2 = 5(p^2 - q^2) = 5(p + q) \cdot (p - q)$

Fatore completamente.
a) $17x^2 - 17y^2$
b) $3m^3 - 48m$
c) $x^3 - 25x$
d) $a^2c - c$

29. A forma fatorada de $2x^2 - 50$ é:
a) $(2x + 5) \cdot (x - 5)$.
b) $(2x + 5) \cdot (2x - 5)$.
c) $2(x + 5) \cdot (x - 5)$.
d) $2(x^2 + 5) \cdot (x - 5)$.

30. O valor de $\dfrac{1\,000^2}{252^2 - 248^2}$ é:
a) 250.
b) 500.
c) 1000.
d) 2000.

Trinômio quadrado perfeito

Vimos que:

$$(a + b)^2 = a^2 + 2ab + b^2 \quad \text{e} \quad (a - b)^2 = a^2 - 2ab + b^2$$

Então:

mesmo sinal

- $a^2 + 2ab + b^2$ tem como forma fatorada $(a + b)^2$
- $a^2 - 2ab + b^2$ tem como forma fatorada $(a - b)^2$

mesmo sinal

> Observe o sinal do termo central nos dois trinômios.

Vamos fatorar outros trinômios. Acompanhe.

Exemplos:

A $x^2 + 6x + 9$

Temos que:
- x^2 é o quadrado de x $\longrightarrow (x)^2 = x^2$
- 9 é o quadrado de 3 $\longrightarrow 3^2 = 9$
- $6x$ é o dobro do produto de 3 por x $\quad 2 \cdot 3x = 6x$

Então:

$$x^2 + 6x + 9 = (x + 3)^2$$

B $9a^2 - 12a + 4$

Temos que:
- $9a^2$ é o quadrado de $3a$ $\longrightarrow (3a)^2 = 9a^2$
- 4 é o quadrado de 2 $\longrightarrow 2^2 = 4$
- $12a$ é o dobro do produto de 2 por $3a$ $\quad 2 \cdot 2 \cdot 3a = 12a$

Então:

$$9a^2 - 12a + 4 = (3a - 2)^2$$

O trinômio $9a^2 - 10a + 4$ não pode ser fatorado. Por quê?
Observe que o termo do meio não é $12a$ e, sim, $10a$.

$$12a \neq 10a$$

Logo:

$9a^2 - 10a + 4$ **não** é um trinômio quadrado perfeito.

> **CUIDADO!**
> Nem todos os trinômios podem ser fatorados.

Veja a representação geométrica de um trinômio quadrado perfeito:

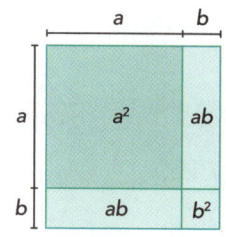

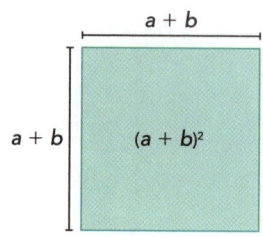

Exercícios de fixação

31. Observe que, na figura, a área de um quadrado é x^2 e a área do outro quadrado é 25.

a) Qual é a área do retângulo roxo?
b) Qual é a área do retângulo amarelo?
c) Qual é a área total da figura?
d) Qual é a forma fatorada de $x^2 + 10x + 25$?

32. Fatore as expressões.
a) $x^2 + 2x + 1$
b) $x^2 - 2x + 1$
c) $a^2 + 8a + 16$
d) $x^2 - 8x + 16$

33. Fatore as expressões.
a) $1 - 6m + 9m^2$
b) $x^2 - 4xy + 4y^2$
c) $4 + 12x + 9x^2$
d) $36a^2 - 12ac + c^2$
e) $49p^2 - 28pq + 4q^2$
f) $25y^2 + 10xy + x^2$

34. Fatore as expressões.
a) $x^4 - 2x^2 + 1$
b) $u^4 + 4u^2 + 4$
c) $m^6 - 2m^3 + 1$
d) $a^4 + 2a^2b^2 + b^4$
e) $25x^4 - 20x^2y + 4y^2$
f) $25a^4 - 10a^2c^3 + c^6$

35. Fatore $0{,}81x^4 - 1{,}26x^2y + 0{,}49y^2$.

36. Sabendo que $x + y = 10$ e que $x - y = 4$, determine quanto vale:
a) $5x + 5y$;
b) $3x - 3y$;
c) $x^2 - y^2$;
d) $x^2 - 2xy + y^2$.

37. Para cada figura, determine a expressão que representa a medida do lado do quadrado.

a) Área = $9x^2 - 30x + 25$

b) Área = $x^2 - x + 0{,}25$

38. Fatore completamente, de acordo com o exemplo.

$5x^2 - 20x + 20 = 5(x^2 - 4x + 4) = 5(x - 2)^2$

a) $3x^2 + 18x + 27$
b) $4p^2 - 16p + 16$
c) $x^3 + 10x^2 + 25x$
d) $2a^2 + 20ac + 50c^2$

39. Fatorando $12x^2 - 36x + 27$, obtemos:
a) $3(2x - 3)^2$.
b) $3(2x + 3)^2$.
c) $3(4x^2 - 12x + 8)$.
d) $3(2x + 3) \cdot (2x - 3)$.

40. (Saresp) Observe as duas listas de expressões:

A $x^2 + 6x + 9$ I $(x + 3)(x - 3)$
B $x^2 - 9$ II $(x + 3)(x + 1)$
C $x^2 - 6x + 9$ III $(x - 3)^2$
D $x^2 + 4x + 3$ IV $(x + 3)^2$

As expressões equivalentes são:
a) A – I   B – II   C – IV   D – III
b) A – II B – III C – IV   D – I
c) A – IV B – I   C – III D – II
d) A – IV B – II   C – III D – I

41. Sabendo que x vale 3 a mais que y, quanto vale $x^2 - 2xy + y^2$?

Exercícios complementares

42. Fatore as expressões.

a) $7a^2 - 35$

b) $10x^2 - 4y$

c) $77a - 33b + 55$

d) $x^2 + xy - xz$

e) $m^3 + 7m^2$

f) $4x^5 - 10x^3 + 6x^2$

g) $-18a - 27c$

h) $\frac{1}{3}x + \frac{1}{9}x^2$

43. Se $x + y = 20$, qual é o valor de $5x + 5y$?

44. Determine a área das regiões coloridas e dê o resultado na forma fatorada:

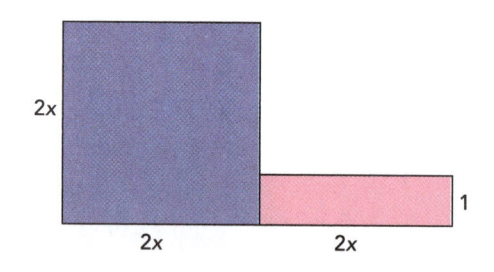

45. Agrupe os termos e fatore.

a) $3x + ax + 3y + ay$

b) $x^3 + 2x^2 + 5x + 10$

c) $a^2 - 8a + 9a - 72$

d) $ax + bx + ay + by + az + bz$

46. Fatore.

a) $x^2 - 64$

b) $49 - a^2$

c) $25x^2 - 9y^2$

d) $x^2y^2 - 81$

e) $a^2m^2 - y^6$

f) $\frac{1}{9}a^2 - \frac{1}{100}$

47. Fatore as expressões.

a) $1 - 10x + 25x^2$

b) $9a^2 + 6ab + b^2$

c) $64m^2 - 48m + 9$

d) $25x^2 - 40xy + 16y^2$

e) $x^4 + 2x^2y + y^2$

f) $x^6 - 4x^3y + 4y^2$

g) $25x^2 + \frac{10}{3}x + \frac{1}{9}$

48. A expressão $4x^2 + 4x + 1$ é igual a uma outra que é o quadrado de um binômio. Qual é essa outra expressão?

49. Se $x + y = 15$ e $x - y = 8$, qual é o valor de $x^2 - y^2$?

50. A figura representa um esquadro. Mostre que a área colorida do esquadro é dada por $\frac{1}{2}(x - y)(x + y)$.

51. As variáveis x e y são medidas dos lados de um retângulo de área 20 e perímetro 18. Qual é o valor numérico da expressão $3x^2y + 3xy^2$?

a) 270

b) 360

c) 540

d) 1 080

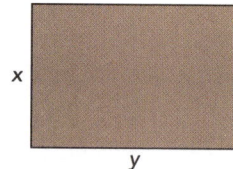

52. (SEE-RJ) O resultado de uma expressão algébrica é $a^2 - b^2$.

- Sílvio encontrou como resposta $(a - b)^2$.
- Cláudio, $(a + b)(a - b)$.
- Célia, $(a + b)^2 - 2b^2$.

Como o professor aceita o desenvolvimento incompleto da resposta, podemos afirmar que:

a) apenas Sílvio acertou.

b) apenas Cláudio acertou.

c) apenas Célia acertou.

d) apenas os rapazes acertaram.

53. (Cefet-PR) Se $x + y = 5$ e $x - y = 3$, o valor de $(x^2 + 2xy + y^2) + (x^2 - y^2) + (x^2 - 2xy + y^2)$ será:

a) 34.

b) 49.

c) 60.

d) 72.

Panorama

54. A fórmula fatorada que indica o perímetro do hexágono é:
   a) $(a^2 + b)^2$.
   b) $2(a^2 + b)$.
   c) $2(a + 2b)$.
   d) $2(2a + b)$.

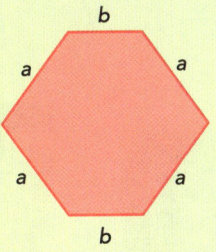

55. Fatorando $2\pi R - 2\pi r$, obtemos:
   a) $2(R - r)$.
   b) $2(\pi R - r)$.
   c) $2R(\pi - r)$.
   d) $2\pi(R - r)$.

56. Fatorando $22x^2y^2 - 11xy^2$, obtemos:
   a) $11xy^2(2x - 1)$.
   b) $11x^2y(2x - 1)$.
   c) $11x^2y^2(2 - x)$.
   d) $22x^2y^2(1 - 2x)$.

57. Fatorando $-18a - 27c$, obtemos:
   a) $9(3c - 2a)$.
   b) $9(2a - 3c)$.
   c) $-9(2a - 3c)$.
   d) $-9(2a + 3c)$.

58. Fatorando $2x(x + 1) + (x + 1)$, obtemos:
   a) $(x + 1) \cdot 2x$.
   b) $(2x + 1) \cdot (x + 1)$.
   c) $2x^2 + 3x + 1$.
   d) $(x + 1) \cdot (2x - 1)$.

59. Fatorando $\frac{1}{3}x + \frac{1}{9}x^2$, obtemos:
   a) $3x(1 + x)$.
   b) $3(1 + 3x)$.
   c) $\frac{1}{3}\left(\frac{1}{3} + x\right)$.
   d) $\frac{1}{3}x\left(1 + \frac{1}{3}x\right)$.

60. Fatorando $x^3 + 3x^2 + 2x + 6$, obtemos:
   a) $(x + 3) \cdot (x + 2)$.
   b) $(x^2 + 3) \cdot (x + 2)$.
   c) $(x + 3) \cdot (x^2 + 2)$.
   d) $(2 + x) \cdot (x^2 + 3)$.

61. (FCC-SP) A forma fatorada da expressão $4x^3 - 9x$ é:
   a) $x(2x - 3)^2$.
   b) $4(x + 3) \cdot (x - 3)$.
   c) $x(2x + 3) \cdot (2x - 3)$.
   d) $x(4x + 3) \cdot (4x - 3)$.

62. (Ufal) A fatoração completa de $x^8 - x^4$ é:
   a) $(x^2 - 1)^4$.
   b) $x^4(x^2 + 1)^2$.
   c) $x^4(x + 1)(x - 1)^3$.
   d) $x^4(x^2 + 1)(x + 1)(x - 1)$.

63. A expressão $5x^2 - 4x^2 - 11 + 2$ é igual a:
   a) $(x - 1) \cdot (x + 9)$.
   b) $(x - 3) \cdot (x + 3)$.
   c) $(x + 3) \cdot (x + 3)$.
   d) $(x - 3) \cdot (x - 3)$.

64. Se $x + y = 9$ e $x - y = 5$, então o valor de $x^2 - y^2$ é:
   a) 11.
   b) 28.
   c) 45.
   d) 56.

65. Qual é a medida do lado do quadrado ABCD?
   a) $2x + 2y$
   b) $2x + xy$
   c) $2y + x$
   d) $2x + y$

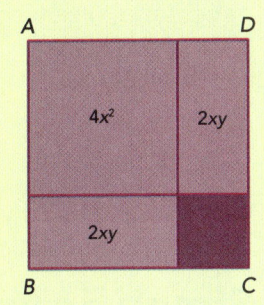

66. Fatorando $\frac{x^2}{9} + \frac{x}{3} + \frac{1}{4}$, obtemos:
   a) $\left(\frac{x}{3} + \frac{1}{4}\right)^2$.
   b) $\left(\frac{x}{3} + \frac{1}{2}\right)^2$.
   c) $\left(\frac{x}{3} + \frac{x}{4}\right)^2$.
   d) $\left(\frac{x}{3} + \frac{1}{2}\right)\left(\frac{x}{3} - \frac{1}{2}\right)$.

67. Fatorando $x^4 + 121 + 22x^2$, obtemos:
   a) $(x + 11)^2$.
   b) $(x + 12)^2$.
   c) $(x^2 + 11)^2$.
   d) $(x^2 + 12)^2$.

68. A expressão $x^2 + 10x - 10 + 35$ é igual a:
   a) $(x + 5)^2$.
   b) $(x - 5)^2$.
   c) $(x + 5) \cdot (x - 5)$.
   d) $(x + 5) \cdot (x - 2)$.

69. (FGV-SP) Seja N o resultado da operação $375^2 - 374^2$. A soma dos algarismos de N é:
   a) 19.
   b) 20.
   c) 21.
   d) 22.

Capítulo 11
Frações algébricas

> AS FRAÇÕES ALGÉBRICAS SÃO AQUELAS QUE TÊM VARIÁVEIS NO DENOMINADOR.

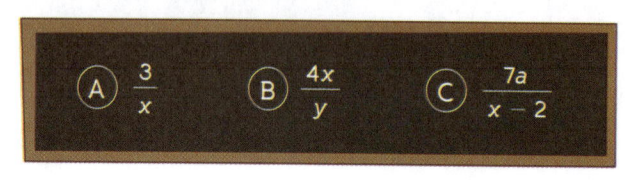

A) $\dfrac{3}{x}$ **B)** $\dfrac{4x}{y}$ **C)** $\dfrac{7a}{x-2}$

Veja mais exemplos:

D) $\dfrac{7}{2xy}$ **E)** $\dfrac{4x-y}{y+5}$ **F)** $\dfrac{5x}{a^2-2a+1}$

O denominador de uma fração **nunca pode ser zero**. Por isso, numa fração algébrica é necessário excluir os valores das variáveis que anulam o denominador.

Exemplos:

A) $\dfrac{5a}{x}$, sendo $x \neq 0$

B) $\dfrac{a+1}{y-7}$, sendo $y \neq 7$

C) $\dfrac{2x}{a+5}$, sendo $a \neq -5$

D) $\dfrac{x+8}{2x-6}$, sendo $x \neq 3$

Simplificação de frações algébricas

Já sabemos simplificar uma fração numérica. Agora recorde:

$$\dfrac{30}{105} = \dfrac{2 \cdot \cancel{3} \cdot \cancel{5}}{\cancel{3} \cdot \cancel{5} \cdot 7} = \dfrac{2}{7}$$

Para simplificar uma fração, basta dividir o numerador e o denominador por seus divisores comuns.

Exemplos:

A) Simplificar a fração $\dfrac{14a^3bc}{21ab^2c}$.

Temos: $\dfrac{14a^3bc}{21ab^2c} = \dfrac{2 \cdot \cancel{7} \cdot \cancel{a} \cdot a \cdot a \cdot b \cdot \cancel{c}}{3 \cdot \cancel{7} \cdot \cancel{a} \cdot b \cdot b \cdot \cancel{c}} = \dfrac{2a^2}{3b}$

> Vamos sempre considerar **diferente** de zero o denominador literal de uma fração algébrica.

B) Simplificar a fração $\dfrac{a^2-9}{5a+15}$.

Veja: $\dfrac{a^2-9}{5a+15} = \dfrac{(a+3)(a-3)}{5(a+3)} = \dfrac{a-3}{5}$

(fatorando)

> Uma fração que não admite mais simplificação é chamada **fração irredutível**.

Exercícios de fixação

1. Para que valor de m não existe valor numérico de $\dfrac{m-2}{m+7}$?

2. As frações abaixo representadas são iguais?

   $-\dfrac{2}{7x}$ $\dfrac{-2}{7x}$ $\dfrac{2}{-7x}$

3. Simplifique as frações algébricas.

   a) $\dfrac{8c}{4a}$

   b) $\dfrac{a^2 b}{ab^2}$

   c) $\dfrac{abc}{cd}$

   d) $\dfrac{3a}{12m}$

   e) $\dfrac{4c^2}{6c^5}$

   f) $\dfrac{8a^3 x^2}{10a^2 x^3}$

   g) $\dfrac{9ax}{6ax^2}$

   h) $\dfrac{8a^3 b^4}{2ab^5 c}$

   i) $\dfrac{4m^3 n^3}{8m^4 n^2}$

4. Continue simplificando.

   a) $\dfrac{6x}{2x}$

   b) $\dfrac{ab}{ba}$

   c) $\dfrac{-x}{x}$

   d) $\dfrac{10m}{-2m^4}$

   e) $\dfrac{14x^3 y}{-2x}$

   f) $\dfrac{-7a^3 c}{-21ac^5}$

5. Observe o exemplo e simplifique as frações.

   $\dfrac{5a}{5x-10} = \dfrac{\cancel{5}a}{\cancel{5}(x-2)} = \dfrac{a}{x-2}$

   a) $\dfrac{4}{2x-8}$

   b) $\dfrac{5x+10}{10x+20}$

   c) $\dfrac{3a-3}{3a+6}$

   d) $\dfrac{5x^2 - 7x}{8x}$

   e) $\dfrac{15x - 3y}{3x - 3y}$

   f) $\dfrac{x^2 + 3x}{4x + 12}$

6. Observe o exemplo para simplificar as frações.

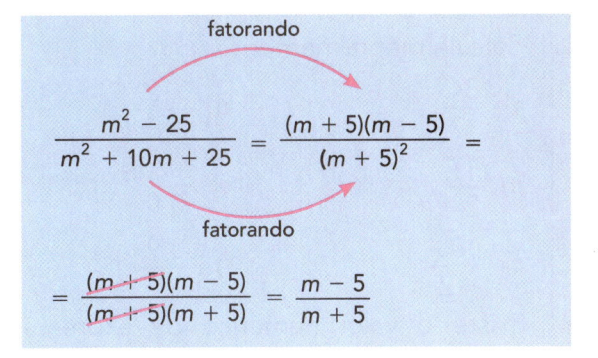

   fatorando

   $\dfrac{m^2 - 25}{m^2 + 10m + 25} = \dfrac{(m+5)(m-5)}{(m+5)^2} =$

   fatorando

   $= \dfrac{\cancel{(m+5)}(m-5)}{\cancel{(m+5)}(m+5)} = \dfrac{m-5}{m+5}$

   a) $\dfrac{7c - 21}{c^2 - 6c + 9}$

   b) $\dfrac{x^2 - 16x + 64}{x^2 - 64}$

   c) $\dfrac{7x - 7y}{5x^2 - 5y^2}$

   d) $\dfrac{x^2 - 9}{x^2 + 3x}$

   e) $\dfrac{xy - 2y}{x^2 - 4x + 4}$

   f) $\dfrac{5x^2 - 5}{4x + 4}$

Não cometa este erro tão comum:

$\dfrac{x+3}{x+5} = \dfrac{3}{5}$

Está errado, pois x não é fator.

Exercícios complementares

7. Que tipo de fração você escreve quando substitui 7 por x em $\dfrac{13}{7+2}$?

8. Calcule mentalmente.

a) $\dfrac{34}{17}$ b) $\dfrac{17}{34}$ c) $\dfrac{100}{-2}$ d) $\dfrac{-2}{100}$ e) $\dfrac{9}{0,9}$ f) $\dfrac{0,9}{9}$

9. Existe o valor numérico da expressão $\dfrac{17}{x-4}$ para $x = 4$? Por quê?

10. Sabe-se que x bombons custam 20 reais.

Responda com frações algébricas:
a) Qual é o preço de um só bombom?
b) Qual é o preço de y bombons?

11. Simplifique.

a) $\dfrac{xy^2}{x^2 y}$ b) $\dfrac{-3x}{15x}$ c) $\dfrac{18r^2 s}{48rs}$ d) $\dfrac{22x^3 yz^4}{33x^2 yz^2}$

12. Simplifique.

a) $\dfrac{3x + 3y}{6}$ b) $\dfrac{14 - 7a}{21}$ c) $\dfrac{ax + ay}{bx + by}$ d) $\dfrac{a+1}{ac+c}$ e) $\dfrac{x^2}{3x^3 - 2x^2}$ f) $\dfrac{14x^2 + 2x}{7x+1}$

13. Simplifique.

a) $\dfrac{5(m-2)}{m^2 - 4m + 4}$ b) $\dfrac{x^2 - 49}{x-7}$ c) $\dfrac{4-x^2}{6+3x}$ d) $\dfrac{3+x}{x^2 - 9}$ e) $\dfrac{4x^2 - 4x + 1}{4x^2 - 1}$ f) $\dfrac{2x-6}{x^2 - 6x + 9}$

14. Ajude Ricardo a encontrar a resposta.

EM QUAL EXPRESSÃO O NÚMERO 5 PODE SER CANCELADO SEM MUDAR O VALOR DA FRAÇÃO?

a) $\dfrac{x+5}{y-5}$ b) $\dfrac{5+x}{5+y}$ c) $\dfrac{5x+5y}{5y}$ d) $\dfrac{5x-y}{5}$

15. O valor da fração $\dfrac{6^4 + 6^5}{6^4}$ é:

a) 6.   b) 7.   c) 36.   d) 37.

16. (PUC-MG) O valor da fração $\dfrac{a^2 - b^2}{a^2 - 2ab + b^2}$, quando $a = 41$ e $b = 37$, é:

a) 15,4.   b) 16,2.   c) 17,3.   d) 19,5.

17. Qual é o valor de $\dfrac{x^4 - 1}{(x-1)(x^2 + 1)}$ para $x = 1999$?

18. Simplifique.

a) (UFRJ) $\dfrac{x^2 - 1}{x^2 + 2x + 1}$

b) (Faap-SP) $\dfrac{x^3 - x^2 - 4x + 4}{x^2 - 4}$

19. (UFRJ) Considere a brincadeira a seguir.

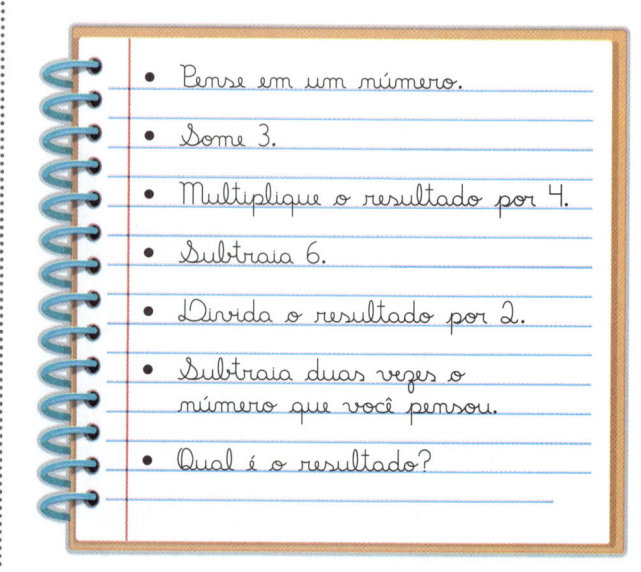

- Pense em um número.
- Some 3.
- Multiplique o resultado por 4.
- Subtraia 6.
- Divida o resultado por 2.
- Subtraia duas vezes o número que você pensou.
- Qual é o resultado?

Panorama

20. Uma vendedora ambulante comprou x canetas por 35 reais e quer vendê-las lucrando 1 real em cada uma. Qual expressão algébrica representa o preço de venda de cada caneta?

a) $35x + 1$
b) $\dfrac{35}{x} + 1$
c) $35x - 1$
d) $\dfrac{x}{35} + 1$

21. Para $x = 8$, qual das seguintes frações é de menor valor?

a) $\dfrac{7}{x}$
b) $\dfrac{x}{7}$
c) $\dfrac{7}{x-1}$
d) $\dfrac{7}{x+1}$

22. Simplificando a fração $\dfrac{x^2}{x^3 - x}$, obtemos:

a) $\dfrac{1}{x-1}$.
b) $\dfrac{1}{x^2-x}$.
c) $\dfrac{x}{x^2-1}$.
d) $\dfrac{x^2}{x-1}$.

23. Simplificando a expressão $\dfrac{a^2 + b^2 + c^2}{-a^2 - b^2 - c^2}$, obtemos:

a) 0.
b) 1.
c) -2.
d) -1.

24. Simplificando a expressão $\dfrac{4x - 12}{15 - 5x}$, obtemos:

a) $\dfrac{4}{5}$.
b) $-\dfrac{4}{5}$.
c) $\dfrac{x-3}{-x+5}$.
d) $\dfrac{x-3}{5-x}$.

25. (UMC-SP) A expressão $\dfrac{x^2 + 6x + 9}{x + 3}$ é equivalente a:

a) $x + 3$.
b) $x - 3$.
c) $x - 1$.
d) $x + 1$.

26. (UGF-RJ) Simplificando a expressão $\dfrac{x^2 y - y^3}{x - y}$, obtemos:

a) $x - y^2$.
b) $x^2 - y^2$.
c) $xy + y^2$.
d) $xy^2 + y$.

27. (Fesp-SP) Ao simplificarmos a expressão $\dfrac{9x^5 y^2 z^2 - 6x^4 y^5 z^3}{3x^3 y^2 z^2}$, obtemos:

a) $3x^2 - 2xy^3 z$.
b) $3x^2 + 2xy^3 z$.
c) $3xyz + 2xy^3 z$.
d) $3x^2 yz - 2xy^3 z^3$.

28. (Fasp-SP) Simplificando a expressão $\dfrac{a^3 - ab^2}{a(a + b)}$, obtemos:

a) a.
b) -1.
c) $a + 2$.
d) $a - b$.

29. (PUC-SP) Simplificando a fração $\dfrac{a^2 + ab - ac - bc}{a^2 - ac}$, obtém-se:

a) $a - b$.
b) $\dfrac{a-c}{a}$.
c) $ab - ac$.
d) $\dfrac{a+b}{a}$.

30. (UFRJ) Simplificando a fração $\dfrac{4x^2 - 12xy + 9y^2}{20x^2 - 45y^2}$, obtém-se $\dfrac{2x - 3y}{D}$.

A expressão correspondente a D é:

a) $4x - 3y$.
b) $4x - 9y$.
c) $10x - 15y$.
d) $10x + 15y$.

31. (PUC-SP) Considere um número real qualquer diferente de zero. Some esse número com 3, multiplique a soma por 5, subtraia 15 do produto e divida o que resta pelo próprio número. É correto afirmar que o resultado desses cálculos:

a) é sempre 1.
b) é sempre 5.
c) pode ser negativo.
d) depende do número considerado.

Capítulo 12
Adição e subtração de frações algébricas

VAMOS RECORDAR!

Mínimo múltiplo comum de números naturais

Podemos determinar o m.m.c. de dois ou mais números naturais pelo processo de decomposição em fatores primos.

Exemplo:

Determinar o m.m.c. dos números 60 e 126.

60	2
30	2
15	3
5	5
1	

$60 = 2^2 \cdot 3 \cdot 5$

126	2
63	3
21	3
7	7
1	

$126 = 2 \cdot 3^2 \cdot 7$

m.m.c. $(60, 126) = 2^2 \cdot 3^2 \cdot 5 \cdot 7 =$
$= 4 \cdot 9 \cdot 5 \cdot 7 =$
$= 1\,260$

Mínimo múltiplo comum de monômios

Para calcularmos o m.m.c. de monômios, vamos proceder como fizemos para os números naturais. O m.m.c. é produto dos fatores comuns e não comuns com o maior expoente.

Exemplo:

Calcular o m.m.c. dos monômios $40xy^3$ e $60x^2y^2z$.

Solução:

Fatorando os monômios:

$40xy^3 = 2^3 \cdot 5 \cdot x \cdot y^3$
$60x^2y^2z = 2^2 \cdot 3 \cdot 5 \cdot x^2 \cdot y^2 \cdot z$

m.m.c. $= 2^3 \cdot 3 \cdot 5 \cdot x^2 \cdot y^3 \cdot z =$
$= 8 \cdot 3 \cdot 5x^2y^3z =$
$= 120x^2y^3z$

Você também pode usar uma tabela para determinar o m.m.c.
Veja, por exemplo, como se calcula o m.m.c. de $4x^3$ e $6x^2y$:

Fatores de $4x^3$ →	2	2		x	x	x	
Fatores de $6x^2y$ →	2		3	x	x		y
Todos os fatores →	2	2	3	x	x	x	y

Então:
m.m.c. $(4x^3, 6x^2y) = 2 \cdot 2 \cdot 3 \cdot x \cdot x \cdot x \cdot y = 12x^3y$

Mínimo múltiplo comum de polinômios

> DEVEMOS FATORAR OS POLINÔMIOS E CALCULAR O M.M.C. COMO JÁ FIZEMOS ANTERIORMENTE. VEJA ALGUNS EXEMPLOS AO LADO.

Exemplos:

A Calcular o m.m.c. dos polinômios $3x + 3$ e $5x + 5$.

Solução:

Fatorando os polinômios:
- $3x + 3 = 3(x + 1)$
- $5x + 5 = 5(x + 1)$

m.m.c. $= 3 \cdot 5(x + 1) = 15(x + 1)$

B Calcular o m.m.c. dos polinômios $7x - 7$ e $x^2 - 2x + 1$.

Solução:

Fatorando os polinômios:
- $7x - 7 = 7(x - 1)$
- $x^2 - 2x + 1 = (x - 1)^2$

m.m.c. $= 7(x - 1)^2$

C Calcular o m.m.c. dos polinômios $x^2 - 9$ e $x^2 + 6x + 9$.

Solução:

Fatorando os polinômios:
- $x^2 - 9 = (x + 3)(x - 3)$
- $x^2 + 6x + 9 = (x + 3)^2$

m.m.c. $= (x + 3)^2 (x - 3)$

Exercícios de fixação

1. Determine o m.m.c. dos monômios.
a) $4x^3$ e $2x$
b) $2x$ e $6x^2$
c) m^2 e $5m^3$
d) $8a$ e $5a^2$
e) $6a$ e $9a$
f) $5a^2$ e $10m^3$
g) $7x$ e $2y$
h) $3m$ e am

2. Determine o m.m.c. dos monômios.
a) $18x^2$ e $24x^7$
b) $10xy$ e $5x^2y$
c) $12xy$ e $15yz$
d) $2x^2y^3$ e $7xy^2z$
e) $6a^2bc^3$ e $9a^3b^2c$
f) $2x$, $3x$ e $9x$
g) $10a^2$, $12m$ e $20mn$
h) $12xy$, $15x^3y^2$ e $18x^2$

3. Determine o m.m.c. dos seguintes polinômios:
a) x e $x - 8$
b) $x + 4$ e $x - 4$
c) $6x$ e $x - 1$
d) $7x^2$ e $2x^2 - 2x$
e) $x - y$ e $x^2 - y^2$
f) $x^5 + x^7$ e $x^7 + x^9$
g) $x^2 - 2x + 1$ e $(x - 1)^3$
h) $x^2 - 7x$ e $x^2 - 49$

4. Sendo $A = x^2 - 10x + 25$, $B = x^2 - 25$ e $C = (x - 5)(2x + 1)$, calcule:
a) m.m.c. de A e B;
b) m.m.c. de A e C;
c) m.m.c. de B e C;
d) m.m.c. de A, B e C.

Adição e subtração de frações algébricas

Para somarmos e subtrairmos frações algébricas, utilizamos as regras das frações numéricas.

Frações com denominadores iguais

Somamos ou subtraímos os numeradores e conservamos o denominador comum.

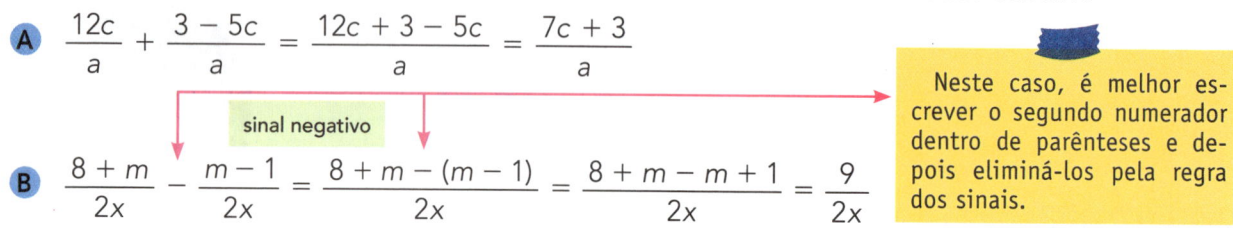

A $\dfrac{12c}{a} + \dfrac{3-5c}{a} = \dfrac{12c + 3 - 5c}{a} = \dfrac{7c + 3}{a}$

B $\dfrac{8+m}{2x} - \dfrac{m-1}{2x} = \dfrac{8+m-(m-1)}{2x} = \dfrac{8+m-m+1}{2x} = \dfrac{9}{2x}$ (sinal negativo)

Neste caso, é melhor escrever o segundo numerador dentro de parênteses e depois eliminá-los pela regra dos sinais.

Frações com denominadores diferentes

Para efetuarmos a adição ou subtração de frações algébricas de denominadores diferentes, devemos proceder da seguinte maneira:

1º reduzimos as frações ao mesmo denominador (m.m.c. dos denominadores);

2º conservamos o denominador comum e adicionamos ou subtraímos os numeradores;

3º quando for possível, simplificamos o resultado.

Exemplo: $\dfrac{1}{4} + \dfrac{5}{6} = \dfrac{3+10}{12} = \dfrac{13}{12}$

4, 6	2
2, 3	2
1, 3	3
1, 1	$2 \cdot 2 \cdot 3 = 12$

m.m.c. (4, 6) = 12

$12 : 4 = \boxed{3}$
$12 : 6 = \boxed{2}$
$\boxed{3} \cdot 1 = 3$
$\boxed{2} \cdot 5 = 10$

Exemplos:

A Calcular: $\dfrac{5m}{x} - \dfrac{3m}{2x} = \dfrac{10m - 3m}{2x} = \dfrac{7m}{2x}$

$x - 1$ deve ser colocado entre parênteses ← → Observe essa mudança de sinal.

B Calcular: $\dfrac{5}{3x} - \dfrac{x-1}{2x} = \dfrac{10 - 3(x-1)}{6x} = \dfrac{10 - 3x + 3}{6x} = \dfrac{13 - 3x}{6x}$

C Calcular: $\dfrac{7x+1}{x^2-4} - \dfrac{4}{x+2} = \dfrac{7x + 1 - 4(x-2)}{x^2 - 4} = \dfrac{7x + 1 - 4x + 8}{x^2 - 4} = \dfrac{3x + 9}{x^2 - 4}$

$(x+2)(x-2)$

Exercícios de fixação

5. Calcule e simplifique, se possível, os resultados.

a) $\dfrac{4a}{5x} + \dfrac{3a}{5x}$

b) $\dfrac{4a}{5x} - \dfrac{3a}{5x}$

c) $\dfrac{9}{7a} - \dfrac{1}{7a}$

d) $\dfrac{a}{a+1} + \dfrac{1}{a+1}$

e) $\dfrac{5}{xy} - \dfrac{a}{xy} + \dfrac{4a}{xy}$

f) $\dfrac{a-3}{m+2} - \dfrac{a-7}{m+2}$

6. Calcule.

a) $\dfrac{2x}{3} + \dfrac{3x}{4}$

b) $\dfrac{x}{2} + \dfrac{x}{3} + \dfrac{x}{4}$

c) $2x + \dfrac{x}{3}$

d) $\dfrac{x-1}{6} + \dfrac{2x}{3}$

7. Calcule.

a) $\dfrac{1}{2x} + \dfrac{1}{3x}$

b) $\dfrac{2m}{3a} + \dfrac{5m}{6a}$

c) $\dfrac{3}{5x} - \dfrac{1}{2x}$

d) $\dfrac{1}{x} + \dfrac{1}{y}$

8. Adicione as frações abaixo representadas, duas a duas, de modo a obter sempre $\dfrac{1}{2x}$.

| $\dfrac{2}{8x}$ | $\dfrac{1}{3x}$ | $\dfrac{1}{6x}$ | $\dfrac{2}{5x}$ | $\dfrac{1}{4x}$ | $\dfrac{1}{10x}$ |

9. Calcule.

a) $\dfrac{a+3}{4m} + \dfrac{1}{2m}$

b) $\dfrac{3x-1}{4x} - \dfrac{5x-2}{6x}$

c) $\dfrac{x+1}{2x} - \dfrac{x-1}{3x}$

d) $\dfrac{x-4}{6x} - \dfrac{3+5x}{5x} + \dfrac{1}{10x}$

10. Calcule.

a) $\dfrac{x}{x+1} + \dfrac{3}{4}$

b) $7 + \dfrac{x+y}{x-y}$

c) $x - \dfrac{3x}{5}$

d) $\dfrac{3x-2}{5x+7} + 9$

11. Efetue as operações e simplifique, se possível, os resultados.

a) $\dfrac{16x^2}{4x} - \dfrac{24x^3}{8x^2}$

b) $\dfrac{4x^3}{2x} + \dfrac{8x^5}{x^3}$

c) $\dfrac{2x+3y}{x^2 y} - \dfrac{2x-4y}{xy^2}$

d) $\dfrac{2x^2 - x + 1}{x^2} - \dfrac{x+2}{3x}$

12. (Saresp) Veja o que vou fazer com um número x:

1º) elevar ao quadrado;

2º) multiplicar o resultado por 5;

3º) somar o resultado anterior com o próprio número x multiplicado por 10;

4º) dividir todo o resultado anterior pelo número x somado com 2.

Feito isso, terei montado uma fração. Se eu simplificar essa fração, que resultado obterei?

Exercícios complementares

13. Efetue e simplifique, se possível, os resultados.

a) $\dfrac{7}{2x} - \dfrac{4}{3x^2}$

b) $\dfrac{3x}{4y} - \dfrac{4y}{3x}$

c) $\dfrac{4}{2x} - \dfrac{3x}{5} + \dfrac{6}{x}$

d) $\dfrac{a}{bc} - \dfrac{b}{ac} + \dfrac{c}{ab}$

14. Efetue as operações e simplifique, se possível, os resultados.

a) $\dfrac{4}{x} - \dfrac{5}{x-2}$

b) $\dfrac{8}{x+2} - \dfrac{3}{x-4}$

15. Efetue as operações. Veja um exemplo:

$$\underbrace{\dfrac{7x+1}{x^2-4}}_{(x+2)(x-2)} - \dfrac{4}{x+2} = \dfrac{7x+1-4(x-2)}{x^2-4} =$$

$$= \dfrac{7x+1-4x+8}{x^2-4} = \dfrac{3x+9}{x^2-4}$$

a) $\dfrac{1}{x-3} - \dfrac{6}{x^2-9}$

b) $\dfrac{4}{x-2} - \dfrac{3x+2}{x^2-4}$

c) $\dfrac{2}{x-3} - \dfrac{3}{x^2-9}$

d) $\dfrac{3x+2}{x^2-4} - \dfrac{4}{x+2}$

16. Efetue e simplifique, se possível, os resultados.

a) $\dfrac{4a}{3x+6} - \dfrac{a}{x+2}$

b) $\dfrac{x-1}{x^2y} - \dfrac{y-1}{xy^2}$

c) $\dfrac{2}{5x-25} - \dfrac{x}{x-5}$

d) $\dfrac{2}{3d} + \dfrac{3}{2a} + \dfrac{2a-3d}{2ad}$

17. Em uma prova em que deviam ser dados os resultados do 1º membro, um aluno desatento apresenta estes cálculos:

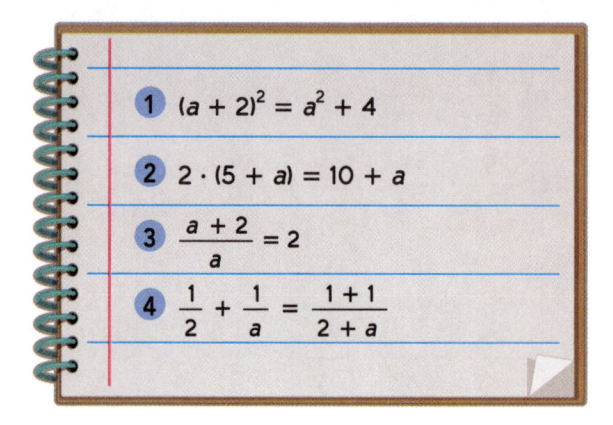

① $(a+2)^2 = a^2 + 4$

② $2 \cdot (5+a) = 10 + a$

③ $\dfrac{a+2}{a} = 2$

④ $\dfrac{1}{2} + \dfrac{1}{a} = \dfrac{1+1}{2+a}$

Quantos enganos esse aluno cometeu?

a) 1   b) 2   c) 3   d) 4

18. A expressão $\dfrac{6x^3 - 9x}{3x^2}$ é igual a:

a) $2 - 9x$.

b) $2x - \dfrac{3}{x}$.

c) $2 - \dfrac{3}{x}$.

d) $2x - \dfrac{9}{3}x$.

19. (UnB-DF) A expressão $\dfrac{3a-4}{a^2-16} - \dfrac{1}{a-4}$ ($a \neq 4$) é equivalente a:

a) $\dfrac{1}{a-4}$.

b) $\dfrac{2}{a-4}$.

c) $\dfrac{2}{a+4}$.

d) n.d.a.

20. (Olimpíada de São José dos Campos-SP) Sabendo que $a + b = ab = 10$, quanto vale $\dfrac{a}{b} + \dfrac{b}{a}$?

a) 4   b) 6   c) 7   d) 8

21. (OBM) Se $xy = 2$ e $x^2 + y^2 = 5$, então $\dfrac{x^2}{y^2} + \dfrac{y^2}{x^2} + 2$ vale:

a) $\dfrac{25}{4}$.

b) $\dfrac{5}{4}$.

c) $\dfrac{5}{2}$.

d) $\dfrac{1}{2}$.

Panorama

22. O resultado de $\dfrac{2x + 3y}{3} - \dfrac{x + 2y}{2}$ é:

a) $\dfrac{x}{6}$.

b) $\dfrac{7x}{6}$.

c) $\dfrac{x + 12y}{6}$.

d) $\dfrac{7x + 12y}{6}$.

23. Efetuando $\dfrac{x^2 - 2}{2x} - \dfrac{3x - 1}{x}$, obtemos:

a) $\dfrac{x + 6}{2}$.

b) $\dfrac{x - 6}{2}$.

c) $\dfrac{x^2 - 6x + 4}{2x}$.

d) $\dfrac{x^2 - 6x - 4}{2x^2}$.

24. (UnB-DF) Sendo a e b dois números reais diferentes de zero, a expressão $\dfrac{1}{a^2} + \dfrac{2}{ab}$ é igual a:

a) $\dfrac{1}{a^2 b}$

b) $\dfrac{3}{a^2 b}$

c) $\dfrac{b + 2a}{a^2 b}$

d) $\dfrac{b + 2a}{a(a + b)}$

25. (UFG-GO) O valor da expressão $\dfrac{a + b}{a - b} - \dfrac{ab + b^2}{a^2 - b^2}$ é:

a) $\dfrac{a}{a - b}$

b) $\dfrac{a}{a + b}$

c) $\dfrac{b}{a + b}$

d) $\dfrac{b}{a - b}$

26. Se $p = 2 - q$ e $q = \dfrac{1}{a - 4}$, então p é igual a:

a) $\dfrac{2a + 9}{a - 4}$.

b) $\dfrac{2a - 5}{a - 4}$.

c) $\dfrac{2a + 5}{a - 4}$.

d) $\dfrac{2a - 9}{a - 4}$.

27. (UMC-SP) Considere dois números reais não nulos x e y, tais que $x - y = xy$. O valor de $\dfrac{1}{x} - \dfrac{1}{y}$ é:

a) 0

b) -1

c) $y - x$

d) $\dfrac{1}{xy}$

28. (SEE-SP) Os preços de um telefone celular em duas lojas pesquisadas são os seguintes:

LOJA 1	LOJA 2
Entrada de x reais e seis prestações iguais de y reais.	Entrada de $\dfrac{3x}{2}$ reais e três prestações iguais de y reais.

A expressão algébrica que representa a diferença entre os preços da **LOJA 1** e da **LOJA 2**, nessa ordem é:

a) $9y - \dfrac{1}{2}x$

b) $3y - \dfrac{1}{2}x$

c) $2y - \dfrac{1}{2}x$

d) $y - \dfrac{1}{2}x$

29. O resultado de $\dfrac{x^2}{x - 5} + \dfrac{25}{5 - x}$ é:

a) $x - 5$.

b) $x + 5$.

c) $5 - x$.

d) $5 + x^2$.

30. (Cefet-CE) Simplificando

$\dfrac{2x}{x + 1} + \dfrac{x - 1}{x} - \dfrac{2x^2 - 1}{x^2 + x}$,

$x \neq 0$ e $x \neq -1$, obtemos:

a) $\dfrac{x}{x + 1}$

b) $\dfrac{x}{x - 1}$

c) $\dfrac{x^2 - 2}{x + 1}$

d) $\dfrac{x^2 + 2}{x - 1}$

31. (OMM-MG) O valor de

$\dfrac{a}{ab - b^2} - \dfrac{b}{a^2 - ab}$ é igual a:

a) $\dfrac{a}{b} + \dfrac{b}{a}$

b) $\dfrac{a}{b} - \dfrac{b}{a}$

c) $\dfrac{a^2 + b^2}{a^2 b - ab^2}$

d) $\dfrac{1}{a} + \dfrac{1}{b}$

Capítulo 13
Multiplicação e divisão de frações algébricas

Multiplicação de frações algébricas

Multiplicamos frações algébricas da mesma maneira que multiplicamos números fracionários.

$$\frac{A}{B} \cdot \frac{C}{D} = \frac{A \cdot C}{B \cdot D}$$

← produto dos numeradores
← produto dos denominadores

Exemplos:

A) $\dfrac{3a}{5x} \cdot \dfrac{a}{2y} = \dfrac{3a^2}{10xy}$

B) $\dfrac{5xy}{4a} \cdot \dfrac{z}{2a} = \dfrac{5xyz}{8a^2}$

C) $\dfrac{x+y}{7a} \cdot \dfrac{x-y}{m} = \dfrac{(x+y)\cdot(x-y)}{7a\cdot m} = \dfrac{x^2-y^2}{7am}$

D) $\dfrac{x}{x-2} \cdot \dfrac{x+7}{x+3} = \dfrac{x(x+7)}{(x-2)\cdot(x+3)} = \dfrac{x^2+7x}{x^2+x-6}$

Nos casos em que o numerador e o denominador têm fatores comuns, podemos simplificar antes de efetuar a multiplicação.

E) $\dfrac{a}{5\cancel{x}} \cdot \dfrac{8\cancel{x}}{7} = \dfrac{8a}{35}$

F) $\dfrac{\cancel{a+x}}{2x} \cdot \dfrac{3m}{\cancel{a+x}} = \dfrac{3m}{2x}$

Exercícios de fixação

1. Efetue as multiplicações.

a) $\dfrac{a}{2} \cdot \dfrac{3}{c}$

b) $\dfrac{3x}{a} \cdot \dfrac{y}{5b}$

c) $\dfrac{7x}{2a} \cdot \dfrac{x}{3c}$

d) $\dfrac{5xy}{3a} \cdot \dfrac{2xy}{b}$

e) $2am \cdot \dfrac{a^2m}{c}$

f) $7x \cdot \dfrac{x}{2} \cdot \dfrac{x^2}{8}$

2. Efetue as multiplicações.

a) $\left(\dfrac{1}{5a}\right) \cdot \left(-\dfrac{1}{5a}\right)$

b) $\left(+\dfrac{1}{7c}\right) \cdot \left(-\dfrac{1}{2c}\right)$

c) $\left(-\dfrac{3}{a}\right) \cdot \left(-\dfrac{7}{c}\right)$

d) $\left(-\dfrac{5}{x}\right) \cdot \left(-\dfrac{3}{y}\right)$

3. Efetue as multiplicações.

a) $\dfrac{x}{x+7} \cdot \dfrac{3x+5}{x-7}$

b) $\dfrac{x+1}{3x} \cdot \dfrac{x-3}{5x}$

4. Efetue as multiplicações, simplificando quando possível.

a) $\dfrac{7}{x+y} \cdot \dfrac{x+y}{5}$

b) $\dfrac{5}{x-1} \cdot \dfrac{x-1}{x+1}$

c) $\dfrac{x+y}{3} \cdot \dfrac{6}{x+y}$

d) $\dfrac{x}{a^2-c^2} \cdot \dfrac{a+c}{3x}$

Divisão de frações algébricas

Para dividir, basta multiplicar a primeira fração pela inversa da segunda.

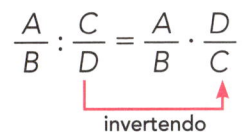

$$\frac{A}{B} : \frac{C}{D} = \frac{A}{B} \cdot \frac{D}{C}$$ (invertendo)

produto da 1ª fração pelo **inverso** da 2ª fração

Exemplos:

A) $\dfrac{a}{c} : \dfrac{n}{m} = \dfrac{a}{c} \cdot \dfrac{m}{n} = \dfrac{am}{cn}$

B) $\dfrac{3a}{5x} : \dfrac{2}{7a} = \dfrac{3a}{5x} \cdot \dfrac{7a}{2} = \dfrac{21a^2}{10x}$

C) $\dfrac{a}{x+1} : \dfrac{m}{x+1} = \dfrac{a}{\cancel{x+1}} \cdot \dfrac{\cancel{x+1}}{m} = \dfrac{a}{m}$

Exercícios de fixação

5. Relacione as colunas. Veja o exemplo:

$$A - 4 - II$$

A) $\dfrac{2}{3} : \dfrac{3}{2}$ **1)** $\dfrac{3x}{y} \cdot \dfrac{x}{2}$ **I)** $\dfrac{2x^2}{9y^2}$

B) $\dfrac{3x}{y} : \dfrac{2}{x}$ **2)** $\dfrac{y}{3x} \cdot \dfrac{y}{2}$ **II)** $\dfrac{4}{9}$

C) $\dfrac{y}{3x} : \dfrac{2}{y}$ **3)** $\dfrac{x}{3y} \cdot \dfrac{2x}{3y}$ **III)** $\dfrac{3x^2}{2y}$

D) $\dfrac{x}{2} : \dfrac{y}{3}$ **4)** $\dfrac{2}{3} \cdot \dfrac{2}{3}$ **IV)** $\dfrac{3x}{2y}$

E) $\dfrac{x}{3y} : \dfrac{3y}{2x}$ **5)** $\dfrac{x}{2} \cdot \dfrac{3}{y}$ **V)** $\dfrac{y^2}{6x}$

6. Efetue as divisões.

a) $\dfrac{9x^2}{5} : 3x$

b) $6x : \dfrac{3x}{4}$

c) $\dfrac{3x^2 y}{8} : 6xy^2$

d) $\dfrac{4a^2}{7} : 8a$

7. Efetue as divisões e simplifique, se possível, os resultados.

a) $\dfrac{7x}{4} : \dfrac{3x}{x+3}$

b) $\dfrac{x+1}{7x} : \dfrac{a}{x-1}$

c) $\dfrac{x-2}{5x} : \dfrac{4}{x+3}$

d) $\dfrac{7}{x-y} : \dfrac{1}{3x+y}$

e) $\dfrac{a-b}{4} : \dfrac{a-b}{2}$

f) $\dfrac{x+2}{3} : \dfrac{x}{x+2}$

8. (Puccamp-SP) A expressão

$$\dfrac{a^2 + 2ab + b^2}{a^2 - b^2} : \dfrac{a-b}{a+b}$$ para $a \neq \pm b$,

é igual a:

a) $\dfrac{1}{a-b}$

b) $\dfrac{1}{(a+b)^2}$

c) $\dfrac{(a+b)^3}{a^2+b^2}$

d) $\left(\dfrac{a+b}{a-b}\right)^2$

97

Exercícios complementares

9. Efetue e simplifique, se possível, os resultados.

a) $\dfrac{7x}{2a} \cdot \dfrac{x}{3c}$

b) $\dfrac{3a^2}{2c^3} \cdot \dfrac{4c^2}{5a}$

c) $\dfrac{p^3}{q} \cdot \dfrac{q^3}{p} \cdot \dfrac{p^3}{q}$

d) $\dfrac{3x}{5y} \cdot x$

e) $7x \cdot \dfrac{x}{2} \cdot \dfrac{x^2}{8}$

f) $8ac \cdot \dfrac{a}{2} \cdot \dfrac{3}{c}$

10. Calcule os produtos.

a) $\dfrac{x}{2} \cdot \dfrac{x+2}{x-1}$

b) $\dfrac{x}{a+1} \cdot \dfrac{y}{a-1}$

c) $\dfrac{x+1}{x-7} \cdot \dfrac{x-1}{x+7}$

d) $\dfrac{3}{p+2} \cdot \dfrac{2}{p+3}$

11. Efetue e simplifique, se possível, os resultados.

a) $\dfrac{x}{y} : \dfrac{y}{x}$

b) $\dfrac{15}{7x} : \dfrac{5}{4x}$

c) $\dfrac{9x^2}{5} : 3x$

d) $\dfrac{4x}{3y^2} : \dfrac{6x^2}{3y}$

12. Calcule os quocientes.

a) $\dfrac{2x}{x+3} : \dfrac{4}{5x}$

b) $\dfrac{x+5}{7x} : \dfrac{a}{x-5}$

c) $\dfrac{2x}{x-7} : \dfrac{x-7}{x}$

d) $\dfrac{x+y}{x+3} : \dfrac{x-3}{x-y}$

13. (Faap-SP) Simplificar: $\dfrac{x^2-1}{x^2-2x} \cdot \dfrac{3x-6}{4x+4}$

14. Para elevarmos uma fração algébrica a uma potência, elevamos o numerador e o denominador à potência indicada. Veja os exemplos:

A $\left(\dfrac{3x}{2a^3}\right)^3 = \dfrac{(3x)^3}{(2a^3)^3} = \dfrac{27x^3}{8a^9}$

B $\left(\dfrac{-7a}{4m}\right)^2 = \dfrac{(-7a)^2}{(4m)^2} = \dfrac{49a^2}{16m^2}$

Use o mesmo raciocínio para calcular:

a) $\left(\dfrac{3c}{a^2b^3}\right)^2$

b) $\left(\dfrac{2m}{5x^2}\right)^3$

c) $\left(-\dfrac{x}{y}\right)^7$

d) $\left(-\dfrac{a}{b}\right)^4$

e) $\left(-\dfrac{3x}{4y}\right)^2$

f) $\left(-\dfrac{3}{2xy^2}\right)^4$

g) $\left(-\dfrac{2a}{xy}\right)^6$

h) $\left(-\dfrac{ac}{x^2y}\right)^3$

15. Calcule.

a) $\left(\dfrac{3n}{n-5}\right)^2$

b) $\left(\dfrac{x+1}{x-2}\right)^2$

c) $\left(\dfrac{a+b}{2}\right)^2 + \left(\dfrac{a-b}{2}\right)^2$

d) $\left(\dfrac{a+b}{2}\right)^2 - \left(\dfrac{a-b}{2}\right)^2$

Panorama

16. O resultado simplificado de $\dfrac{5a}{2b^2} \cdot \dfrac{8ab}{10a^2}$ é:

a) $\dfrac{2}{b}$.   b) $\dfrac{b}{2}$.   c) $\dfrac{8b^3}{25a^2}$.   d) $\dfrac{25a^2}{8b^3}$.

17. O resultado simplificado de $\dfrac{3ac^2}{5x} : \dfrac{3c}{7a^2x^2}$ é:

a) $\dfrac{7a^3}{5}$.

b) $\dfrac{7a^3cx}{5}$.

c) $\dfrac{21a^3c^2x^2}{15x}$.

d) $\dfrac{21a^2c^2x^2}{15cx}$.

18. (UMC-SP) Simplificando

$\dfrac{x^2}{xy-y^2} \cdot \dfrac{x^2-y^2}{x^2+xy}$, obtemos:

a) $\dfrac{x}{y}$

b) $\dfrac{y}{x}$

c) $\dfrac{x-y}{x+y}$

d) $\dfrac{x+y}{x-y}$

19. (UCS-BA) O valor de

$\dfrac{x^3-6x^2+9x}{x^2-9} \cdot \dfrac{x+3}{x}$, para $x = 99$, é:

a) 96
b) 97
c) 98
d) 99

20. (UFMG) A expressão $\dfrac{(a+b)^2}{2a^2} \cdot \dfrac{a^2}{a^2-b^2}$ equivale a:

a) $\dfrac{1}{2}$

b) $\dfrac{b}{2a}$

c) $\dfrac{(a+b)^2}{2b^2}$

d) $\dfrac{(a+b)}{2(a-b)}$

21. (PUC-SP) Simplificando $\dfrac{a+\frac{1}{b}}{b+\frac{1}{a}}$, obtém-se:

a) $\dfrac{a}{b}$ b) $\dfrac{b}{a}$ c) $\dfrac{a+1}{b}$ d) $\dfrac{b+1}{a}$

22. (PUC-SP) Simplificando-se $\dfrac{\frac{1}{x}+\frac{1}{y}}{\frac{1}{xy}}$, obtemos:

a) x b) y c) $x-y$ d) $y+x$

23. (FGV-SP) Simplificando-se $\dfrac{a+b}{\frac{1}{a}+\frac{1}{b}}$, obtemos:

a) ab b) $\dfrac{1}{ab}$ c) $-ab$ d) $\dfrac{a+b}{-a-b}$

24. Simplificando a expressão

$\left(\dfrac{1}{r}+\dfrac{1}{s}\right) \cdot \left(\dfrac{1}{r+s}\right)$, obtemos:

a) $\dfrac{r}{s}$.   b) $\dfrac{1}{s}$.   c) $\dfrac{1}{r}$.   d) $\dfrac{1}{rs}$.

25. A expressão $\left(\dfrac{a-c}{c-a}\right)^{2009}$ é igual a:

a) 1.   b) -1.   c) $a+c$.   d) $a-c$.

26. O resultado de $\left(-\dfrac{7a^4b^3}{2c^6}\right)^2$ é:

a) $\dfrac{49a^8b^3}{4c^{36}}$.

b) $\dfrac{49a^8b^6}{4c^{12}}$.

c) $\dfrac{14a^8b^6}{2c^{12}}$.

d) $-\dfrac{49a^8b^6}{4c^{12}}$.

27. A expressão $\left[\dfrac{(-x)\cdot(-y)}{2}\right]^4$ é igual a:

a) $\dfrac{xy}{16}$.

b) $\dfrac{x^4y^4}{16}$.

c) $-\dfrac{x^4y^4}{8}$.

d) $-\dfrac{x^4y^4}{16}$.

28. (Uniube-MG) O valor de $ab^2 - a^3$ para $a = -\dfrac{x}{2}$ e $b = 2x$ é:

a) $-\dfrac{11}{6}x^3$

b) $-\dfrac{13}{6}x^3$

c) $-\dfrac{17}{8}x^3$

d) $-\dfrac{15}{8}x^3$

29. (Cefet-CE) Sabendo-se que $x + \dfrac{1}{x} = 10$, então o valor da expressão $x^2 + \dfrac{1}{x^2}$ vale:

a) 98   b) 96   c) 90   d) 100

Capítulo 14

Equações fracionárias e equações literais

Revendo equações do 1º grau

Vamos recordar a resolução de equações do 1º grau, estudadas no 7º ano.

A A balança está em equilíbrio e as abóboras têm o mesmo "peso". Qual é o "peso" (em kg) de cada abóbora?

Considerando que **x** é a incógnita que representa o "peso" de cada abóbora, o problema pode ser traduzido por meio da equação a seguir:

$$2x + 3 = 11$$
$$2x = 11 - 3$$
$$2x = 8$$
$$x = \frac{8}{2}$$
$$x = 4$$

Os termos com a incógnita são colocados em um dos membros e os termos sem a incógnita são colocados no outro membro.

Então, cada abóbora pesa 4 kg.

Veja a solução das equações seguintes, sendo x um número real.

Na resolução de uma equação com parênteses começa-se por escrever uma equação equivalente sem parênteses.

B
$$3(2x - 1) = 2(x + 1) + 3$$
$$6x - 3 = 2x + 2 + 3$$
$$6x - 2x = 2 + 3 + 3$$
$$4x = 8$$
$$x = \frac{8}{4}$$
$$x = 2$$

- Eliminar os parênteses.
- Transpor os termos, mudando os sinais.
- Reduzir os termos semelhantes.

- A solução é 2.

C
$$\frac{x+2}{2} - \frac{5-x}{2} = 1 + \frac{2x-1}{3}$$
$$\frac{3(x+2)}{6} - \frac{3(5-x)}{6} = \frac{6}{6} + \frac{2(2x-1)}{6}$$
$$3(x+2) - 3(5-x) = 6 + 2(2x-1)$$
$$3x + 6 - 15 + 3x = 6 + 4x - 2$$
$$3x + 3x - 4x = 6 - 2 - 6 + 15$$
$$2x = 13$$
$$x = \frac{13}{2}$$

- Reduzir ao mesmo denominador: m.m.c. (2, 2, 3) = 6.
- Eliminar o denominador.
- Eliminar os parênteses.
- Transpor os termos, mudando o sinal.

- A solução é $\frac{13}{2}$.

Exercícios de fixação

1. Calcule, mentalmente, o valor de x.
   a) $x - 1 = 8$
   b) $x + 0,5 = 10$
   c) $0,4x + 5 = 9$
   d) $x - \dfrac{1}{2} = 0,5$
   e) $6x = 12$
   f) $12x = 6$
   g) $1,1x = 5,5$
   h) $x + \dfrac{3}{5} = \dfrac{7}{5}$

   COMO VAI SEU RACIOCÍNIO?

2. Resolva as equações.
   a) $13x - 10 = 16$
   b) $20 = 6x - 10$
   c) $-9x - 8 = 10$
   d) $6x + 2 = 5x - 8$
   e) $3x + 7 = 5x + 13$
   f) $x - 2x + 4x = 81$

3. Qual é o valor de x?
   a) triângulo com lados x, 8, $x + 2$; perímetro = 32
   b) hexágono com lados x, $x - 2$, $x - 2$, x, $x - 2$, $x - 2$; perímetro = 76

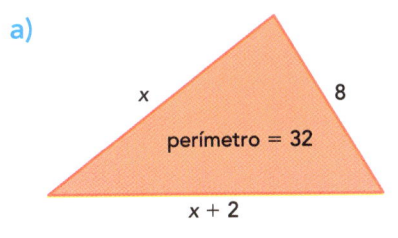

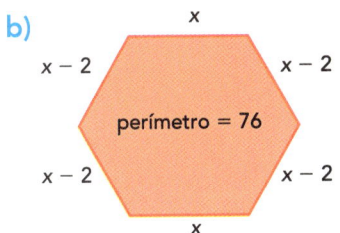

4. Resolva as equações.
   a) $5(x - 1) = 30$
   b) $7(x - 2) = 5(x + 3)$
   c) $2(x - 5) + 4(x - 1) = 0$
   d) $3(x - 1) - 2(x - 3) = 10$
   e) $3(x + 10) - 2(x - 5) = 0$
   f) $7(x - 1) - 2(x - 5) = x - 5$

5. Utilizando os produtos notáveis, resolva as equações.
   a) $(x + 1)^2 - x^2 = 17$
   b) $x(x + 5) = (x + 1)^2 + 26$
   c) $(x - 4)^2 = x^2 - 40$
   d) $(x + 3)^2 - 24 = (x - 3)^2$

6. Resolva as equações.
   a) $\dfrac{x}{2} - \dfrac{x}{4} = 5$
   b) $5x + \dfrac{1}{3} = 2x - \dfrac{1}{2}$
   c) $\dfrac{x - 5}{3} + \dfrac{3x - 1}{2} = 4$
   d) $\dfrac{x - 1}{5} = x - \dfrac{2x - 1}{3}$

7. (Comperj) Fernando gastou a terça parte de seu salário para pagar o aluguel e a quarta parte, em compras de mercado. Se ainda sobraram R$ 550,00, qual é, em reais, o salário de Fernando?

8. (Prominp) Mauro fez quatro depósitos mensais em sua caderneta de poupança, sempre dobrando o valor em relação ao mês anterior. Se, ao todo, Mauro depositou R$ 300,00, qual o valor, em reais, depositado no último mês?

9. (UFRJ) Maria faz hoje 44 anos e tem dado um duro danado para sustentar suas três filhas: Marina, de 10 anos; Marisa, de 8 anos; e Mara, de 2 anos. Maria decidiu que fará uma viagem ao Nordeste para visitar seus pais, no dia do seu aniversário, quando sua idade for igual à soma das idades de suas três filhas. Com que idade Maria pretende fazer a viagem?

Equações fracionárias

Uma equação é **fracionária** quando apresenta incógnita em um ou mais termos do denominador.

Exemplos:

A $\dfrac{1}{x} - \dfrac{1}{2} = 5$ **B** $\dfrac{5}{x-3} = \dfrac{x}{x-1} - 2$

$$\dfrac{x}{x-1} = 1 - \dfrac{2}{x}$$

Sabemos que o denominador de uma fração nunca pode ser zero. Então, os valores de incógnita que anulam os denominadores de uma equação fracionária não pertencem ao conjunto dos números que solucionam a equação. Por isso:

A Na equação $\dfrac{1}{x} - \dfrac{1}{2} = 5$, deve-se excluir o zero.

B Na equação $\dfrac{5}{x-3} = \dfrac{x}{x-1} - 2$, devem-se excluir os números 3 e 1.

Resolução de equações fracionárias em ℝ

As equações fracionárias são resolvidas como as equações que apresentam denominadores numéricos.

Exemplos:

A Resolver a equação $3 + \dfrac{1}{x} = \dfrac{4}{x}$, sendo $x \neq 0$.

Solução:

$3 + \dfrac{1}{x} = \dfrac{4}{x}$

$\dfrac{3x}{x} + \dfrac{1}{x} = \dfrac{4}{x}$ • Determinar o m.m.c. dos denominadores.

$3x + 1 = 4$ • Eliminar os denominadores.

$3x = 4 - 1$

$3x = 3$ • Reduzir os termos semelhantes.

$x = \dfrac{3}{3}$ • Resolver a equação do 1º grau resultante.

$x = 1$ • A solução é 1.

B Resolver a equação $\dfrac{4}{x-1} = \dfrac{3}{x-2}$, sendo $x \neq 2$ e $x \neq 1$.

Solução:

$\dfrac{4}{x-1} = \dfrac{3}{x-2}$

$\dfrac{4(x-2)}{(x-1)(x-2)} = \dfrac{3(x-1)}{(x-1)(x-2)}$ • Determinar o m.m.c. dos denominadores.

$4(x-2) = 3(x-1)$ • Eliminar os denominadores.

$4x - 8 = 3x - 3$

$4x - 3x = -3 + 8$ • Reduzir os termos semelhantes e resolver a equação do 1º grau resultante.

$x = 5$ • A solução é 5.

Exercícios de fixação

10. Resolva as equações fracionárias.

a) $2 + \dfrac{1}{x} = \dfrac{4}{x}$

b) $1 - \dfrac{3}{x} = \dfrac{1}{x}$

c) $\dfrac{1}{x} + \dfrac{3}{4} = \dfrac{5}{2x}$

d) $\dfrac{1}{4x} + \dfrac{1}{12} = \dfrac{2}{3x}$

e) $\dfrac{3}{x} - \dfrac{4}{5x} = \dfrac{1}{10}$

f) $\dfrac{1}{2x} + \dfrac{1}{4} = \dfrac{1}{5} + \dfrac{1}{10x}$

11. Resolva as equações fracionárias.

a) $\dfrac{5x + 3}{x} = 2$

b) $\dfrac{x + 5}{x} = \dfrac{3}{2x}$

c) $\dfrac{x + 1}{x} + \dfrac{3}{2x} = \dfrac{7}{2}$

12. Resolva as equações fracionárias.

a) $\dfrac{11}{x - 4} = \dfrac{5}{x - 10}$

b) $\dfrac{7}{x - 3} = \dfrac{2}{x + 2}$

c) $\dfrac{-2}{x - 1} = \dfrac{1}{2 + x}$

13. Resolva a equação

$\dfrac{1}{x + 2} + \dfrac{2}{x^2 - 4} = \dfrac{7}{x^2 - 4}$,

sendo $x \neq 2$ e $x \neq -2$.

Solução:

$\dfrac{1}{x+2} + \dfrac{2}{\underbrace{x^2-4}_{(x+2)(x-2)}} = \dfrac{7}{x^2-4}$ **I**

$\dfrac{1(x-2)}{x^2-4} + \dfrac{2}{x^2-4} = \dfrac{7}{x^2-4}$

$(x - 2) + 2 = 7$ **II**

$x = 7 + 2 - 2$ **III**

$x = 7$

I Determinar o m.m.c. dos denominadores.
II Eliminar os denominadores.
III Reduzir os termos semelhantes e resolver a equação do 1º grau resultante.

A solução é 7.

14. Resolva as equações fracionárias.

a) $\dfrac{3}{x - 2} + \dfrac{2}{x + 2} = \dfrac{7}{x^2 - 4}$

b) $\dfrac{1}{x - 3} + \dfrac{2}{x + 3} = \dfrac{3}{x^2 - 9}$

c) $\dfrac{3}{x - 4} + \dfrac{5}{2} = -\dfrac{1}{2}$

15. Resolva as equações fracionárias.

a) (PUC-SP) $\dfrac{1 - x}{1 + x} - \dfrac{2x}{1 - x} = 1$

b) (ESPM-SP) $\dfrac{7}{x - 1} = \dfrac{6x + 1}{x + 1} - \dfrac{3(1 + 2x^2)}{x^2 - 1}$

16. A razão entre a idade que Eliana terá daqui a 5 anos e a idade que ela tinha há 5 anos é $\dfrac{3}{2}$. Qual é a idade atual de Eliana?

17. Em uma escola, 320 livros deveriam ser repartidos igualmente entre alguns alunos. No entanto, três desses alunos deixaram de comparecer, e o total de livros a ser distribuído foi alterado para 296. A quantidade de livros que cada aluno receberia não se alterou com a mudança. Qual era o número inicial de alunos?

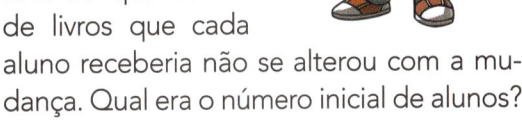

18. (Cesgranrio-RJ) Se $\dfrac{1}{a} + \dfrac{1}{b} = \dfrac{1}{c}$, com $a = \dfrac{1}{2}$ e $b = \dfrac{1}{3}$, então quanto vale c?

Equações literais

Chamamos de equação literal na incógnita x uma equação que apresenta outras letras além de x.

Exemplos:

Ⓐ $x + a = 5$ Ⓑ $\dfrac{x}{1-a} = b$ Ⓒ $ax + b = 3c$

Nessas equações, além da **incógnita** x, existem outras letras (a, b, c, ...) que são chamadas de **parâmetros**.

Resolução de uma equação literal

As equações literais com uma incógnita são resolvidas do mesmo modo que as outras equações do 1º grau estudadas anteriormente.

Acompanhe como determinar o valor de x nas equações literais a seguir.

Exemplos:

Ⓐ $5x + a = 3a$
   $5x = 3a - a$
   $5x = 2a$
   $x = \dfrac{2a}{5}$ A solução é $\dfrac{2a}{5}$.

Ⓑ $ax - 3 = 4x + 5a$
   $ax - 4x = 5a + 3$
   $x(a - 4) = 5a + 3$
   $x = \dfrac{5a + 3}{a - 4}$ A solução é $\dfrac{5a + 3}{a - 4}$, com $a \neq 4$.

Exercícios de fixação

19. Resolva as equações literais na incógnita x.
   a) $2x + a = 5a$
   b) $3x + m = 2m$
   c) $3x + 2p = 2x - 4p$
   d) $2x - 24a = 8x$
   e) $3ax + 5a = 7a$
   f) $3x + a = -5x + 3a$

20. Resolva as equações literais na incógnita x.
   a) $ax - 2 = a - 2x$
   b) $ax - 5 = 3 - dx$
   c) $dx - 3 = ax + 7$
   d) $ax - 3a = 4x + 5$

21. Resolva as equações literais na incógnita x.
   a) $3(x - a) = 2x + a$
   b) $4x - 3(a + x) = a - 5x$
   c) $6(a + 2x) - a = 5x - (a - x)$
   d) $2(3x + 2a) - 3(x + 3a) = 4a$

22. Observe o exemplo e resolva as equações literais.

$\dfrac{x}{2} - a = \dfrac{x}{3} + \dfrac{a}{2}$
$\dfrac{3x}{6} - \dfrac{6a}{6} = \dfrac{2x}{6} + \dfrac{3a}{6}$
$3x - 6a = 2x + 3a$
$3x - 2x = 3a + 6a$
$x = 9a$

a) $\dfrac{x}{3} = \dfrac{x}{4} + c$

b) $\dfrac{x}{3} + a = c - 4a$

c) $\dfrac{x - m}{2} + \dfrac{1}{3} = \dfrac{x + m}{6}$

d) $\dfrac{x - 1}{2a} - \dfrac{1}{2} = \dfrac{x - 2}{4}$ $(a \neq 0)$

e) $\dfrac{x - d}{c} - 2 = \dfrac{c - x}{d}$ $(c \neq 0, d \neq 0)$

Exercícios complementares

23. Se multiplicarmos o numerador de uma fração por 2 e seu denominador por 4, a fração fica:
a) dividida por 2.
b) multiplicada por 2.
c) dividida por 8.
d) multiplicada por 8.

24. Calcule, mentalmente, o valor de x.
a) $\dfrac{x}{4} = 1$
b) $\dfrac{x}{3} = 1,5$
c) $\dfrac{x-5}{7} = 1$
d) $\dfrac{13}{x-2} = 1$
e) $\dfrac{2x+1}{5} = 1$
f) $x - \dfrac{1}{4} = \dfrac{3}{4}$

25. Se $7a = 56$, então quanto vale $\dfrac{a}{2}$?

26. As dimensões de um paralelepípedo são x, $2x$ e $3x$. A soma das arestas vale 24 cm. Quanto mede a aresta de maior dimensão?

27. Temos 3 caixas com igual número de bombons e mais uma com 9. Tirando 4 bombons de cada caixa, ficamos, ao todo, com 38 bombons. Quantos bombons havia em cada uma das três caixas?

28. Patrícia tem 7 anos, e seu pai tem 39. Daqui a quantos anos, Patrícia terá $\dfrac{1}{3}$ da idade de seu pai?

COMPLETE O QUADRO ANTES DE RESOLVER O PROBLEMA.

	HOJE	DAQUI A x ANOS
PATRÍCIA	7	
PAI	39	

29. O inverso de 2 é $\dfrac{1}{2}$. O inverso de 7 é $\dfrac{1}{7}$. Qual é o inverso de x?

30. Um número é o dobro de outro. A soma de seus inversos é $\dfrac{15}{2}$. Quais são os dois números?

31. Para que o valor da fração $\dfrac{3}{5}$ não se altere se multiplicarmos o numerador por 6, quantas unidades devemos adicionar ao denominador?

32. (SEE-RJ) A idade atual de Maria é a diferença entre metade da idade que ela terá daqui a 20 anos e a terça parte da que ela teve há 5 anos atrás. A idade atual de Maria é dada pela equação $m = \dfrac{m+20}{2} - \dfrac{m-5}{3}$, portanto:
a) Maria é uma criança de menos de 2 anos.
b) Maria é uma jovem de mais de 12 anos e menos de 21.
c) Maria tem mais de 21 anos e menos de 30.
d) Maria já passou dos 30 anos, mas não chegou aos 40.

33. (Mack-SP) A solução da equação $\dfrac{x+2}{x} = 2$ é:
a) 0
b) 2
c) 4
d) −2

34. (Unip-SP) A equação $ax - 3 = b + 4x$ possui solução real se:
a) $a = 4$
b) $a \neq 4$
c) $b = 3$
d) $b \neq 3$

35. (UFMG) Determinar a raiz da equação $(y-1)(y+1) - (y-1)^2 + 2 = 9 - 7y$.

36. Uma torneira pode encher um tanque em 3 horas e outra, em 6 horas. Funcionando juntas, em quanto tempo encherão o tanque?

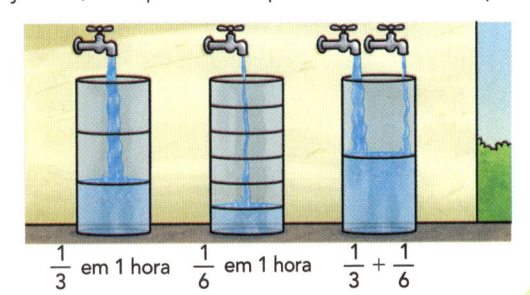

$\dfrac{1}{3}$ em 1 hora $\dfrac{1}{6}$ em 1 hora $\dfrac{1}{3} + \dfrac{1}{6}$

Exercícios selecionados

37. (Vunesp) O anúncio colocado em uma placa informa que, durante as férias, as bicicletas serão alugadas mediante o pagamento de uma taxa fixa de R$ 3,50, acrescida de R$ 1,25 por hora de aluguel.

ALUGAM-SE BICICLETAS
R$ 3,50 + R$ 1,25
por hora

A fim de determinar por quanto tempo (h) uma pessoa pode alugar uma bicicleta, dispondo de R$ 20,00, pode-se recorrer à equação:

a) $1,25h = 18,75$
b) $4,75h - 20,00 = 0$
c) $1,25h - 16,50 = 0$
d) $1,25 + 3,50h = 20,00$

38. Resolva as equações fracionárias.

a) $\dfrac{3}{x} + 1 = \dfrac{2}{x}$

b) $\dfrac{1}{4x} - \dfrac{2}{3x} = -\dfrac{1}{12}$

c) $\dfrac{5}{3x} + \dfrac{6}{x} = \dfrac{4}{9x^2}$

d) $\dfrac{3}{x-2} = \dfrac{2}{x-3}$

39. Resolva as equações fracionárias.

a) $\dfrac{1}{3} + \dfrac{1}{2x} = -\dfrac{1}{6}$

b) $\dfrac{4}{3x} - \dfrac{x+4}{6x} = 2$

c) $\dfrac{x+5}{2x} - \dfrac{7}{3x} = \dfrac{5}{12}$

d) $\dfrac{1}{x-3} + \dfrac{1}{x+3} = \dfrac{2}{x^2-9}$

e) $\dfrac{2}{x^2-4} + \dfrac{1}{x+2} = 0$

f) $\dfrac{3}{x+5} = \dfrac{10}{x^2-25} - \dfrac{1}{x-5}$

40. Em uma sexta-feira, o total de R$ 180,00 de gorjeta foi repartido igualmente para certo número de frentistas.

No dia seguinte, o valor total das gorjetas alcançou R$ 156,00; no entanto, dois frentistas deixaram de comparecer ao serviço. Considerando a sexta-feira e o sábado, a quantia que coube a cada frentista foi exatamente a mesma. Quantos frentistas tem o posto de gasolina?

41. Resolva as equações literais na incógnita x.

a) $2x - 4a = 8a$
b) $3x - p = p - 2x$
c) $3x - 2b = 2x + 4a$
d) $4c + 3x = 12c + x$
e) $4(x - 2p) = 3x + p$
f) $2x + a(x + 3) = -2a$
g) $10(x - 2a) = 5(x + a)$
h) $4(x + q) - 2(2q + x) = 5q$

42. Resolva as equações literais na incógnita x.

a) $\dfrac{x}{6} - \dfrac{a}{3} = \dfrac{b}{2}$

b) $\dfrac{x}{3} + a = c - 4a$

c) $3ax + \dfrac{1}{2} = 1 - 2ax$

d) $\dfrac{2ax}{3} - m = \dfrac{ax}{2} - \dfrac{m}{3}$

Panorama

43. (Vunesp) O dobro de um número somado ao triplo do mesmo número resulta −60. Então, a quarta parte desse número é:
a) 3   b) −2   c) −3   d) −12

44. (Vunesp) Do quádruplo de um número subtraiu-se 6 e obteve-se 0,75. Então, o valor desse número é:
a) $\frac{16}{27}$ b) $\frac{27}{16}$ c) $\frac{20}{16}$ d) $\frac{17}{16}$

45. (Prominp) Um grupo de amigos decidiu fazer um churrasco e, para tal, precisava arrecadar determinada quantia. Eles fizeram as contas e concluíram que, se 40 pessoas dividissem a despesa, cada uma pagaria x reais. Caso a despesa fosse dividida entre 50 pessoas, cada uma pagaria R$ 5,00 a menos. Qual era, em reais, a quantia necessária para fazer esse churrasco?
a) R$ 1.000,00
b) R$ 1.200,00
c) R$ 1.500,00
d) R$ 2.000,00

46. Se $\frac{3}{x} = 6$, então $x - 1$ é igual a:
a) 1.   b) $\frac{1}{2}$.   c) $-\frac{1}{2}$.   d) $-\frac{3}{2}$.

47. (FIB-RJ) A solução de
$\frac{5}{x} - \frac{1}{12x} + \frac{1}{2} = \frac{5-3x}{3x} + \frac{1}{4x}$ é:
a) 1   b) 2   c) −1   d) −2

48. A raiz da equação
$\frac{x}{x-1} + 3 = \frac{1}{x-1} - 1$ é:
a) 0   b) $\frac{3}{5}$ c) 1   d) não existe

49. (PUC-MG) Somando-se o número p a cada um dos termos da fração $\frac{3}{4}$, obtém-se uma nova fração cujo valor é 0,9. O valor de p é:
a) 3
b) 4
c) 5
d) 6

50. (FMU-SP) Em $\frac{4}{3+x} + \frac{2}{6+2x} = \frac{5}{2}$, o valor de x é:
a) 1   b) 0,1   c) −1   d) −3

51. (UFMG) A raiz da equação
$2(x-1) = \frac{1}{x-2} + (2x+1)$ é:
a) 0   b) $\frac{2}{3}$ c) $\frac{2}{5}$ d) $\frac{5}{3}$

52. (UMC-SP) Se $s = \frac{at}{a+t}$, então t é igual a:
a) $\frac{as}{a-s}$ c) $\frac{a+s}{as}$
b) $\frac{as}{a+s}$ d) $\frac{a-s}{a+s}$

53. (Prominp) Dona Maria foi ao mercado levando o dinheiro exato para comprar 3 kg de feijão. Chegando lá, viu que o preço do quilo de feijão havia aumentado em R$ 0,10. Assim, ela pôde comprar somente 2 kg, e voltou para casa com R$ 1,50 de troco. Quanto Dona Maria pagou, em reais, em cada quilo de feijão?
a) 1,50
b) 1,60
c) 1,80
d) 1,90

54. (Acafe-SC) Um estudante comprou n canetas por 300 reais e (n + 4) lapiseiras por 200 reais. Se o preço de uma caneta é o dobro do preço de uma lapiseira, o número de canetas e lapiseiras, respectivamente, que ele comprou, é:
a) 12 e 16
b) 10 e 14
c) 16 e 20
d) 14 e 18

Capítulo 15

Ângulos

O que é ângulo?

Ângulo é a figura formada por duas semirretas com a mesma origem. Essas semirretas são os **lados** do ângulo e a origem comum é o **vértice** do ângulo.

- Vértice: O
- Lados: $\overrightarrow{OA}$ e $\overrightarrow{OB}$
- Indicação: $A\hat{O}B$ ou $B\hat{O}A$ ou $\hat{O}$

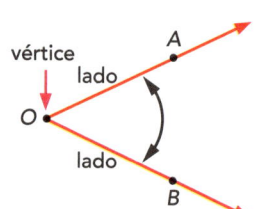

Outra maneira de indicar um ângulo é usar simplesmente uma letra minúscula (acompanhada da palavra ângulo) ou essa letra com acento circunflexo.

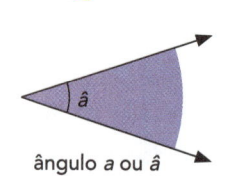

ângulo a ou $\hat{a}$

Medida de um ângulo

Os ângulos são medidos em graus com o auxílio de um transferidor. Na figura abaixo, o ângulo $A\hat{O}B$ mede 30° (trinta graus).

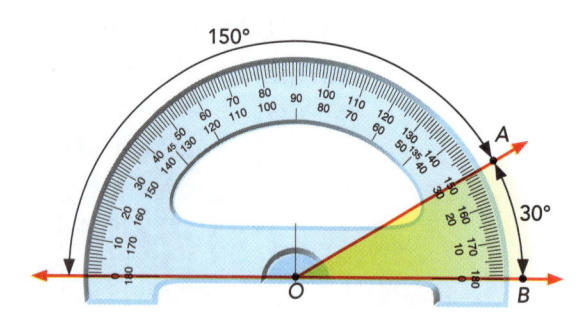

Para medirmos um ângulo, devemos fazer coincidir o ponto de origem do ângulo com o do transferidor. O número de graus de um ângulo é sua medida.

Os submúltiplos do grau são o minuto (') e o segundo (").

> 1 grau = 60 minutos (1° = 60')
> 1 minuto = 60 segundos (1' = 60")

Simbolicamente, por exemplo:

A Um ângulo de 35 graus e 20 minutos é indicado por 35°20'.

B Um ângulo de 18 graus, 30 minutos e 45 segundos é indicado por 18°30'45".

Exercícios de fixação

1. (Encceja) O croqui abaixo mostra um mapa que fornece as indicações para se chegar à chácara nele indicada.

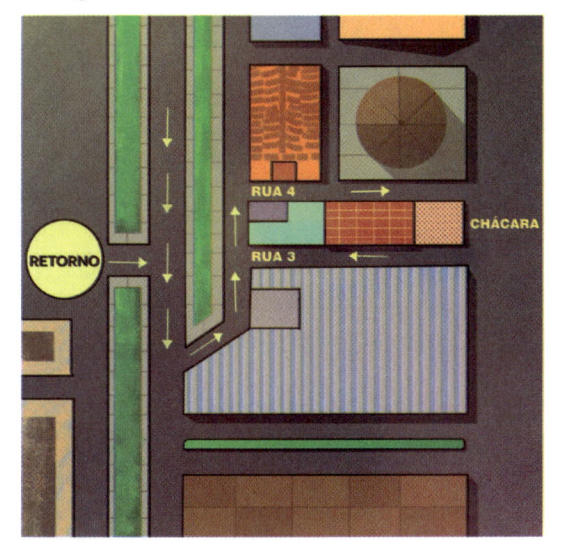

   Luciana, para chegar à chácara, após fazer o retorno, deve:
   a) virar à direita, virar à esquerda e entrar na rua 3.
   b) virar à direita, virar à esquerda e entrar na rua 4.
   c) virar à esquerda, virar à direita e entrar na rua 3.
   d) virar à esquerda, virar à esquerda e entrar na rua 4.

2. Escreva as medidas em graus dos ângulos indicados pelo transferidor.

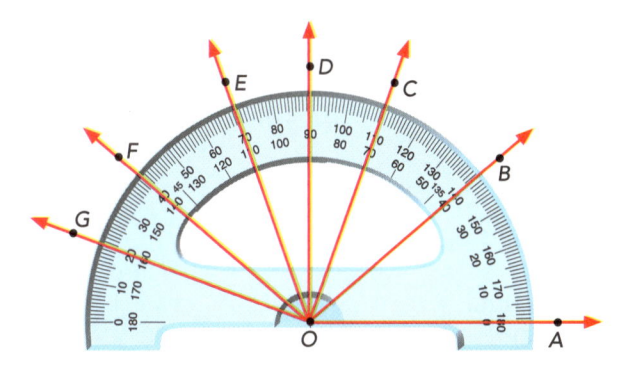

   a) AÔB
   b) AÔC
   c) AÔD
   d) AÔE
   e) AÔF
   f) AÔG
   g) BÔC
   h) CÔE
   i) EÔG

3. Nesta figura há três ângulos. Quais são esses ângulos?

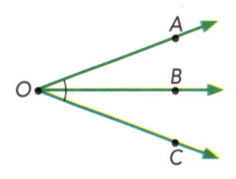

4. Escreva simbolicamente.
   a) 58 graus
   b) 75 graus e 32 minutos
   c) 64 graus e 19 segundos
   d) 38 graus, 20 minutos e 15 segundos

5. Responda às questões para completar as igualdades.
   a) Um grau é igual a quantos minutos?

   $1° = $ _____

   b) Um minuto é igual a quantos segundos?

   $1' = $ _____

   c) Um grau é igual a quantos segundos?

   $1° = $ _____

6. Quanto mede o menor ângulo formado pelos ponteiros de um relógio que está marcando:

   a) 4 horas?
   b) 11 horas?
   c) 2 horas e 30 minutos?
   d) 10 horas e 30 minutos?

109

Ângulos congruentes

Dois ângulos são **congruentes** quando têm a mesma medida.

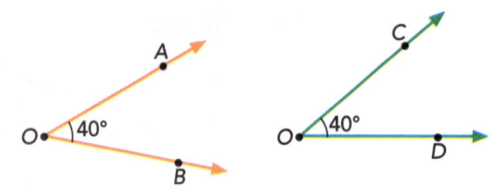

Dizemos que AÔB e CÔD são ângulos congruentes e indicamos AÔB ≡ CÔD.

Ângulos adjacentes

Dois ângulos são **adjacentes** quando têm um lado comum e não têm pontos internos comuns.

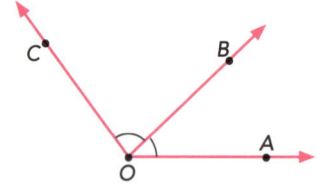

AÔB e BÔC são ângulos adjacentes.

ADJACENTE: QUE ESTÁ JUNTO.

Classificação de ângulos

Como a figura seguinte sugere, duas retas perpendiculares determinam quatro ângulos com medida igual. Cada um deles é um **ângulo reto**.

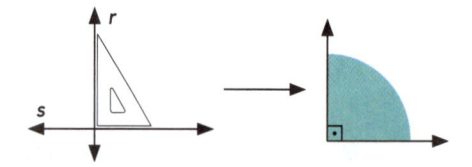

Vamos classificar os ângulos comparando-os com o ângulo reto.

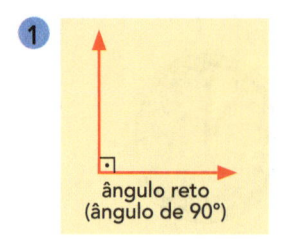

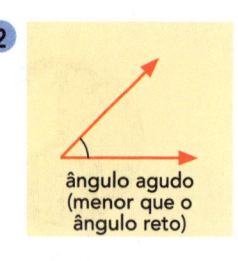

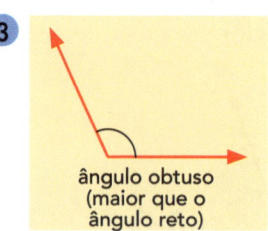

1. ângulo reto (ângulo de 90°)
2. ângulo agudo (menor que o ângulo reto)
3. ângulo obtuso (maior que o ângulo reto)

O símbolo ⌐ representa um ângulo reto.

Os ângulos seguintes são considerados ângulos especiais.

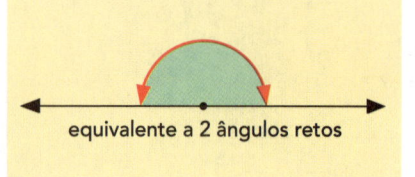

4. Um ângulo raso ou de meia-volta mede 180°.
   equivalente a 2 ângulos retos

5. Um ângulo de uma volta mede 360°.
   equivalente a 4 ângulos retos

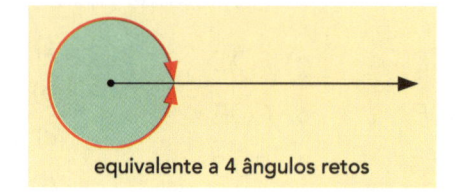

Como o ângulo reto é o mais utilizado, os outros foram classificados com base nele.

Exercícios de fixação

7. Identifique na figura:
   a) os ângulos retos;
   b) os ângulos agudos;
   c) os ângulos obtusos.

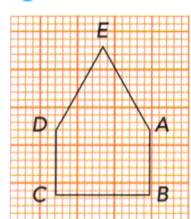

8. Classifique os ângulos indicados nas figuras em agudo, obtuso ou reto.

9. Observe a figura e determine os ângulos indicados pelas letras.

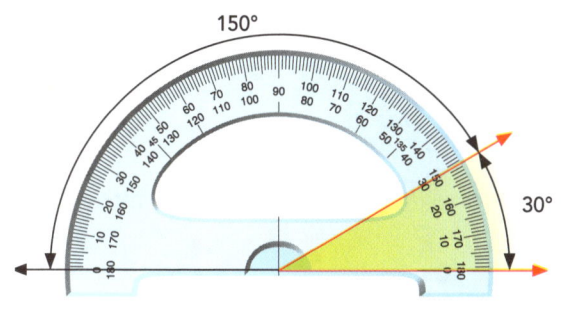

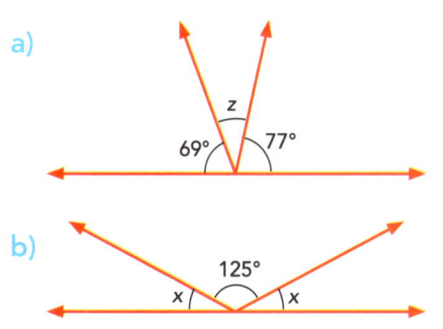

a)

b)

10. Lembrando que o ângulo de uma volta mede 360°, determine o valor de x.

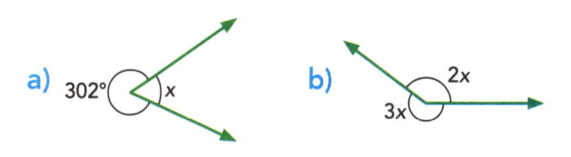

a) 302°, x

b) 2x, 3x

11. Calcule o valor de x.

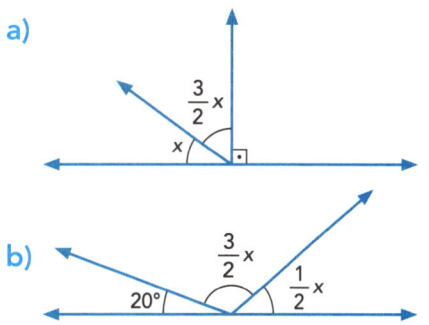

a) $\frac{3}{2}x$, x

b) 20°, $\frac{3}{2}x$, $\frac{1}{2}x$

12. Sobre uma mesa foi colocado um relógio de modo que o ponteiro dos minutos apontava para o nordeste. Quantos minutos se passaram até que o ponteiro dos minutos apontou para o noroeste pela primeira vez?

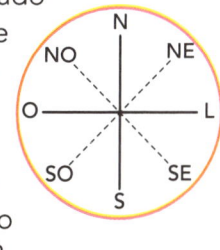

a) 15   b) 20   c) 30   d) 45

13. (Laosp) A figura ao lado apresenta uma estrela de 16 pontas, na qual está assinalado o centro O.

Se, a partir da ponta A, essa estrela fosse submetida a uma rotação de 135°, no sentido horário e centro no ponto O, a posição de A passaria a ser

a)

b)

c)

d)

111

Bissetriz de um ângulo

Bissetriz de um ângulo é a semirreta com origem no vértice do ângulo e que o divide em dois outros ângulos congruentes.

A medida de AÔM é igual à medida de MÔB, então $\overrightarrow{OM}$ é bissetriz de AÔB.

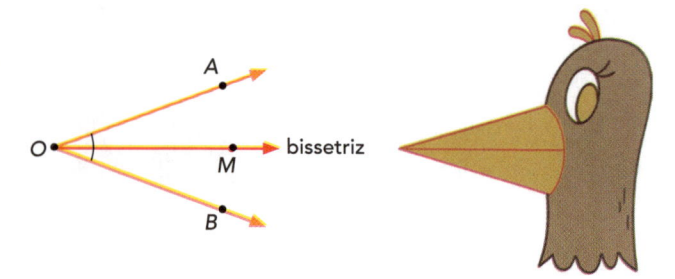

Exercícios de fixação

14. Meça os ângulos com transferidor e responda.

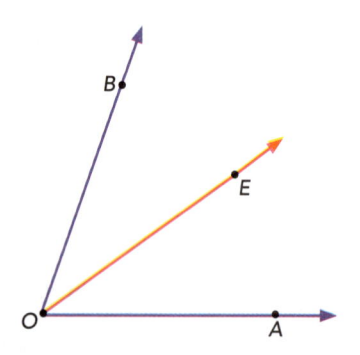

a) Qual é a medida do ângulo AÔE? E do ângulo EÔB?

b) Qual é a relação entre os ângulos AÔE e EÔB?

c) O que a semirreta $\overrightarrow{OE}$ é do ângulo AÔB?

15. Na figura, $\overrightarrow{OX}$ é bissetriz de AÔB, e $\overrightarrow{OY}$ é bissetriz de BÔC.

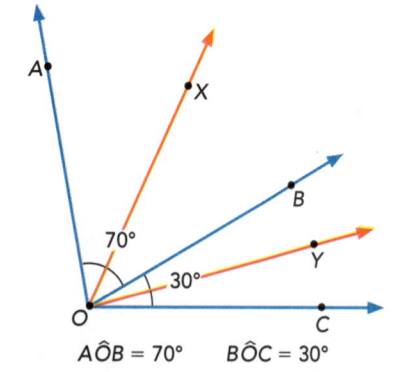

AÔB = 70°   BÔC = 30°

Responda.
a) Quanto mede o ângulo AÔX?
b) Quanto mede o ângulo XÔB?
c) Quanto mede o ângulo BÔY?
d) Quanto mede o ângulo YÔC?
e) Quanto mede o ângulo XÔY?
f) Quanto mede o ângulo AÔY?

16. Calcule x em cada caso sabendo que $\overrightarrow{OC}$ é bissetriz do ângulo dado.

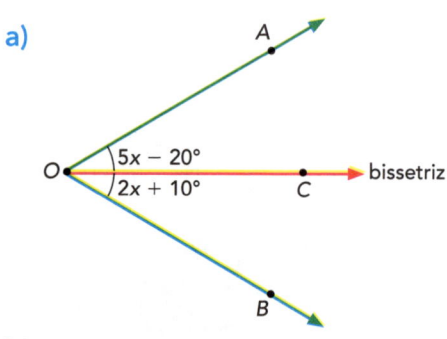

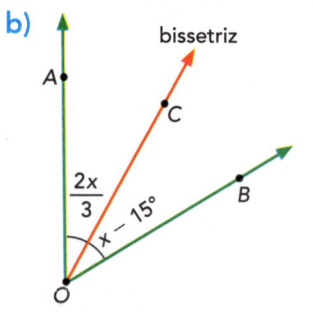

a) $5x - 20°$; $2x + 10°$

b) $\dfrac{2x}{3}$; $x - 15°$

17. Sendo $\overrightarrow{OM}$ a bissetriz de AÔB, determine y.

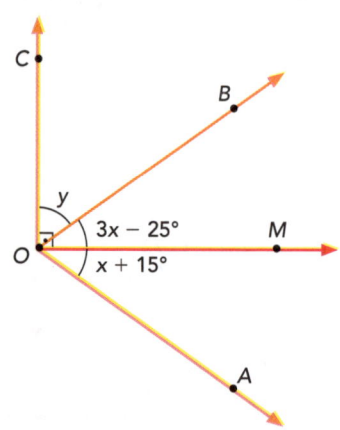

$3x - 25°$; $x + 15°$

Exercícios complementares

18. Complete o quadro referente aos ângulos descritos pelo ponteiro dos minutos quando gira:

DE	PARA	MEDIDA DO ÂNGULO
1	2	
2	4	
4	8	
8	2	

19. Determine a medida dos ângulos $A\hat{O}B$ e $C\hat{O}D$.

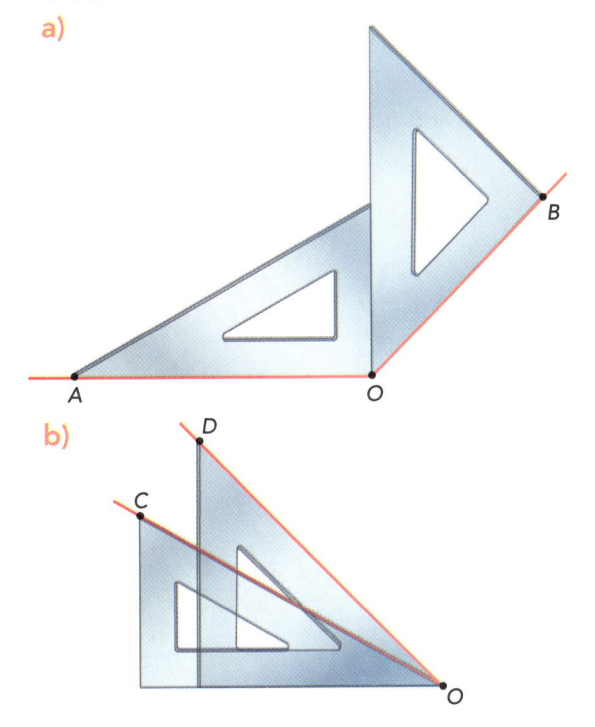

a)

b)

20. Observe a figura onde os pontos A, O e C são alinhados.

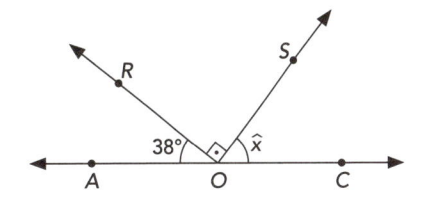

a) Indique um ângulo reto.

b) Indique um ângulo agudo.

c) Indique um ângulo obtuso.

d) Indique um ângulo raso.

e) Qual é a medida do ângulo $\hat{x}$?

f) Qual é a medida do ângulo $A\hat{O}S$?

21. (Obmep) Na figura abaixo vemos uma mesa de sinuca quadriculada e parte da trajetória de uma bola, tacada a partir de um canto da mesa, de modo que, sempre, ao bater em uma das bordas da mesa, segue seu movimento formando ângulos de 45° com a borda.

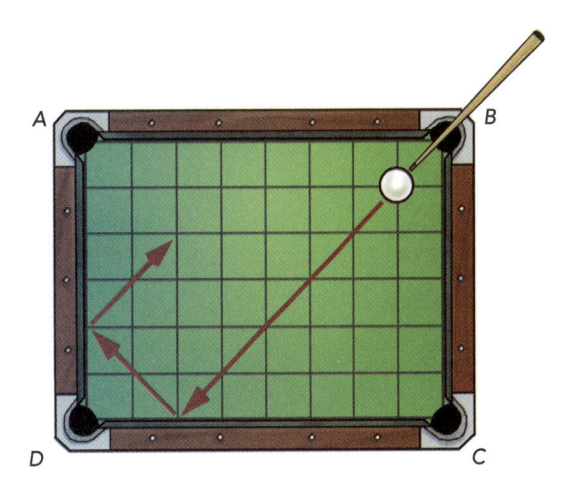

a) Em qual das quatro caçapas a bola cairá?

b) Quantas vezes a bola baterá nas bordas da mesa antes de cair na caçapa?

c) A bola atravessará a diagonal de quantos desses quadrados durante sua trajetória?

113

Panorama

22. A medida de um ângulo obtuso é ■ do que a de um ângulo reto e ■ do que a de um ângulo raso. Que palavras completam a frase corretamente?

a) menor – menor
b) menor – maior
c) maior – menor
d) maior – maior

23. Quantos ângulos de medidas diferentes podemos ver na figura?

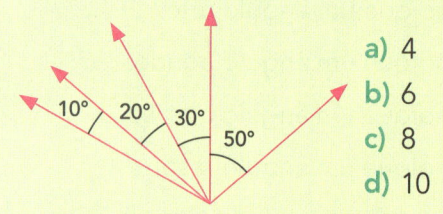

a) 4
b) 6
c) 8
d) 10

24. Escolha a figura em que os ponteiros do relógio fazem um ângulo de 150°.

a)
b)
c)
d)

25. (Cefet-RN) Dois ângulos adjacentes medem juntos 93°. Um deles tem 19° a mais que o outro. Quanto mede cada um deles?

a) 40° e 53°
b) 50° e 43°
c) 37° e 56°
d) 46° e 65°

26. Na figura, os três ângulos indicados têm a mesma medida. O valor de x é:

a) 60°.
b) 120°.
c) 90°.
d) 135°.

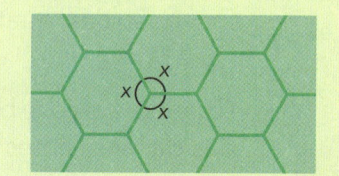

27. (Enem) Nos X-Games Brasil, em maio de 2004, o skatista brasileiro Sandro Dias, apelidado "Mineirinho", conseguiu realizar a manobra denominada "900", na modalidade skate vertical, tornando-se o segundo atleta no mundo a conseguir esse feito. A denominação "900" refere-se ao **número de graus** que o atleta gira no ar em torno de seu próprio corpo, que, no caso corresponde a:

a) uma volta e meia.
b) duas voltas e meia.
c) duas voltas completas.
d) cinco voltas completas.

28. Observe os ponteiros do relógio ao lado.

Decorridos 75 minutos, o ângulo que o ponteiro das horas descreve é:

a) 30°.
b) 35°.
c) 32,5°.
d) 37,5°.

29. (Unimep-SP) Entre 12 h 30 min e 13 h 10 min, o ponteiro das horas de um relógio percorre um ângulo de:

a) 10°
b) 20°
c) 30°
d) 40°

30. O valor de x na figura é:

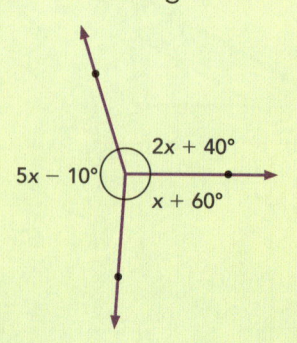

a) 27°30'.
b) 28°45'.
c) 30°30'.
d) 33°45'.

curioso é...

Ângulo de visão

- Com a cabeça imóvel, podemos enxergar o que está a nosso redor dentro de um ângulo máximo de 180° simplesmente movimentando os olhos.

- Na mesma condição, o ângulo máximo de visão da coruja é inferior a 50°, porque os olhos dela são fixos.

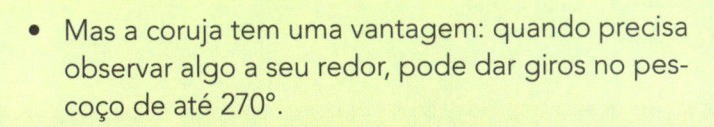

- Mas a coruja tem uma vantagem: quando precisa observar algo a seu redor, pode dar giros no pescoço de até 270°.

Capítulo 16
Ângulos especiais

Ângulos complementares

Observe os ângulos representados a seguir. A soma das medidas desses ângulos é 90°.

Dizemos que AÔB e CÔD são **ângulos complementares**.

Dois ângulos são complementares quando a soma de suas medidas é 90°.

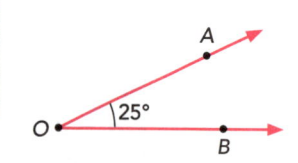

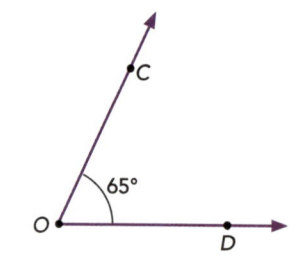

25°   65°
São ângulos complementares.

Exercícios de fixação

1. Responda.
   a) Um ângulo de 40° e um de 50° são complementares?
   b) Um ângulo de 15° e um de 85° são complementares?
   c) Um ângulo de 48° e um de 42° são complementares?

2. Calcule o complemento dos seguintes ângulos: 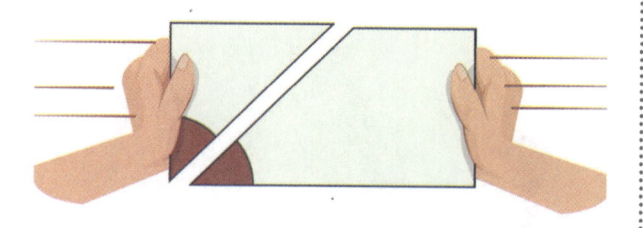
   a) 24°
   b) 62°
   c) 83°20'
   d) 60°30'

3. Calcule x sabendo que os ângulos são complementares.
   a) (5x e x)
   b) (x + 26° e x)
   c) (2x e x − 15°)
   d) (x + 10° e x)

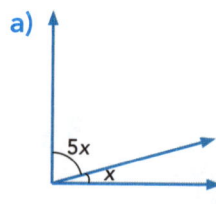

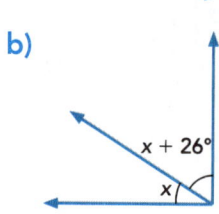

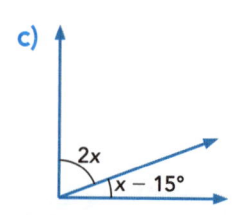

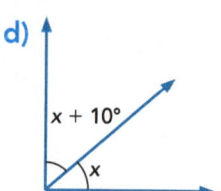

Ângulos suplementares

Observe os ângulos dados na figura. A soma das medidas desses ângulos é 180°. Dizemos que AÔB e CÔD são **ângulos suplementares**.

Dois ângulos são suplementares quando a soma de suas medidas é 180°.

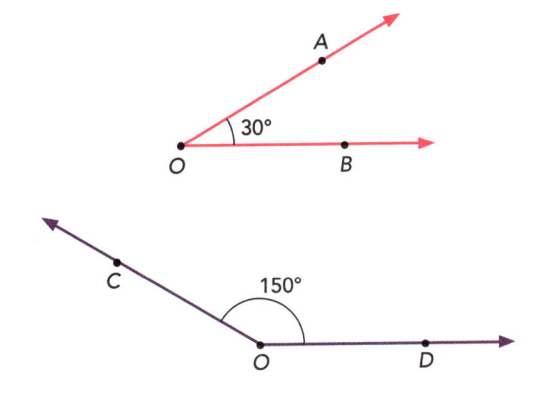

30° + 150°
São ângulos suplementares.

Exercícios de fixação

4. Responda.
   a) Um ângulo de 60° e um de 120° são suplementares?
   b) Um ângulo de 86° e um de 104° são suplementares?
   c) Um ângulo de 145° e um de 35° são suplementares?

5. Calcule o suplemento dos seguintes ângulos: 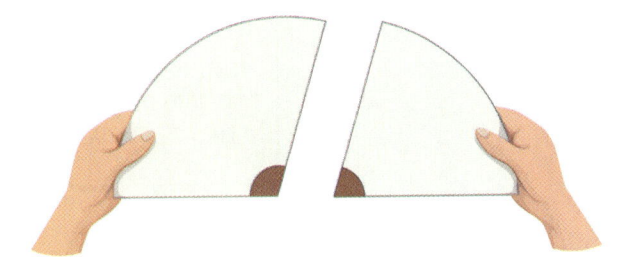
   a) 18°
   b) 150°
   c) 93°40'
   d) 116°30'

6. Calcule x sabendo que os ângulos são suplementares.
   a) $5x$ e $4x$
   b) x e $x + 10°$
   c) $5x - 30°$ e $2x$
   d) $x + 20°$ e $3x - 40°$

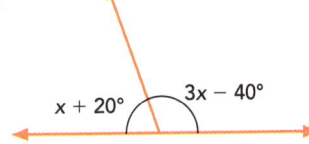

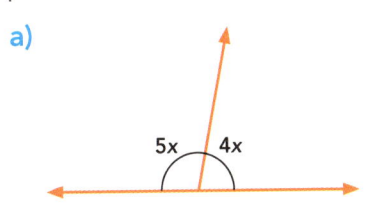

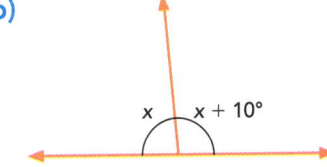

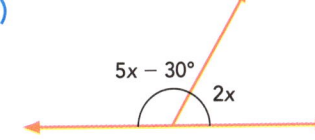

7. Calcule x sabendo que os ângulos são suplementares.
   a) $\frac{1}{2}x$ e x
   b) $x + 70°$ e $\frac{1}{4}x$

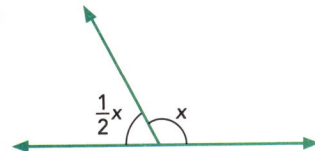

117

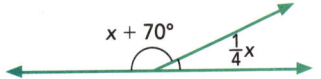

Ângulos opostos pelo vértice

Dois ângulos são opostos pelo vértice quando os lados de um são semirretas opostas aos lados do outro.

Na figura:

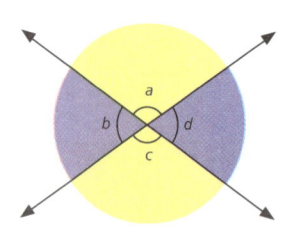

- $\hat{a}$ e $\hat{c}$ são ângulos opostos pelo vértice;
- $\hat{b}$ e $\hat{d}$ são ângulos opostos pelo vértice.

Se você medir e comparar os quatro ângulos indicados, vai perceber que os ângulos opostos pelo vértice têm medida igual. Veja que é fácil provar que a e c são sempre iguais.

$$\begin{cases} a + d = 180° \\ c + d = 180° \end{cases} \qquad \text{Logo: } a + \cancel{d} = c + \cancel{d} \Rightarrow a = c$$

Da mesma maneira prova-se que: $b = d$.
Então:

Dois ângulos opostos pelo vértice são congruentes.

Vamos ver se você é observador.
$A\hat{B}C$ e $D\hat{B}E$ são ângulos opostos pelo vértice? Por quê?

Não. Os lados de um não estão no prolongamento dos lados do outro.

Vamos finalizar recordando algumas informações sobre ângulos.

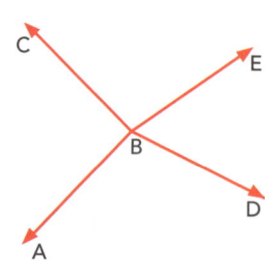

TENTE RESPONDER SOZINHO. DEPOIS OLHE A RESPOSTA.

- **Ângulo reto:** medida igual a 90°.
- **Ângulo agudo:** medida entre 0° e 90°.
- **Ângulo obtuso:** medida entre 90° e 180°.
- **Ângulo raso:** medida igual a 180°.
- **Ângulos complementares:** têm soma 90°.
- **Ângulos suplementares:** têm soma 180°.
- **Ângulos opostos pelo vértice:** têm a mesma medida.

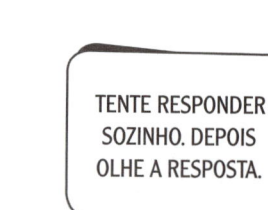

Exercícios de fixação

8. Veja os quatro ângulos formados por duas retas que se cortam:

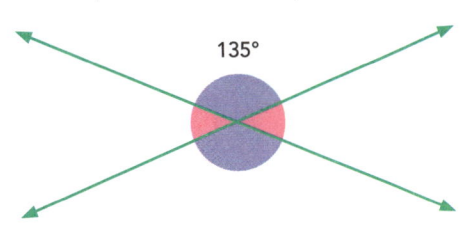

135°

a) Como se chamam os ângulos indicados com mesma cor?
b) Sabendo a medida de um ângulo, você encontra todos os outros?
c) Quais são as medidas dos outros três ângulos?
d) Como são as medidas de ângulos com mesma cor?
e) Qual é a soma das medidas de dois ângulos indicados com cores diferentes?

9. Observe a figura e responda:

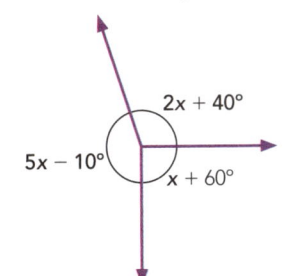

$2x + 40°$
$5x - 10°$
$x + 60°$

a) Existem ângulos opostos pelo vértice?
b) Qual é a soma das medidas dos três ângulos?
c) Qual é o valor de x?

10. Calcule os ângulos indicados pelas letras.

a) 108°, x, y, z

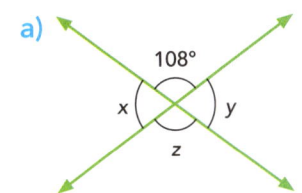

b) x, 17°, y, w, z, 95°

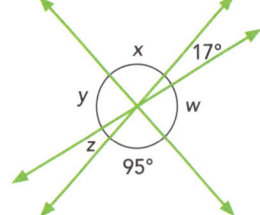

11. Calcule os ângulos indicados pelas letras.

a) 45°, y, 120°, x, z

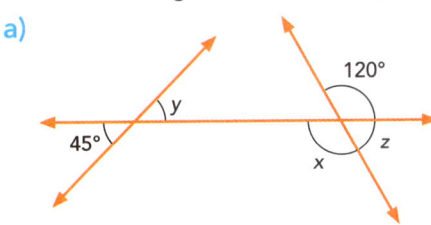

b) a, a, a

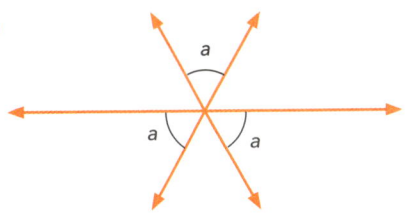

12. Calcule x.

a) $5x - 70°$, $2x + 20°$

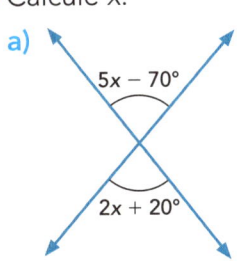

b) $2x - 25°$, $\dfrac{x}{2} + 20°$

119

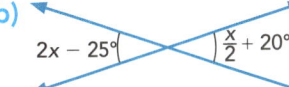

Exercícios complementares

13. Calcule x sabendo que os ângulos são complementares.

a) [ângulos $2x$ e $x + 15°$]

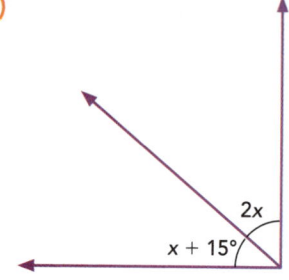

b) [ângulos $\dfrac{x}{2} + 15°$ e $3x - 23°$]

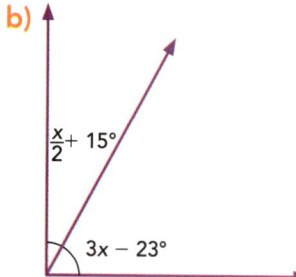

14. Calcule x.

a) [ângulos $6x$, $2x$ e x formando ângulo raso]

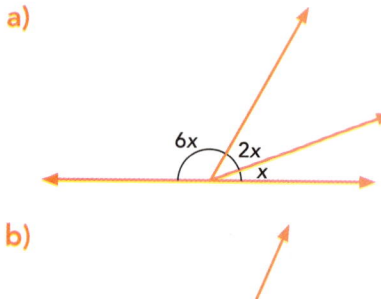

b) [ângulos $2x - 6°$ e $\dfrac{3x}{5} + 30°$]

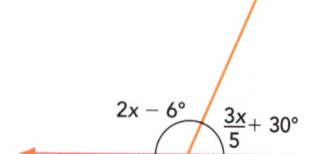

15. Calcule x e y.

a) [ângulos opostos pelo vértice: $3x - 15°$, $60°$ e y]

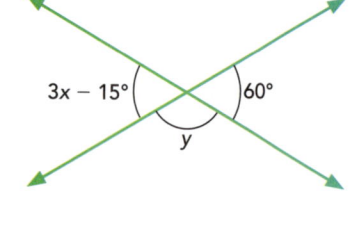

b) [ângulos: $2x - 30°$, $3x + 20°$ e y]

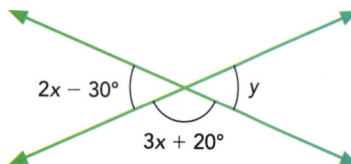

16. A tesoura de jardinagem está fechada e seus dois cabos formam um ângulo de 30°. Em seguida, as duas lâminas foram abertas em 10°. Qual é a medida do ângulo formado?

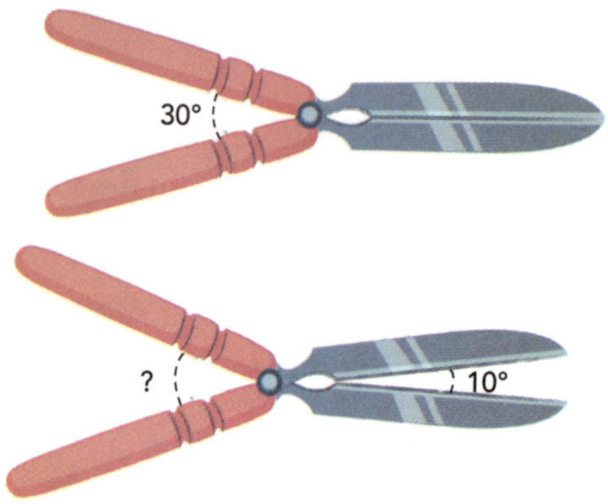

17. Calcule x.

a) [ângulos $2x + 30°$, $3x$ e $2x - 10°$ formando ângulo reto]

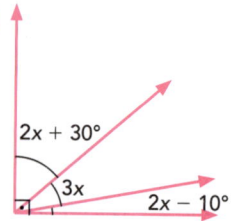

b) [ângulos $x + 15°$, $\dfrac{x}{3}$, $x + 12°$ e $\dfrac{x}{2}$]

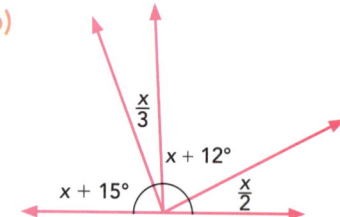

18. Determine x e y.

a) [ângulos opostos pelo vértice: $x + y$, $x - y$, $70°$ e $110°$]

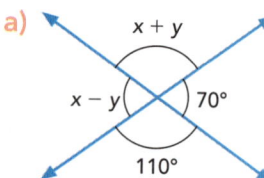

b) [ângulos $2y$, $y - 10°$ e $x + 30°$; bissetriz]

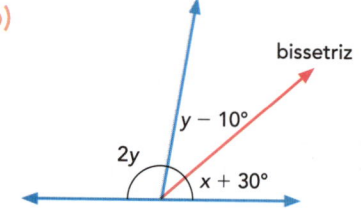

Exercícios selecionados

19. A soma do complemento com o suplemento de um ângulo é 110°. Quanto mede o ângulo?

20. O dobro do complemento de um ângulo é igual a 130°. Quanto mede o ângulo?

> **Solução:**
> - Seja x a medida do ângulo.
> - O complemento do ângulo é 90° − x.
> - Resolvendo a equação: 2(90° − x) = 130°
>   180° − 2x = 130°
>   −2x = 130° − 180°
>   −2x = −50°
>   2x = 50°
>   x = 25°
>
> 2(90° − x) = 130°
> O dobro do complemento do ângulo é igual a 130°.
>
> Resposta: 25°

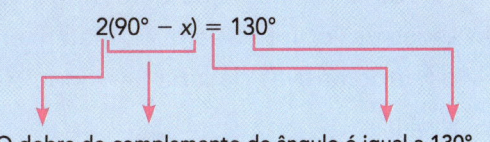

21. A medida de um ângulo é igual à medida de seu complemento. Quanto mede esse ângulo?

22. Calcule a medida de um ângulo que é igual ao dobro de seu complemento.

23. A medida de um ângulo é a metade da medida de seu complemento. Calcule a medida desse ângulo.

24. O dobro do complemento de um ângulo, aumentado de 20°, é igual a 70°. Calcule esse ângulo.

25. Calcule a medida de um ângulo que é igual ao triplo de seu suplemento.

> **Solução:**
> - Seja x a medida do ângulo.
> - O suplemento do ângulo é 180° − x.
> - Resolvendo a equação: x = 3(180° − x)
>   x = 540° − 3x
>   x + 3x = 540°
>   4x = 540°
>   x = 135°
>
> x = 3(180° − x)
> O ângulo é igual ao triplo de seu suplemento.
>
> Resposta: 135°

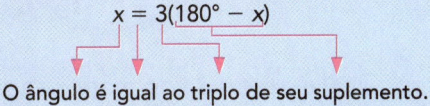

26. A medida de um ângulo é igual à medida de seu suplemento. Calcule esse ângulo.

27. Calcule o ângulo que, diminuído de 20°, é igual ao triplo de seu suplemento.

28. A metade da medida do suplemento de um ângulo é igual a 70°. Calcule a medida do ângulo.

29. (PUC-MG) O dobro do complemento de um ângulo é igual à quinta parte do suplemento desse ângulo. A medida desse ângulo é igual a:
- **a)** 80°
- **b)** 60°
- **c)** 40°
- **d)** 30°

Panorama

30. (Osec-SP) Um estudante desenhou numa folha de papel um ângulo de 10°20'. Em seguida, resolveu admirar o próprio desenho (imitando um célebre detetive), através de uma lupa que aumentava quatro vezes um objeto qualquer. Ele enxergará, olhando através da lupa, um ângulo de:

a) 41°
b) 41°20'
c) 10°20'
d) 20°40'

31. A metade da medida de um ângulo de 47°20' é:

a) 23°10'.
b) 24°10'.
c) 23°20'.
d) 23°40'.

32. Às 11 horas e 15 minutos, o ângulo a formado pelos ponteiros de um relógio mede:

a) 120°.
b) 112°30'.
c) 108°30'.
d) 127°30'.

33. (Obmep) Qual é a medida do menor ângulo formado pelos ponteiros de um relógio quando ele marca 12 horas e 30 minutos?

a) 120°
b) 135°
c) 150°
d) 165°

34. Quantos graus percorre o ponteiro dos minutos de um relógio em 42 minutos?

a) 220°
b) 240°
c) 252°
d) 270°

35. O ângulo 72° corresponde ao:

a) suplemento de 98°.
b) complemento de 98°.
c) suplemento de 108°.
d) complemento de 108°.

36. O complemento e o suplemento do ângulo de 57°30' medem, respectivamente:

a) 90° e 180°.
b) 180° e 90°.
c) 32°30' e 122°30'.
d) 122°30' e 32°30'.

37. A terça parte da medida do suplemento de um ângulo de 18° é:

a) 26°.
b) 54°.
c) 56°.
d) 60°.

38. (Cefet-PR) Se um ângulo a está para seu complementar b assim como 5 está para 13, então a é igual a:

a) 25°
b) 50°
c) 65°
d) 130°

39. (SEE-SP) O suplemento de um ângulo x mede 108°. O complemento de x mede:

a) 12°
b) 18°
c) 24°
d) 28°

40. (SEE-SP) O complemento de um ângulo de 40° é igual ao suplemento de um ângulo de:

a) 50°
b) 60°
c) 130°
d) 140°

41. (Saresp) O movimento completo do limpador de para-brisa de um carro corresponde a um ângulo raso. Na situação descrita pela figura, admita que o limpador está girando no sentido horário e calcule a medida do ângulo que falta para que ele complete o movimento completo.

a) 50° c) 140°
b) 120° d) 160°

42. (UMC-SP) O valor de x na figura é:

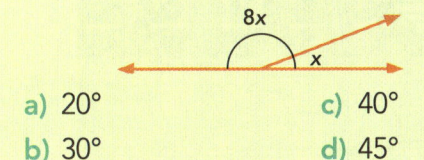

a) 20° c) 40°
b) 30° d) 45°

43. Observe a figura:

Se $A\hat{O}B = 45°$, então $C\hat{O}D$ e $B\hat{O}D$ medem, respectivamente:

a) 45° e 135° c) 35° e 145°
b) 135° e 45° d) 45° e 125°

44. (UFMA) Dois ângulos opostos pelo vértice medem $3x + 10°$ e $x + 50°$. Um deles mede:

a) 20° c) 70°
b) 30° d) 80°

45. (UFMA) Calcule x e determine o valor dos ângulos adjacentes A e B.

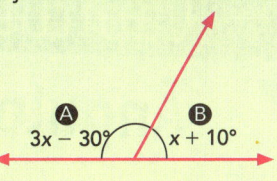

a) 90° e 90° c) 100° e 80°
b) 120° e 60° d) 105° e 75°

46. Na figura abaixo o suplemento do ângulo x mede:

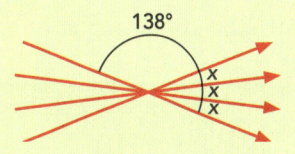

a) 76°. c) 132°.
b) 124°. d) 166°.

47. (Obmep) Uma tira de papel retangular é dobrada ao longo da linha tracejada, conforme indicado, formando a figura plana da direita. Qual a medida do ângulo x?

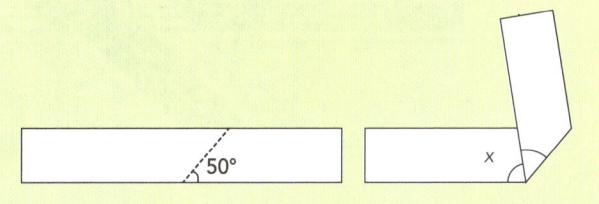

a) 50° b) 80° c) 100° d) 130°

48. (Uece) O ângulo igual a $\frac{5}{4}$ do seu suplemento mede:

a) 36° c) 144°
b) 80° d) 100°

49. (PUC-SP) Um ângulo mede a metade do seu complemento. Então esse ângulo vale:

a) 30° c) 60°
b) 45° d) 90°

50. (ETI-SP) A diferença entre o suplemento e o complemento de um ângulo qualquer é:

a) um ângulo raso.
b) um ângulo reto.
c) um ângulo agudo.
d) um ângulo obtuso.

Capítulo 17
Ângulos formados por três retas

Ângulos formados por duas retas paralelas cortadas por uma transversal

A ilustração mostra que a rua T é uma travessa (ou transversal) das ruas A e B.

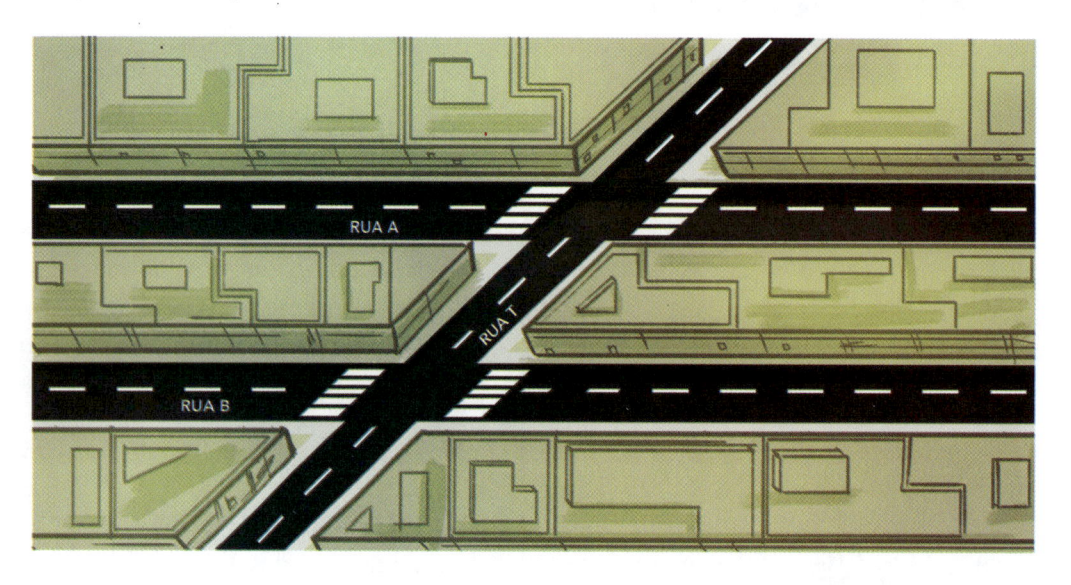

Duas retas paralelas r e s cortadas pela transversal t formam oito ângulos.

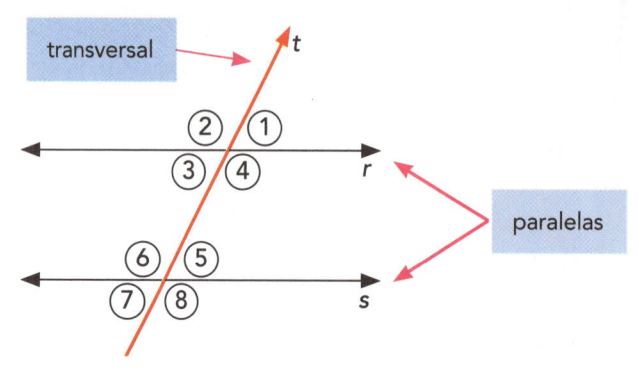

Os pares de ângulos são assim denominados:

Correspondentes	Alternos internos	Alternos externos	Colaterais internos	Colaterais externos
1 e 5	4 e 6	1 e 7	4 e 5	1 e 8
2 e 6	3 e 5	2 e 8	3 e 6	2 e 7
3 e 7				
4 e 8				

Exercícios de fixação

1. Observe a figura e complete. 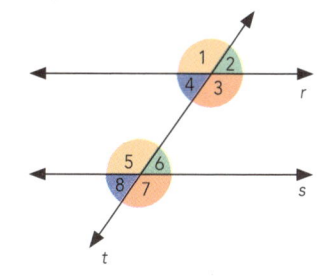
   a) Os ângulos 3 e ☐ são correspondentes.
   b) Os ângulos 1 e ☐ são correspondentes.
   c) Os ângulos 8 e ☐ são correspondentes.
   d) Os ângulos 2 e ☐ são correspondentes.

2. Observe a figura e responda. 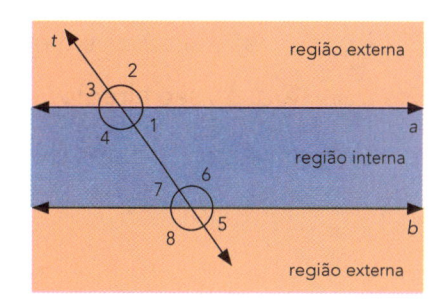
   a) Quais são os quatro ângulos internos?
   b) Quais são os quatro ângulos externos?

3. Observe a figura e complete.

   ÂNGULOS COLATERAIS: DO MESMO LADO DE *t*!

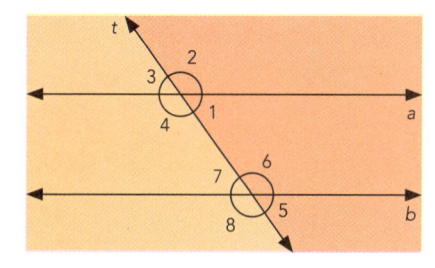

   a) Os ângulos colaterais são 3, 4, 7 e ☐
   b) Os ângulos colaterais são ☐, ☐, ☐ e ☐

4. Observe a figura e complete. 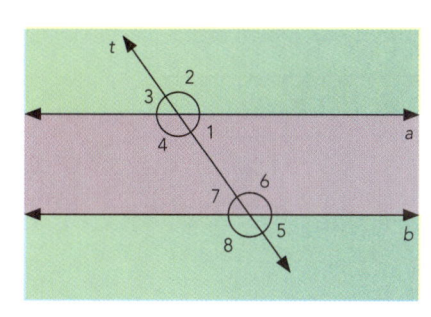
   a) Os ângulos 4 e ☐ são colaterais internos.
   b) Os ângulos ☐ e ☐ são colaterais internos.
   c) Os ângulos 3 e ☐ são colaterais externos.
   d) Os ângulos ☐ e ☐ são colaterais externos.

125

5. Observe a figura, copie e complete o que falta.

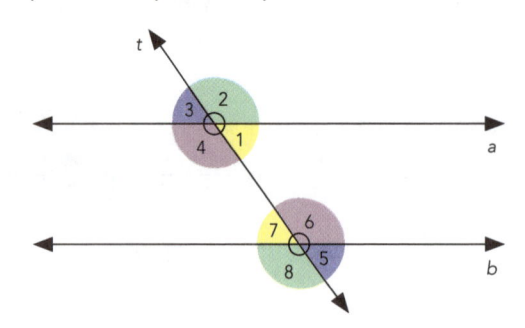

> ÂNGULOS ALTERNOS: UM DE CADA LADO DE *t*.

a) Os ângulos 4 e ☐ são alternos internos.

b) Os ângulos ☐ e ☐ são alternos internos.

c) Os ângulos 2 e ☐ são alternos externos.

d) Os ângulos ☐ e ☐ são alternos externos.

6. Escreva o nome que recebem os pares de ângulos.

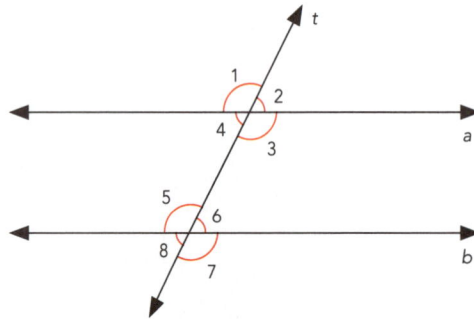

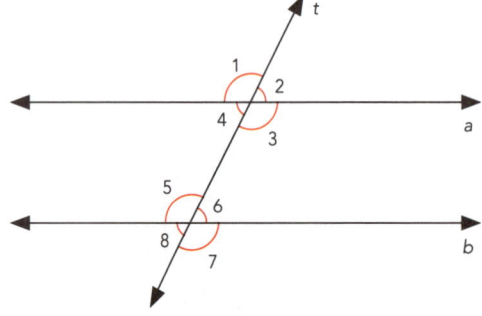

a) 4 e 8 são ângulos _____

b) 4 e 5 são ângulos _____

c) 4 e 6 são ângulos _____

d) 1 e 7 são ângulos _____

e) 1 e 8 são ângulos _____

f) 2 e 6 são ângulos _____

g) 3 e 5 são ângulos _____

7. Na figura ao lado, as retas *r* e *s* são paralelas e *t* é uma transversal.

Assinale a afirmação **falsa**.

a) 1 e 8 são alternos internos

b) 4 e 8 são correspondentes

c) 1 e 7 são alternos internos

d) 3 e 5 são alternos externos

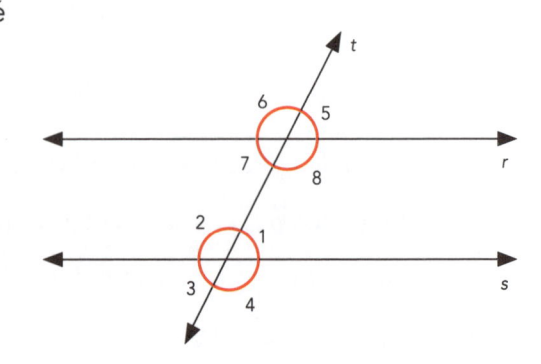

126

Propriedades

Os ângulos formados por duas retas paralelas cortadas por uma transversal apresentam as seguintes propriedades:

Correspondentes

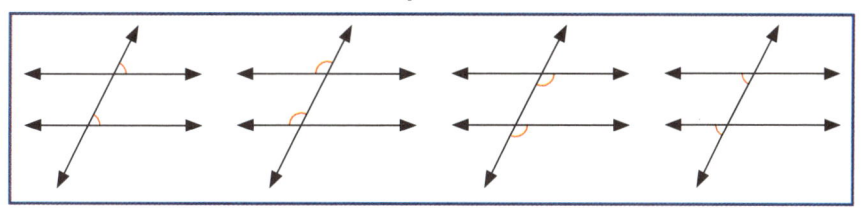

Os ângulos **correspondentes** são **congruentes**.

Alternos internos

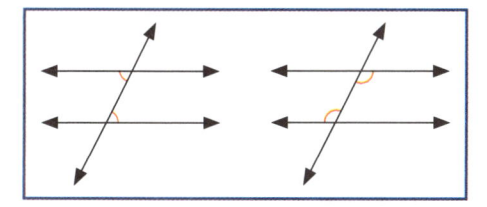

Os ângulos **alternos internos** são **congruentes**.

Alternos externos

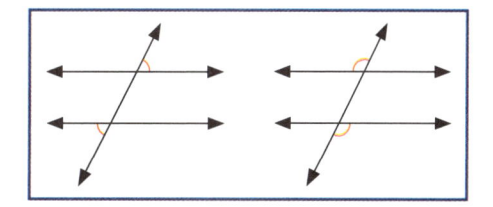

Os ângulos **alternos externos** são **congruentes**.

Colaterais internos

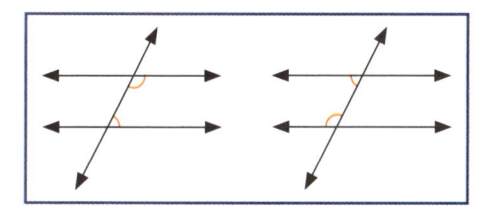

Os ângulos **colaterais internos** são **suplementares**.

Colaterais externos

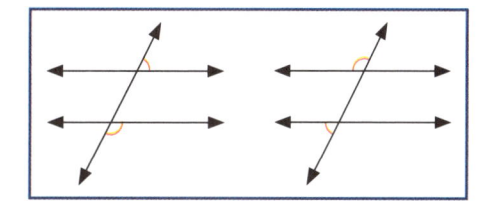

Os ângulos **colaterais externos** são **suplementares**.

Tarefa especial

Observe as duas retas paralelas cortadas por uma transversal.

Meça os ângulos e anote os resultados.
Responda.

a) Quantos ângulos foram formados?
b) Quanto mede cada ângulo vermelho?
c) Quanto mede cada ângulo verde?
d) Quanto mede um ângulo vermelho mais um ângulo verde?

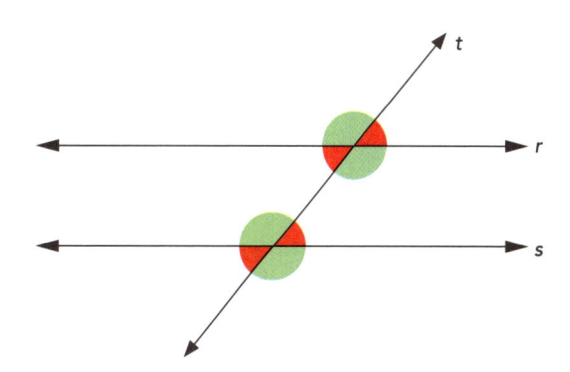

Exercícios de fixação

8. Na imagem, duas ruas desenhadas são paralelas. Determine os ângulos indicados com ? .

9. Na figura, as retas **r** e **s** são paralelas.

    Indique:

    a) três ângulos congruentes ao ângulo x.
    b) ângulos congruentes ao ângulo w.
    c) ângulos suplementares ao ângulo z.

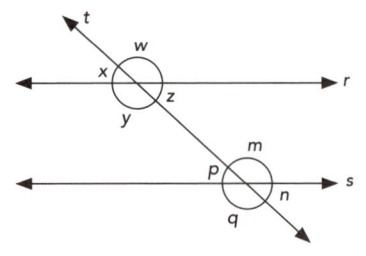

10. Observe as figuras. Em todas elas estão desenhadas duas semirretas paralelas. Calcule x e y para cada caso:

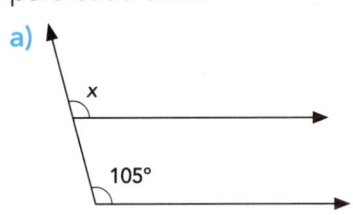

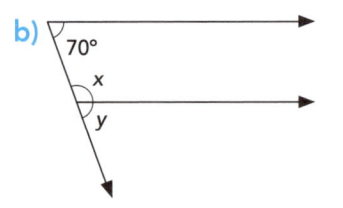

    a)

    b)

11. Sabendo que r // s, determine x.

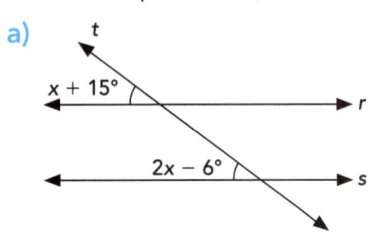

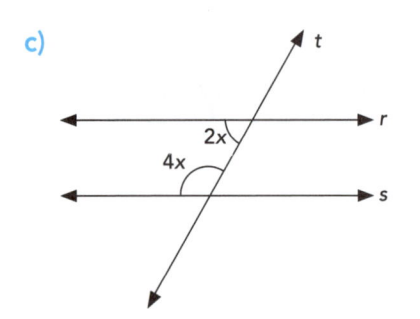

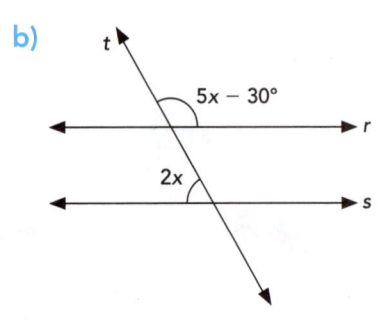

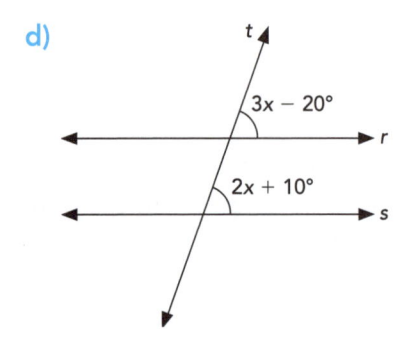

    a)

    b)

    c)

    d)

128

Exercícios complementares

12. Observe as figuras. Em todas elas estão desenhadas duas semirretas paralelas. Calcule x e y para cada caso.

a) (100°, x, y)

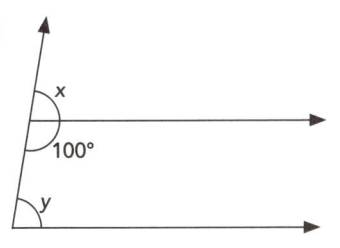

b) (118°, y, x)

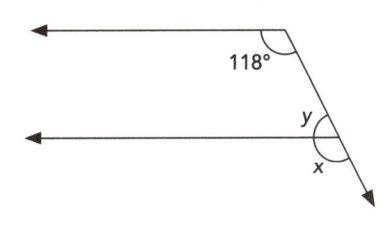

13. As retas r e s são paralelas. Calcule x.

a) 180° − x ; 130° + x

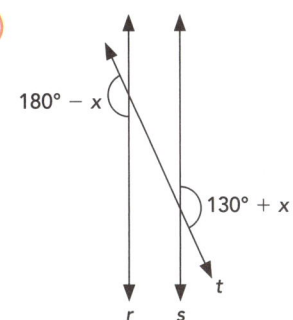

b) 2x − 30° ; 3x + 20°

r E s PARALELAS E t, TRANSVERSAL

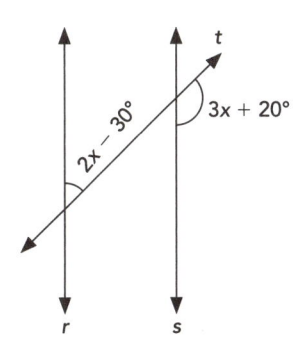

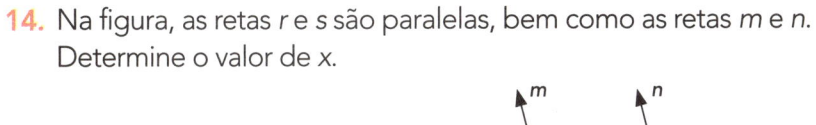

14. Na figura, as retas r e s são paralelas, bem como as retas m e n. Determine o valor de x.

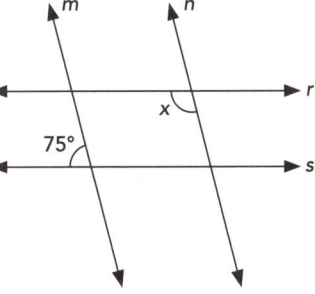

(75°, x)

15. Sabendo que r // s, determine os ângulos indicados pelas expressões.

a) $\frac{x}{3} + 20°$; $\frac{x}{2} + 10°$

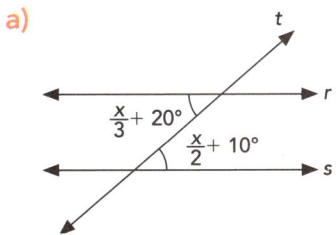

b) $5x - 24°$; $y - 10°$; $2x$; u // s

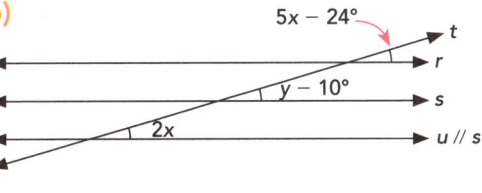

16. Sabendo que r // s, determine x.

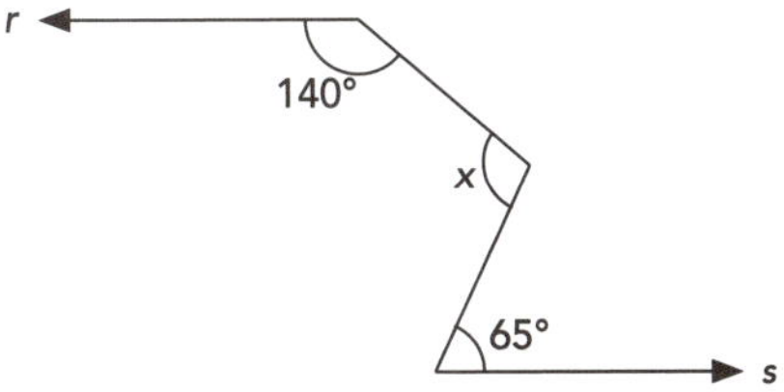

(140°, x, 65°)

Dica:
Pelo vértice do ângulo x, trace uma reta auxiliar paralela a r que divida o ângulo x em duas partes, y e z.

Panorama

17. (Saresp) As retas r e s indicadas na figura são paralelas cortadas pela transversal t. A soma das medidas dos ângulos x, y, z e w é igual a:
a) 270°
b) 180°
c) 360°
d) 400°

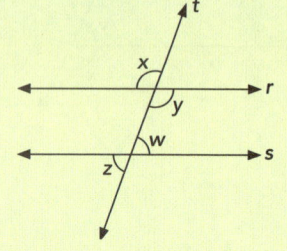

18. (Saresp) Na figura abaixo, as retas r, s e t são paralelas. Foram assinalados alguns ângulos formados pela reta v com estas retas. Assinale a única afirmativa **correta**.
a) O ângulo a é congruente ao ângulo b.
b) O ângulo a é congruente ao ângulo c.
c) O ângulo b é congruente ao ângulo c.
d) O ângulo a é congruente ao ângulo d.

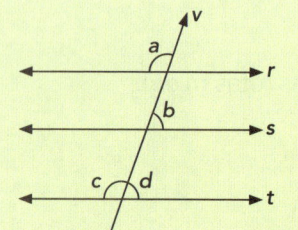

19. (UMC-SP) Na figura abaixo, as retas r e s são paralelas. A medida do ângulo x é:
a) 50°
b) 100°
c) 130°
d) 140°

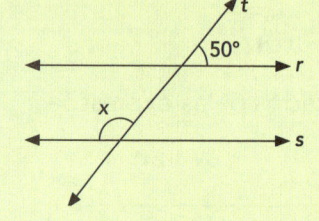

20. Na figura, r é paralela a s. As medidas dos ângulos indicados por x e y são, respectivamente:
a) 70° e 110°.
b) 110° e 70°.
c) 80° e 100°.
d) 100° e 80°.

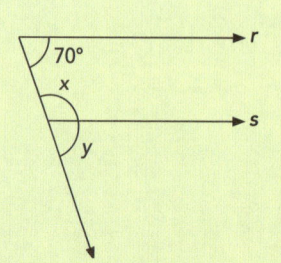

21. Na figura, o valor de x é:
a) 30°.
b) 40°.
c) 45°.
d) 60°.

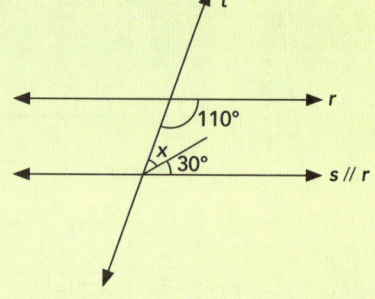

22. (Ufes) Uma transversal intercepta duas paralelas formando ângulos alternos internos expressos em graus por (5x + 8) e (7x − 12). A soma das medidas desses ângulos é:
a) 40°   b) 58°   c) 80°   d) 116°

23. (FCC-SP) Na figura abaixo tem-se r // s; t e u são transversais. O valor de x + y é:
a) 100°
b) 120°
c) 130°
d) 140°

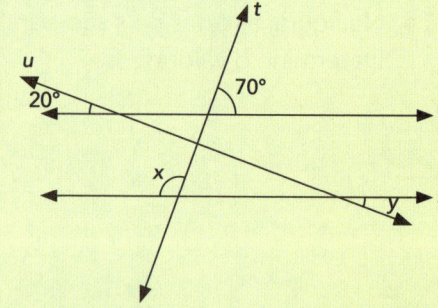

24. Na figura, r é paralela a s. As medidas dos ângulos indicados por a, b e c são, respectivamente:
a) 70°, 70° e 25°.
b) 70°, 110° e 45°.
c) 110°, 70° e 45°.
d) 110°, 110° e 25°.

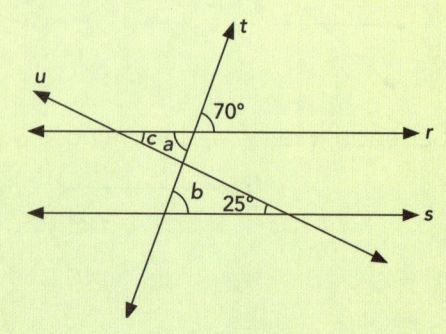

25. (FGV-SP) Considere as retas r, s, t, u todas num mesmo plano, com r // u. O valor em graus de (2x + 3y) é:

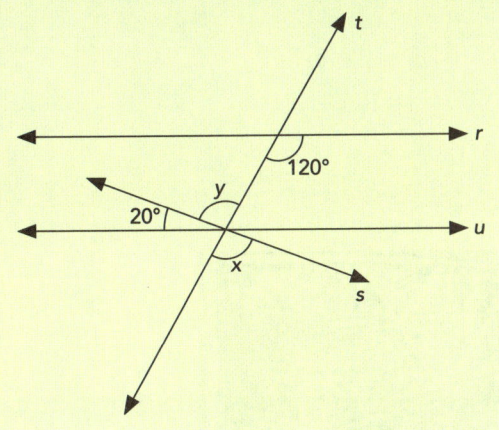

a) 500°
b) 520°
c) 580°
d) 660°

26. (PUC-SP) Sendo a paralela a b, então o valor de x é:

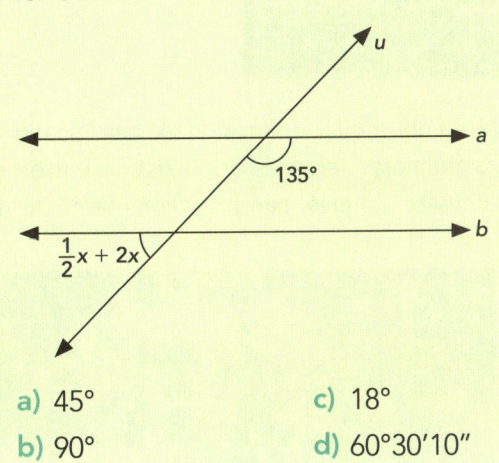

a) 45°
b) 90°
c) 18°
d) 60°30'10"

27. (CAp-UFRJ) Na figura a seguir, as retas r, s, e t são paralelas. Então, o valor de y é:

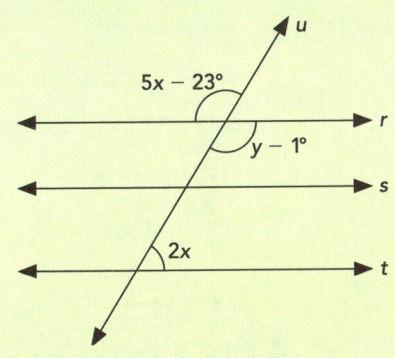

a) 29°
b) 124°
c) 122°
d) 123°

28. (Esan-SP) Sabendo-se que r, s e t são coplanares e r // s, os valores de x e y na figura são:

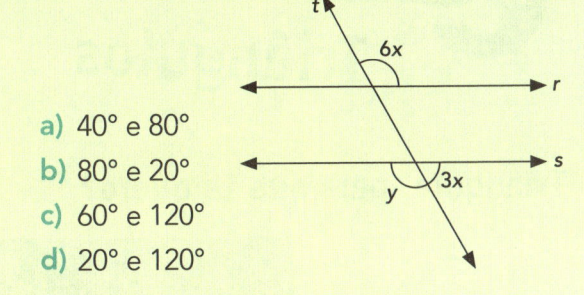

a) 40° e 80°
b) 80° e 20°
c) 60° e 120°
d) 20° e 120°

29. (PUC-SP) Se r é paralela a s, então m e n medem respectivamente:

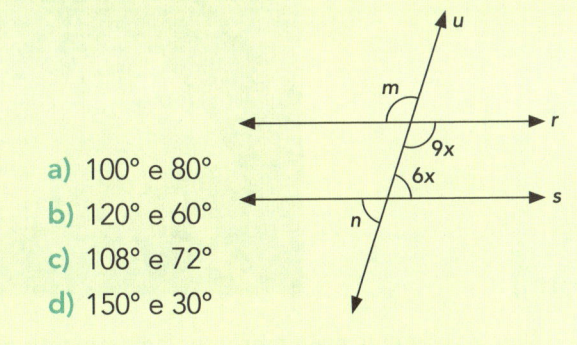

a) 100° e 80°
b) 120° e 60°
c) 108° e 72°
d) 150° e 30°

30. (Cesgranrio-RJ) As retas r e s da figura são paralelas cortadas pela transversal t. Se o ângulo $\hat{B}$ é o triplo de $\hat{A}$, então $\hat{B} - \hat{A}$ vale:

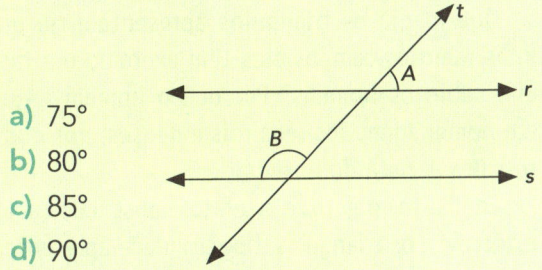

a) 75°
b) 80°
c) 85°
d) 90°

31. Na figura, r e s são retas paralelas. Então, o valor de x é:

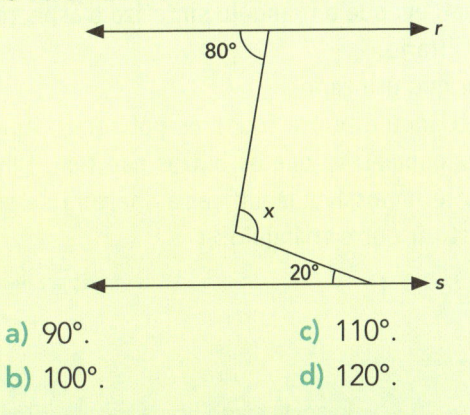

a) 90°.
b) 100°.
c) 110°.
d) 120°.

Capítulo 8
Triângulos

Triângulo, para que te quero?

Uma das figuras mais presentes no ambiente que nos cerca e com a qual a humanidade tem lidado até hoje é o triângulo. Embora sua forma seja muito simples, as inúmeras relações que existem entre seus próprios elementos, e entre esses e os de outras figuras igualmente simples, são mais complexas do que poderíamos imaginar.

Que magia os triângulos apresentam, já que desde os mais remotos tempos eles têm exercido um fascínio especial sobre os homens? Por que o homem ergueu templos em homenagem aos seus reis e deuses, nos quais tal figura ressalta à vista do observador?

Em muitos objetos e artefatos construídos pelo homem, lá estão eles: os triângulos. Que utilidade apresentam? Será que servem somente como elemento decorativo?

Parece que, mais uma vez, o homem reúne a beleza e a competência para oferecer a todos os seres uma obra original, em que o triângulo sintetiza o aspecto decorativo e o utilitário.

Por que utilitário?

O triângulo, entre todos os polígonos, apresenta uma rigidez geométrica que os outros não têm. Uma vez construído, é impossível modificar a abertura de seus ângulos e construir outro triângulo.

Suzana Laino Cândido, 2003.

Imagine como ficaria bamba a Torre Eiffel se não existissem os triângulos para torná-la estável.

O que é triângulo?

As pirâmides do Vale de Gizé, no Egito, são exemplos de utilização da forma do triângulo.

Consideremos três pontos A, B e C não colineares. Chama-se **triângulo** a figura geométrica formada pelos três segmentos $\overline{AB}$, $\overline{BC}$ e $\overline{AC}$.

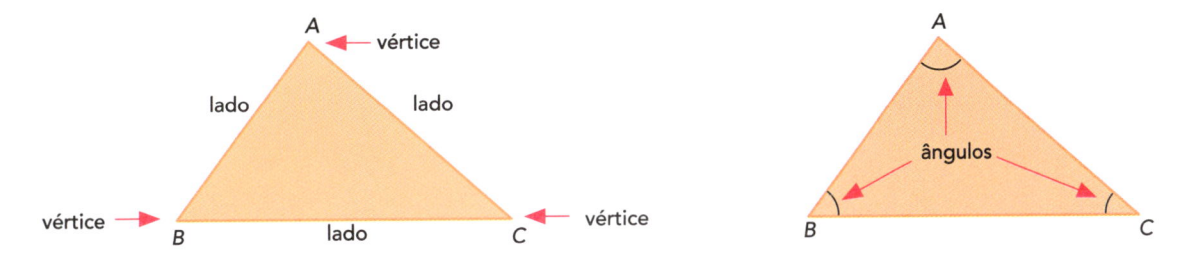

O triângulo é um polígono de três lados. Indicamos o triângulo ABC por △ABC.

- Os pontos A, B e C são os **vértices** do triângulo.
- Os segmentos $\overline{AB}$, $\overline{BC}$ e $\overline{CA}$ são os **lados** do triângulo.
- Os ângulos A, B e C são **ângulos internos** do triângulo.

Ângulo externo

O ângulo formado por um dos lados com o prolongamento do outro chama-se **ângulo externo**.

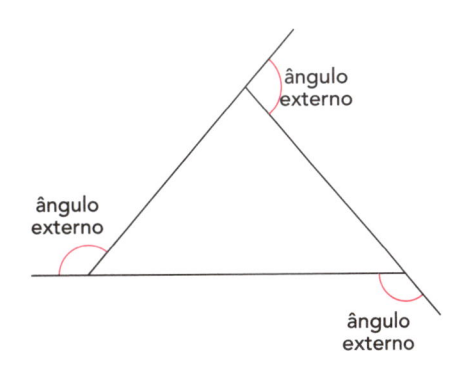

Perímetro

O perímetro de um triângulo é igual à soma das medidas dos seus lados.

$$\text{Perímetro } \triangle_{ABC} = AB + BC + AC$$

Classificação dos triângulos

Quanto aos lados, os triângulos se classificam em:

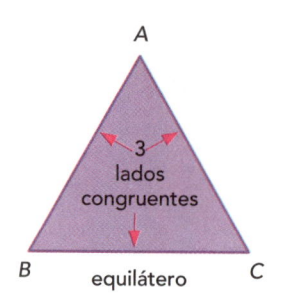

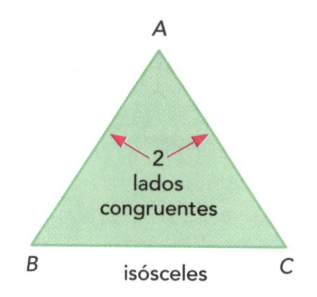

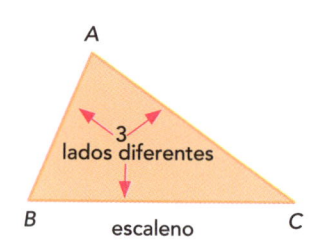

- **equilátero** quando têm os três lados congruentes;
- **isósceles** quando têm dois lados congruentes;
- **escaleno** quando têm os lados com medidas diferentes.

Quanto aos ângulos, os triângulos se classificam em:

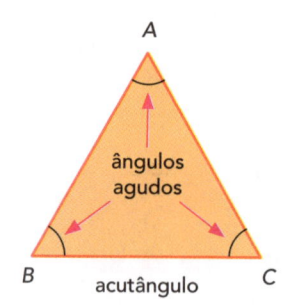

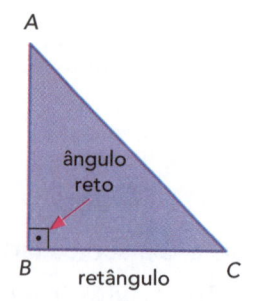

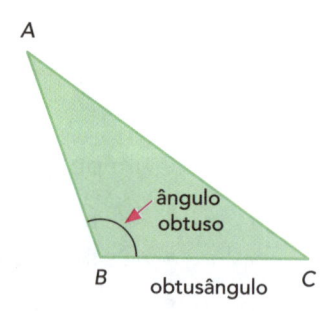

- **acutângulo** quando tem três ângulos agudos;
- **retângulo** quando tem um ângulo reto;
- **obtusângulo** quando tem um ângulo obtuso.

Em um triângulo retângulo os lados que formam o ângulo reto chamam-se **catetos** e o lado oposto ao ângulo reto chama-se **hipotenusa**.

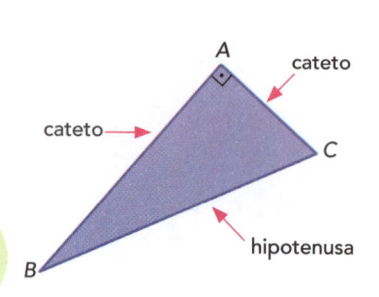

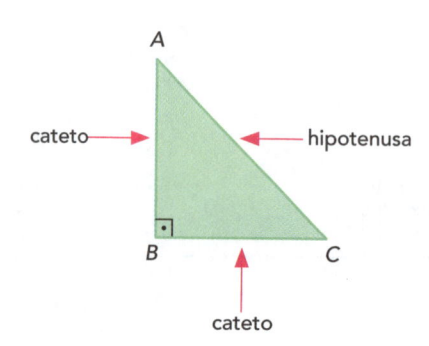

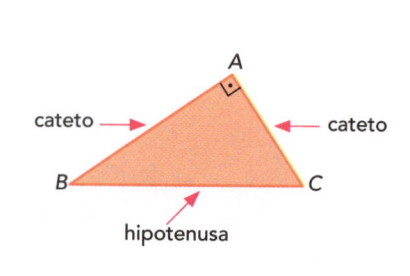

Exercícios de fixação

1. Desenhe, na malha pontilhada, um triângulo que seja retângulo e isósceles.

2. Quem procura bem acha cinco triângulos na figura abaixo: um deles é △CED. Quais são os outros quatro?

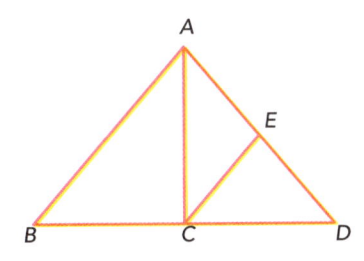

3. Os lados de um triângulo medem 10 cm, 13 cm e 13 cm. Como se chama esse triângulo?

4. Na decoração do teto de um salão existe um triângulo equilátero construído com fio de cobre. Se foi usado um pedaço de fio medindo 1,71 m de comprimento, quanto mede em centímetros cada lado do triângulo?

5. O perímetro de um triângulo é 23 cm. Dois lados medem respectivamente 6,4 cm e 7,5 cm. Calcule a medida do terceiro lado.

6. Classifique os triângulos em acutângulo, retângulo e obtusângulo.

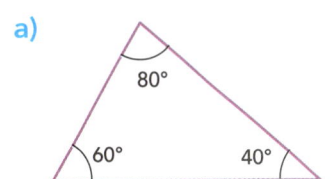

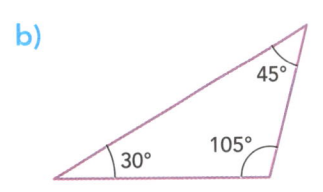

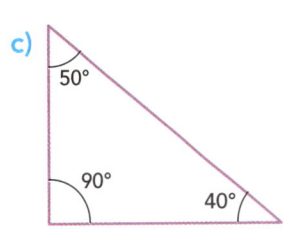

a) (80°, 60°, 40°)

b) (45°, 105°, 30°)

c) (50°, 90°, 40°)

7. O perímetro do triângulo é 56 cm. Determine o comprimento do menor lado.

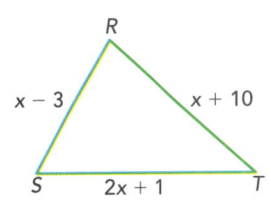

Triângulo RST com lados $x - 3$, $x + 10$ e $2x + 1$.

8. O perímetro de um triângulo é 63 cm. As medidas dos lados são dadas por três números ímpares e consecutivos. Quanto mede o maior lado desse triângulo?

9. Considere o triângulo isósceles a seguir.

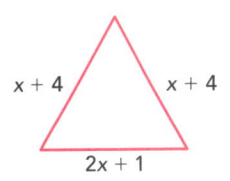

Triângulo com lados $x + 4$, $x + 4$ e $2x + 1$.

a) Qual expressão representa o perímetro do triângulo?

b) Calcule x de modo que o triângulo seja equilátero.

135

Condição de existência de um triângulo

Em todo triângulo, qualquer lado é menor que a soma dos outros dois.

Veja:

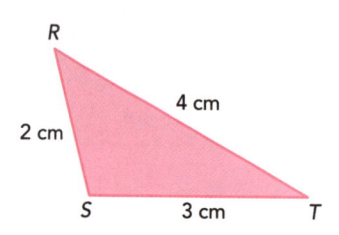

Vamos comparar a medida de cada lado com a soma das medidas dos outros dois.

Assim:

2 < 3 + 4   ou   2 < 7
3 < 2 + 4   ou   3 < 6
4 < 2 + 3   ou   4 < 5

ESSA PROPRIEDADE É CONHECIDA COMO **DESIGUALDADE TRIANGULAR**.

Se você tentar construir um triângulo cujos lados medem 8 cm, 4 cm e 3 cm, irá verificar que essa construção é impossível. Veja:

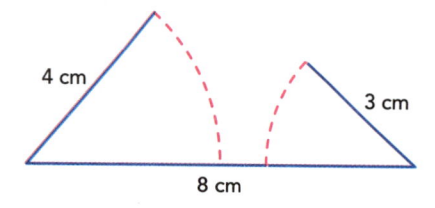

Note que a soma das medidas dos dois lados menores é **menor** que a medida do maior lado (4 cm + 3 cm < 8 cm).

Tarefa especial

1. Recorte canudos de plástico com medidas 7 cm, 8 cm e 10 cm.
Com esses canudos é possível formar um triângulo?

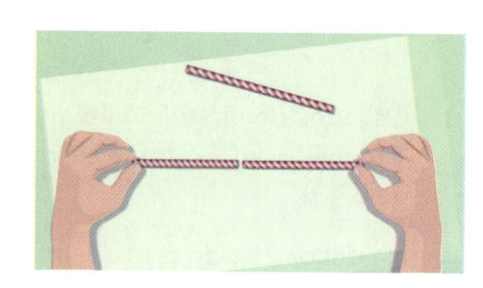

2. Recorte canudos de plástico com medidas 4 cm, 5 cm e 11 cm.
É possível formar um triângulo com esses canudos?

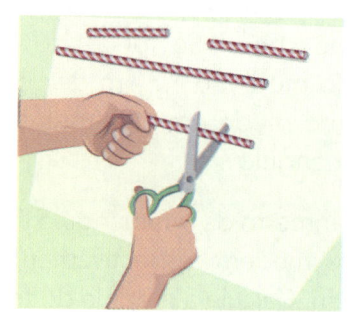

Exercícios de fixação

10. Existe ou não um triângulo com lados medindo:

a) 3 cm, 4 cm e 5 cm?

b) 6 cm, 9 cm e 18 cm?

c) 2 cm, 4 cm e 6 cm?

d) 4 cm, 6 cm e 8 cm?

11. Observe os trajetos de voo de um helicóptero que vai diretamente da cidade A para a cidade C.

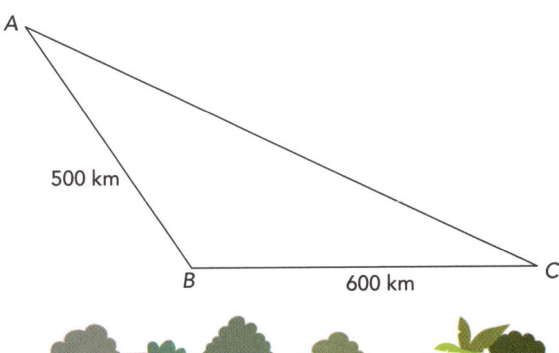

Escolha a afirmação verdadeira; depois justifique.

a) A distância entre A e C é de 1100 km.

b) A distância entre A e C é inferior a 1100 km.

c) A distância entre A e C é superior a 1100 km.

12. Podemos construir um triângulo com segmentos de 4 cm, 5 cm e 9 cm? Por quê?

13. Dois lados de um triângulo isósceles medem 25 cm e 10 cm. Qual poderá ser a medida do terceiro lado?

14. Dispomos de 6 varetas com os comprimentos de 2 cm, 3 cm, 6 cm, 8 cm, 10 cm e 20 cm. Qual é o perímetro do maior triângulo que se pode construir com três dessas varetas?

15. A professora de Lucas pediu aos alunos que construíssem um triângulo isósceles. Lucas começou desenhando um lado do triângulo, com 7 cm, e depois outro, com 3 cm. Qual deve ser o comprimento do terceiro lado do triângulo que Lucas está construindo?

16. Na figura, qual pode ser o valor de x sabendo que é expresso por um número inteiro?

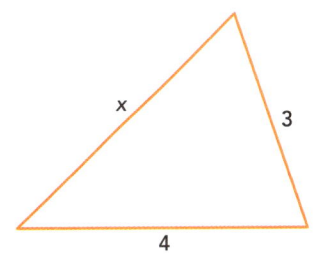

17. Dois lados de um triângulo medem cada um 7 cm. O comprimento do terceiro lado é um número natural em centímetros. No máximo, quanto pode medir o perímetro desse triângulo?

a) 13 cm

b) 20 cm

c) 27 cm

d) 28 cm

Elementos notáveis de um triângulo

1. **Mediana** de um triângulo é o segmento que une um vértice ao ponto médio do lado oposto.

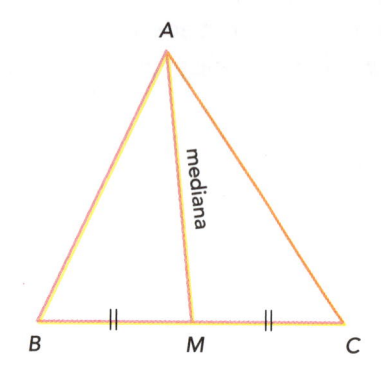

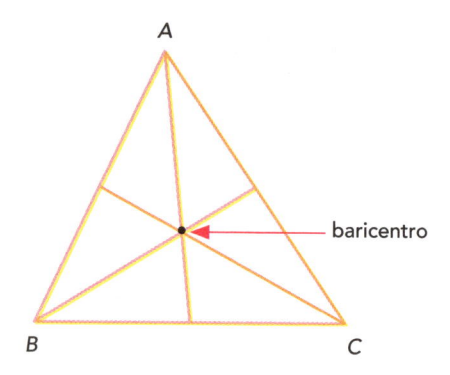

Todo triângulo tem três medianas, que se encontram em um ponto chamado **baricentro**.

2. **Bissetriz** de um triângulo é o segmento da bissetriz de um ângulo interno que tem por extremidades o vértice desse ângulo e o ponto de encontro com o lado oposto.

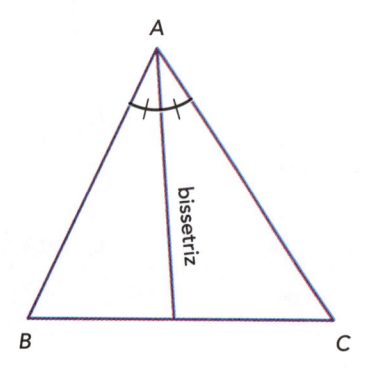

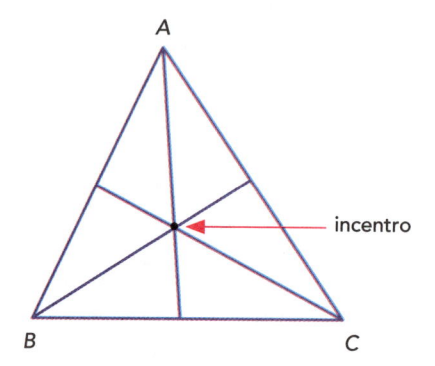

Todo triângulo tem três bissetrizes, que se encontram em um ponto interior chamado **incentro**.

3. **Altura** de um triângulo é o segmento da perpendicular traçada de um vértice ao lado oposto ou ao seu prolongamento.

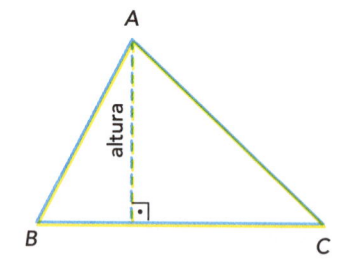

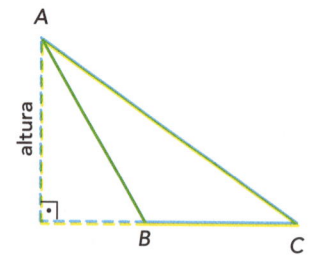

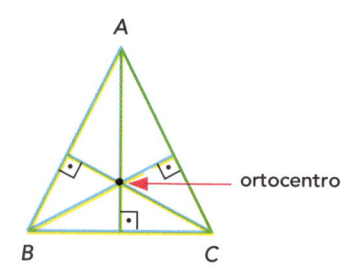

Todo triângulo tem três alturas, que se encontram em um ponto chamado **ortocentro**.

Resumo dos pontos notáveis de um triângulo

- **Baricentro** – encontro das medianas.
- **Incentro** – encontro das bissetrizes.
- **Ortocentro** – encontro das alturas.

Exercícios complementares

18. O perímetro de um triângulo equilátero é 52,5 cm. Quanto mede cada lado?

19. O perímetro de um triângulo isósceles é 70 m e a base mede 31 m. Quanto mede cada um dos outros lados?

20. (Saresp) Marcos tem varetas de madeira de vários tamanhos. Com elas pretende construir triângulos para a apresentação de um trabalho na escola. Ele separou as varetas em 4 grupos de 3, mediu cada uma delas e anotou os resultados nessa tabela:

	VARETA A	VARETA B	VARETA C
GRUPO 1	30 cm	12 cm	12 cm
GRUPO 2	30 cm	30 cm	30 cm
GRUPO 3	25 cm	26 cm	27 cm
GRUPO 4	28 cm	15 cm	15 cm

Ao começar a colar as varetas na cartolina para construir os triângulos, descobriu que não seria possível fazê-lo com as varetas do:

a) grupo 1.
b) grupo 2.
c) grupo 3.
d) grupo 4.

21. Qual é o valor de x quando o perímetro é 45 cm?

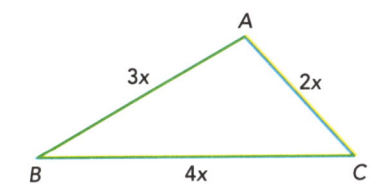

22. O triângulo RST é equilátero. Determine x e y.

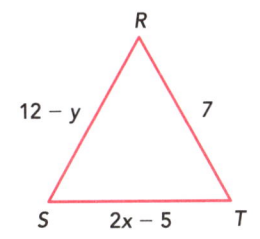

23. Na figura o △RST é isósceles e o lado com medida diferente é $\overline{RS}$. Determine x.

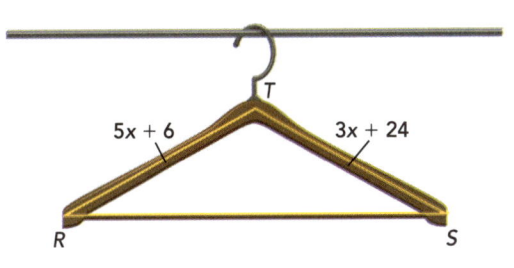

24. (Saresp) Observe as figuras abaixo:

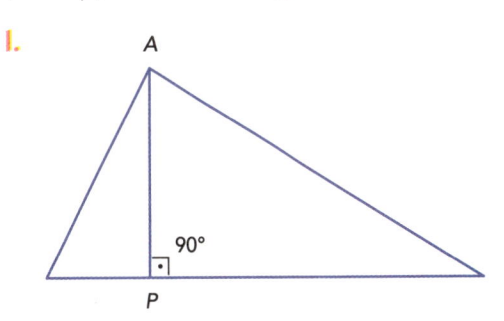

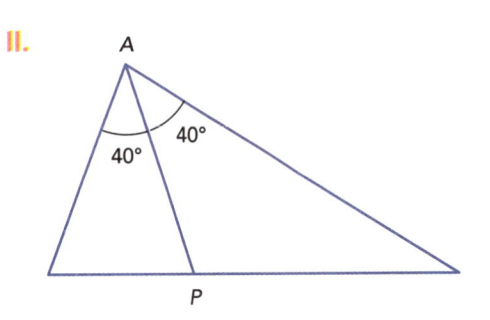

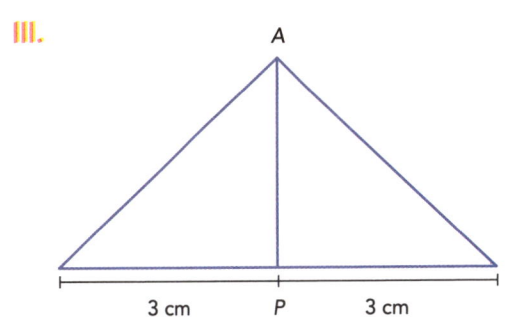

I.

II.

III.

Pode-se afirmar que:

a) $\overline{AP}$ é bissetriz, na figura I.
b) $\overline{AP}$ é altura, na figura II.
c) $\overline{AP}$ é mediana, na figura II.
d) $\overline{AP}$ é mediana, na figura III.

Exercícios selecionados

25. Responda.
   a) Como é chamado o triângulo que tem os três ângulos agudos?
   b) Como é chamado o triângulo que tem dois lados de medidas iguais?
   c) Como é chamado o triângulo que tem os três lados de medidas diferentes?

26. Observe as figuras.

1

4

9

16

   a) Qual é o número de triângulos pequenos da última figura?
   b) Quantos triângulos pequenos terá o triângulo equilátero que tem medida do lado igual a 7?

27. De um triângulo equilátero de lado x retirou-se outro triângulo equilátero de lado 0,7. Qual é o perímetro da parte restante?

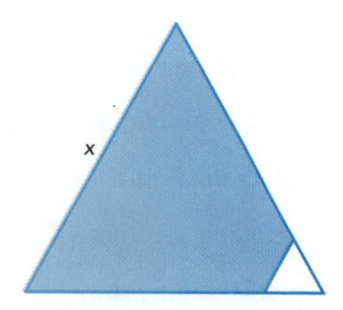

28. Qual é o valor de x quando o perímetro é 30 cm?

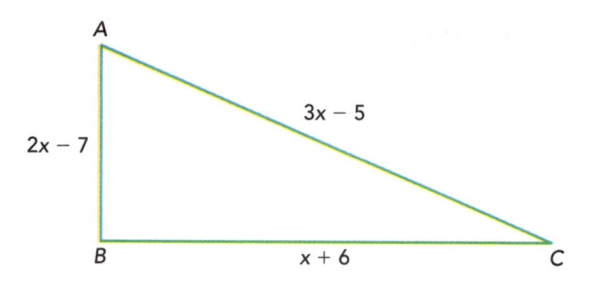

(Triângulo ABC com lados $2x - 7$, $3x - 5$ e $x + 6$)

29. Na figura o $\triangle ABC$ é isósceles e o lado com medida diferente é $\overline{BC}$. Determine $\overline{BC}$.

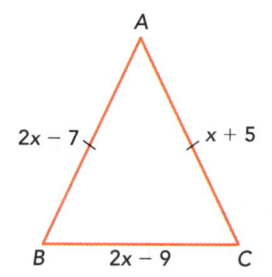

(Triângulo ABC com lados $2x - 7$, $x + 5$ e $2x - 9$)

30. (Saresp) Duas pessoas disputam uma corrida em volta de um terreno triangular, conforme a figura a seguir.

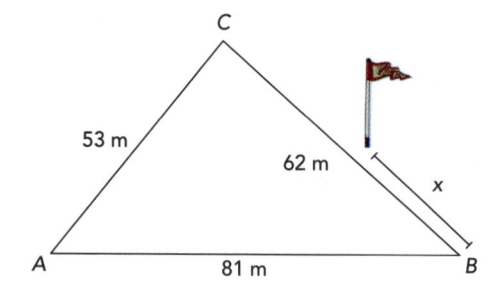

(Triângulo com lados 53 m, 62 m, 81 m, com bandeira entre C e B a distância x de B)

Elas saem juntas do ponto A, mas cada uma vai por um caminho diferente. Quem bater primeiro na bandeira de chegada que se encontra entre C e B ganha a corrida. Para que as duas pessoas percorram a mesma distância, a bandeira deve ser colocada a:
   a) 40 m da esquina C.
   b) 31 m da esquina B ou C.
   c) 17 m da esquina B.
   d) 15 m da esquina B.

Panorama

31. (Encceja-MEC) Os carpinteiros costumam colocar uma espécie de trava de forma triangular quando fazem portões, telhados etc. Isso se deve ao fato de que o triângulo é, dentre os polígonos:
a) o que tem mais ângulos.
b) o que tem mais lados.
c) o que suporta maior peso.
d) uma figura rígida que não se deforma.

32. (UFRJ) Observe as figuras I e II ao lado.
A figura I contém 3 triângulos. O número de triângulos na figura II é:
a) 6
b) 8
c) 10
d) 12

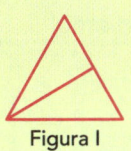

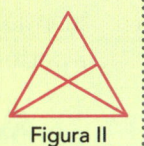

33. (Obmep) Duas formigas percorrem o trajeto da figura partindo, ao mesmo tempo, uma do ponto A e outra do ponto B. Elas andam com a mesma velocidade e no sentido indicado pelas flechas. Qual será a distância entre elas no momento em que ficarem uma de frente para a outra?

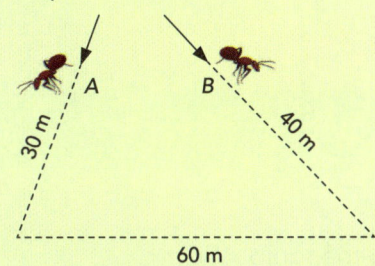

a) 40 m
b) 50 m
c) 60 m
d) 70 m

34. (Fespi-BA) Em um triângulo isósceles, o perímetro mede 80 cm. Sabendo-se que a base vale 20 cm, cada lado deve valer:
a) 20 cm
b) 30 cm
c) 40 cm
d) 60 cm

35. (UFMA) Dois lados de um triângulo isósceles medem, respectivamente, 5 cm e 2 cm. Qual é o seu perímetro?
a) 7 cm
b) 9 cm
c) 12 cm
d) 14 cm

36. Rodrigo cortou canudinhos de refresco com comprimentos diferentes.

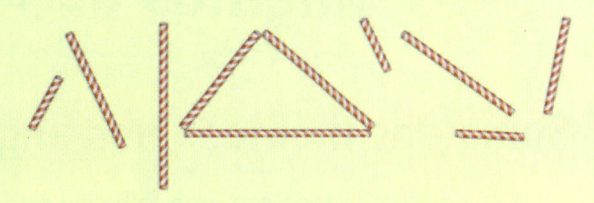

Que conjunto de canudinhos deverá usar para construir um triângulo?
a) 10 cm, 4 cm e 6 cm
b) 12 cm, 5 cm e 3 cm
c) 14 cm, 4 cm e 8 cm
d) 12 cm, 6 cm e 9 cm

37. (UFG-GO) Se dois lados de um triângulo medem respectivamente 3 dm e 4 dm, podemos afirmar que a medida do terceiro lado é:
a) igual a 1 dm.
b) igual a 5 dm.
c) maior que 7 dm.
d) menor que 7 dm.

38. (Saresp) Na figura abaixo, sabemos que o ângulo AÊB mede 90°. Assim, podemos afirmar que o segmento BE é:
a) a bissetriz de um ângulo do △ABC.
b) a altura relativa a um dos lados do △ABC.
c) a mediana relativa a um dos lados do △ABC.
d) a mediatriz relativa a um dos lados do △ABC.

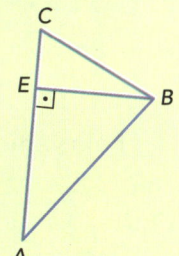

39. Os triângulos ABC, ADE e EFG são equiláteros. Os pontos D e G são os pontos médios de $\overline{AC}$ e $\overline{AE}$, respectivamente. Se AB = 8 cm, qual é o perímetro da figura ABCDEFG?
a) 24 cm 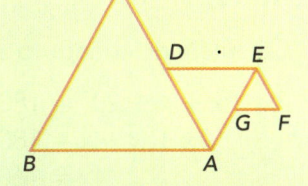
b) 26 cm
c) 30 cm
d) 36 cm

Capítulo 19
Ângulos de um triângulo

Soma das medidas dos ângulos internos de um triângulo

Faça esta atividade em uma folha de papel avulsa.

1. Desenhe um triângulo qualquer:

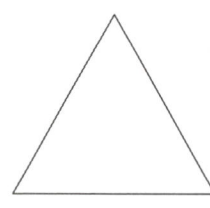

2. Pinte cada ângulo interno de uma cor:

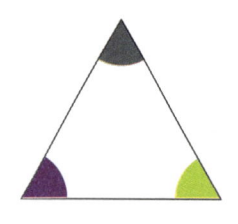

3. Recorte o triângulo em 3 partes:

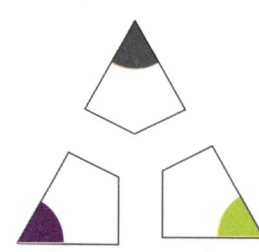

4. Reúna as partes coloridas pelos vértices:

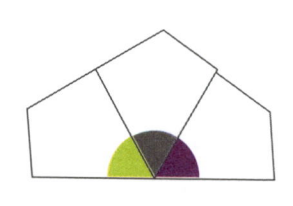

Os ângulos reunidos formam exatamente um ângulo raso. Isso significa que:

A soma das medidas dos ângulos internos de um triângulo é 180°.

Veja a prova dessa afirmação:

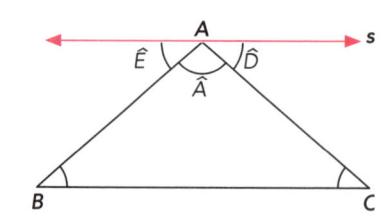

Pelo vértice A, traçamos a reta s paralela ao lado $\overline{BC}$ do triângulo ABC.

Temos: $\begin{cases} \hat{E} \equiv \hat{B} \text{ (alternos internos)} \\ \hat{D} \equiv \hat{C} \text{ (alternos internos)} \end{cases}$

Congruente significa de mesma medida.

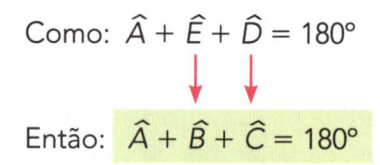

Como: $\hat{A} + \hat{E} + \hat{D} = 180°$

Então: $\hat{A} + \hat{B} + \hat{C} = 180°$

Exemplo:

Calcule x no triângulo ao lado.

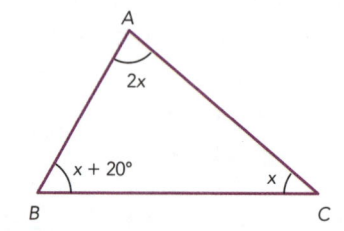

$2x + x + x + 20° = 180°$
$2x + x + x = 180° - 20°$
$4x = 160°$
$x = 40°$

Exercícios de fixação

1. Copie e complete o quadro no caderno, sendo A, B e C ângulos internos de um triângulo.

A	20°	15°		85°	90°	
B	70°		60°	30°		27°
C		125°	60°		52°	41°

2. Observando as figuras, determine x em cada um dos triângulos.

a) (45°, 35°, x)

b) (46°, 46°, x)

c) (70°, x, ângulo reto)

3. Determine x em cada um dos triângulos.

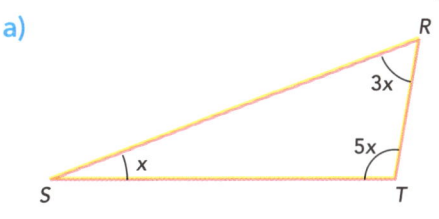

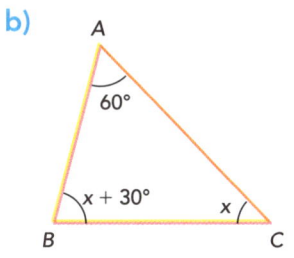

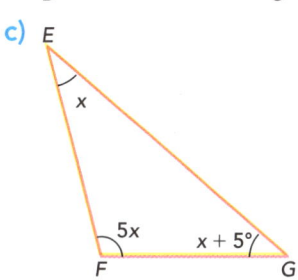

a) Triângulo STR: ângulo S = x, ângulo T = 5x, ângulo R = 3x

b) Triângulo ABC: ângulo A = 60°, ângulo B = x + 30°, ângulo C = x

c) Triângulo EFG: ângulo E = x, ângulo F = 5x, ângulo G = x + 5°

4. Determine x em cada um dos triângulos.

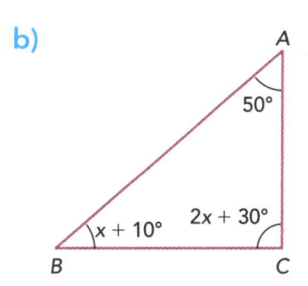

a) Triângulo ABC: ângulo A = 3x, ângulo B = 2x + 25°, ângulo C = 5°

b) Triângulo ABC: ângulo A = 50°, ângulo B = x + 10°, ângulo C = 2x + 30°

5. Calcule a medida dos ângulos indicados pelas letras.

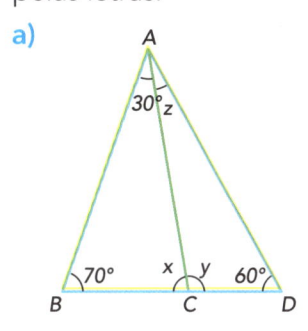

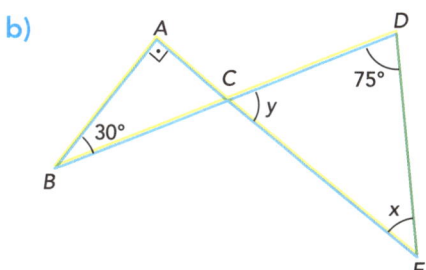

a) Com A (30°, z), B = 70°, em C os ângulos x e y, D = 60°.

b) Triângulos com A (ângulo reto), B = 30°, em C ângulo y, D = 75°, em E ângulo x.

Medida de um ângulo externo

Acompanhe esta atividade com atenção:

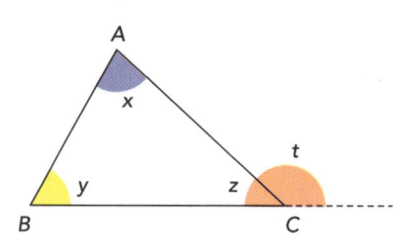

Temos:

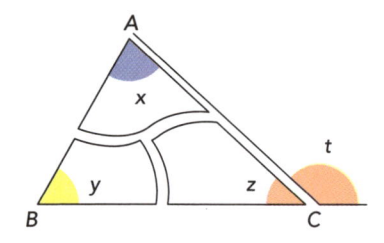

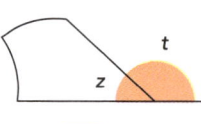

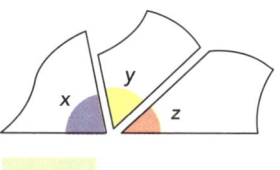

$z + t = 180°$

$x + y + z = 180°$

Logo: $t = x + y$

> A medida de cada ângulo externo de um triângulo é igual à soma das medidas dos dois ângulos internos não adjacentes.

Veja a prova dessa afirmação:

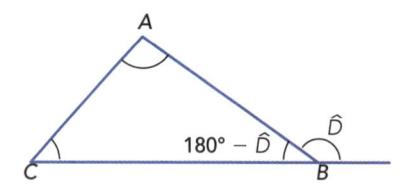

Seja um triângulo ABC qualquer e $\hat{D}$ um de seus ângulos externos. Pela soma das medidas dos ângulos internos, temos:

$$\hat{A} + \hat{C} + (180° - \hat{D}) = 180°$$

$$\hat{A} + \hat{C} + 180° - \hat{D} = 180° \Rightarrow \hat{D} = \hat{A} + \hat{C}$$

VAMOS CALCULAR?

VAMOS!

Exemplo:

Calcule o valor de x no triângulo abaixo.

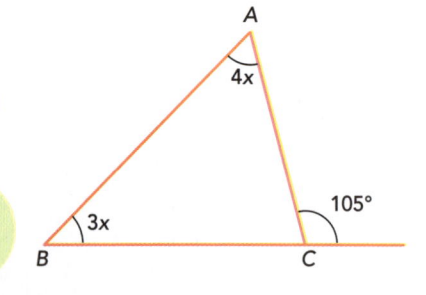

$4x + 3x = 105°$
$7x = 105°$
$x = 15°$

Exercícios de fixação

6. Determine x em cada um dos triângulos.

a) 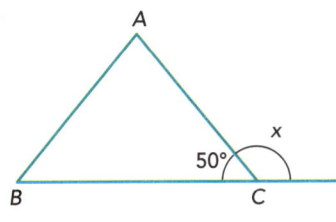 [Triângulo ABC com ângulo interno 50° em C e ângulo externo x em C]

b) 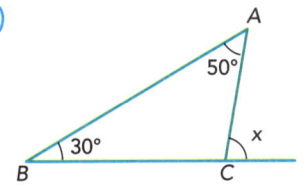 [Triângulo ABC com ângulo 50° em A, 30° em B e ângulo externo x em C]

c) [Triângulo ABC com ângulo 60° em A, 60° em B e ângulo externo x em C]

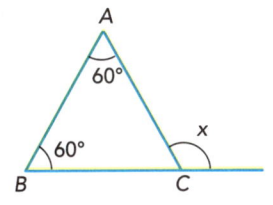

7. Determine x em cada um dos triângulos.

a) 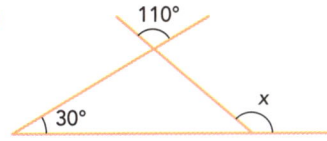 [Triângulo com ângulo externo 110°, ângulo interno 30° e ângulo externo x]

b) 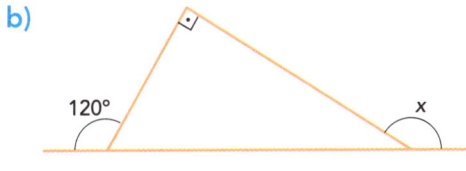 [Triângulo retângulo com ângulo externo 120° e ângulo externo x]

c) 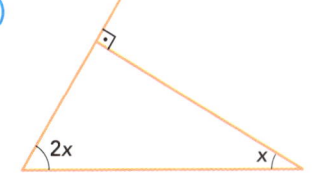 [Triângulo retângulo com ângulos 2x e x]

8. Determine a medida dos ângulos indicados na figura.
[Figura com ângulos w, 60°, z, s, t, y, r, 30°, 35°]

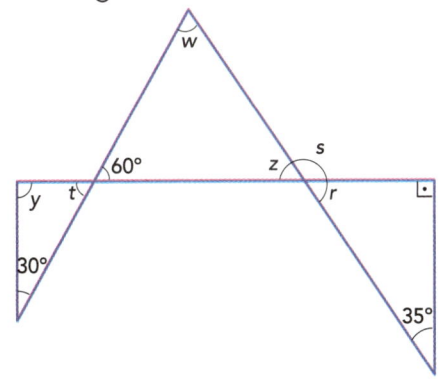

9. Calcule a medida dos ângulos indicados pelas letras.

a) 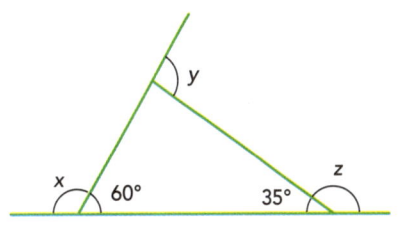 [Figura com x, 60°, y, 35°, z]

b) 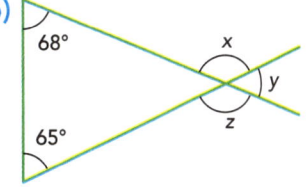 [Figura com 68°, 65°, x, y, z]

10. Determine x em cada um dos triângulos.

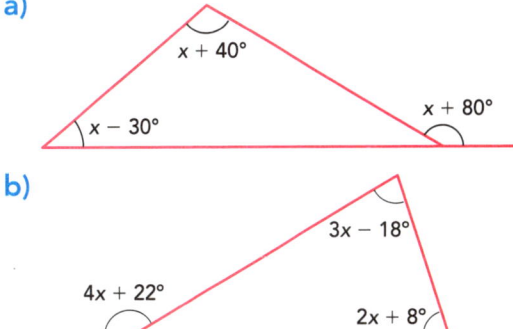

a) [Triângulo com ângulos x + 40°, x − 30°, x + 80°]

b) [Triângulo com ângulos 4x + 22°, 3x − 18°, 2x + 8°]

11. Calcule x.

a) 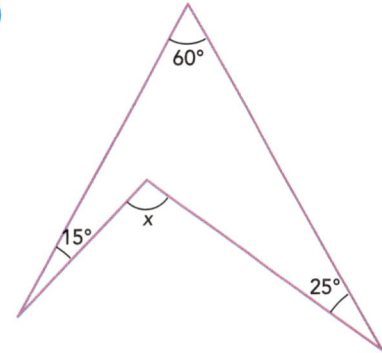 [Figura com 60°, 15°, x, 25°]

b) 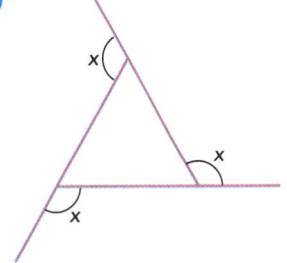 [Figura com três ângulos x]

145

Relação entre lados e ângulos de um triângulo

Veja a comparação entre as medidas dos ângulos e a do lado oposto a cada ângulo do triângulo abaixo:

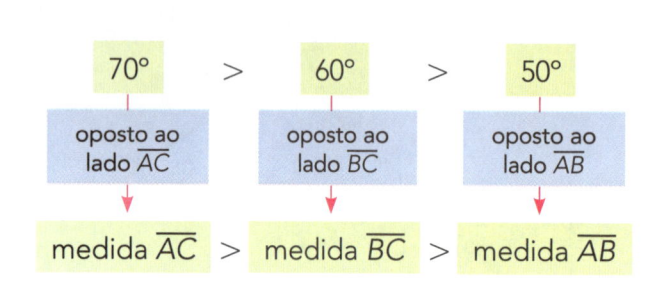

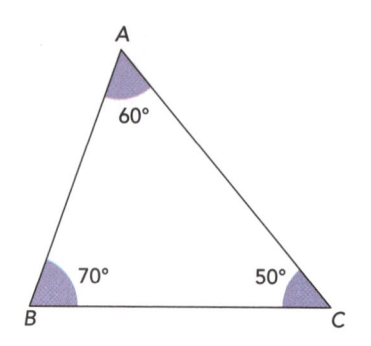

70° > 60° > 50°

oposto ao lado $\overline{AC}$ | oposto ao lado $\overline{BC}$ | oposto ao lado $\overline{AB}$

medida $\overline{AC}$ > medida $\overline{BC}$ > medida $\overline{AB}$

Note que:
- o **maior ângulo** está oposto ao **maior lado** e vice-versa;

ou

- o **menor ângulo** está oposto ao **menor lado** e vice-versa.

> Num triângulo isósceles, aos lados congruentes, opõem-se ângulos congruentes.

Exercícios de fixação

12. Observe os esquadros e responda.

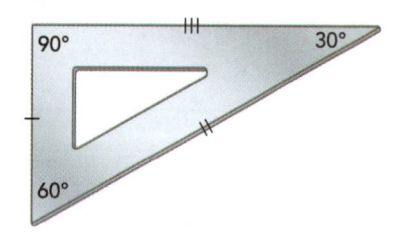

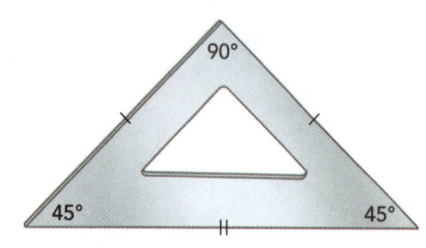

a) Ao **maior ângulo** opõe-se o **maior lado**?

b) Ao **menor ângulo** opõe-se o **menor lado**?

c) Qual é o maior lado de um triângulo retângulo?

d) Se um esquadro tiver dois ângulos congruentes, os lados opostos a esses ângulos também serão congruentes (veja esquadro de 45°)?

13. (Saresp) Observe os dados do triângulo abaixo. É correto afirmar que:

a) $\overline{AB} = \overline{AC}$
b) $\overline{AB}$ é o maior lado.
c) $\overline{AC}$ é o menor lado.
d) $\overline{BC}$ é o maior lado.

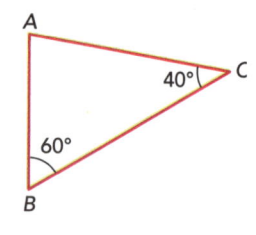

14. O que está **errado** na figura?

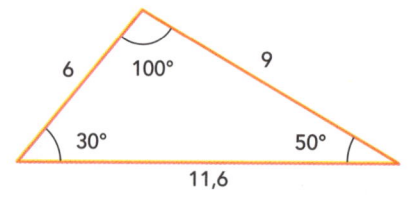

15. Na figura temos AD = DC e AB = AC. Quanto mede o ângulo BÂD?

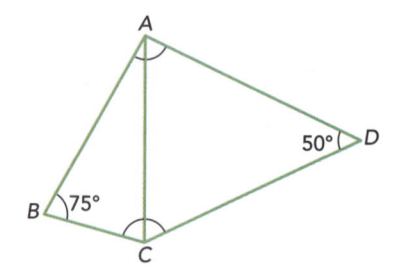

Exercícios complementares

16. Um triângulo retângulo tem dois ângulos de mesma medida. Quanto mede cada ângulo?

17. (Facap-SP) Sabendo que os ângulos internos de um triângulo medem $\frac{5x}{2} - 23°$, $x + 10°$, $2x - 5°$, determine o valor de x.

18. Na figura a seguir estão indicados três ângulos interiores ao triângulo.

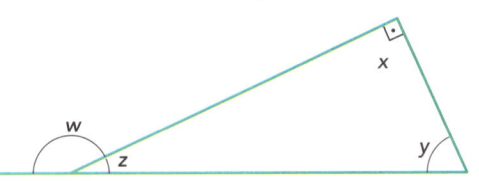

De acordo com a figura, complete:
a) A medida do ângulo x é ☐.
b) O suplemento do ângulo x é igual a ☐.
c) x + y + z é igual a ☐.
d) x + y é igual a ☐.

19. Calcule a medida dos ângulos indicados pelas letras.
a)
b)
c)
d)

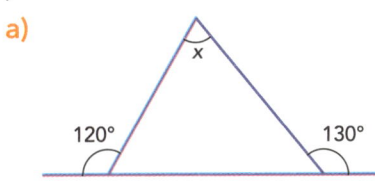

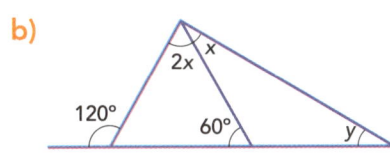

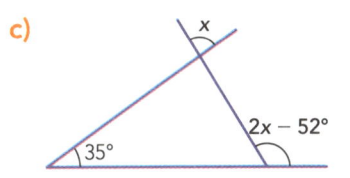

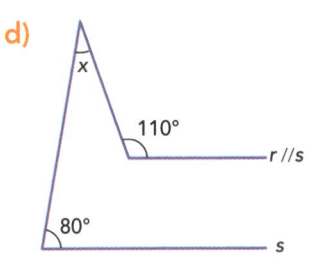

20. (Saresp) O encosto da última poltrona de um ônibus, quando totalmente reclinado, forma um ângulo de 30° com a parede do ônibus (veja a figura abaixo). O ângulo α na figura abaixo mostra o maior valor que o encosto pode reclinar. O valor de α é:
a) 50°.
b) 90°.
c) 100°.
d) 120°.

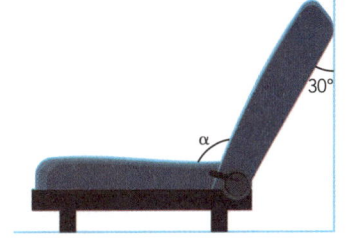

21. A caixa da figura está suspensa por duas cordas de mesma medida e presas no teto. Se o ângulo entre as cordas é de 30°, então o ângulo y, formado pela corda e o teto, mede:

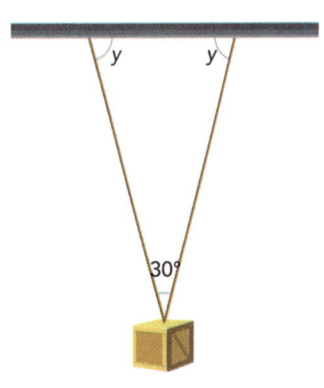

a) 60°.   b) 75°.   c) 80°.   d) 100°.

22. (Saresp) A estrela da figura abaixo tem seis pontas. A soma dos ângulos A, B, C, D, E e F, das pontas dessa estrela mede:

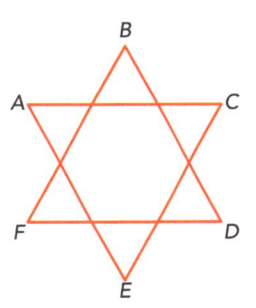

a) 180°.
b) 360°.
c) mais do que 360°.
d) menos do que 180°.

Panorama

23. (Sesi-SP) Mozart fez uma pipa, juntando dois triângulos equiláteros, como mostra a figura.

O ângulo α é:
a) agudo e mede 90°.
b) obtuso e mede 60°.
c) obtuso e mede 120°.
d) obtuso e mede 150°.

24. (PUC-SP) Os ângulos de um triângulo medem 3x, 4x e 5x. O menor desses ângulos mede:
a) 15°   b) 18°   c) 30°   d) 45°

25. (UEL-PR) Os ângulos internos de um triângulo medem, em graus, A, B e C. Se A tem 25 graus a mais que B, e C tem 9 graus a menos que o dobro de B, então B é igual a:
a) 41°   b) 59°   c) 66°   d) 73°

26. (FMU-SP) Sabemos que se trata de um triângulo qualquer. Então, podemos afirmar que x é igual a:

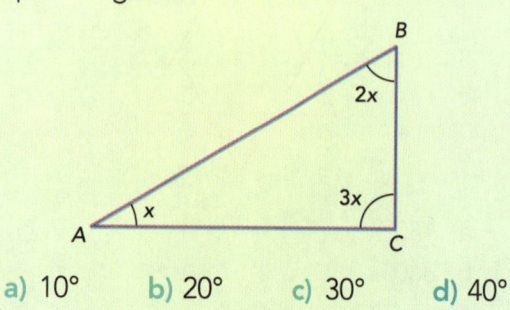

a) 10°   b) 20°   c) 30°   d) 40°

27. O valor de x na figura é:
a) 50°.
b) 60°.
c) 70°.
d) 100°.

28. (PUC-SP) Quanto mede o ângulo x?
a) 30°
b) 50°
c) 80°
d) 100°

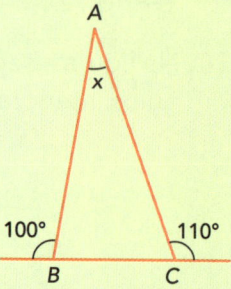

29. (UFMA) As retas r e s da figura são paralelas. Qual é a medida do ângulo x?
a) 50°
b) 70°
c) 110°
d) 130°

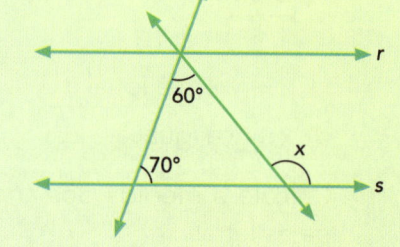

30. (SEE-SP) A medida x, do ângulo assinalado na figura abaixo, é igual a:
a) 118°
b) 125°
c) 132°
d) 133°

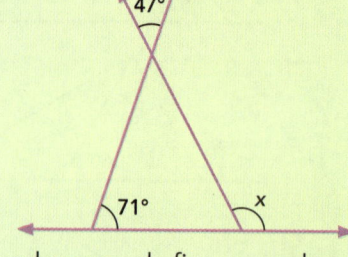

31. (UFMG) Os ângulos x e y da figura medem:
a) x = 20°, y = 30°
b) x = 20°, y = 20°
c) x = 30°, y = 20°
d) x = 60°, y = 20°

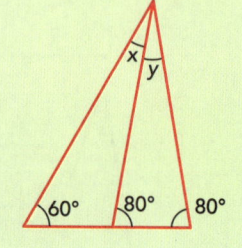

32. (Mack-SP) Na figura, $\overline{DE}$ é paralelo a $\overline{BC}$. O valor de x é:
a) 60°   b) 70°   c) 80°   d) 90°

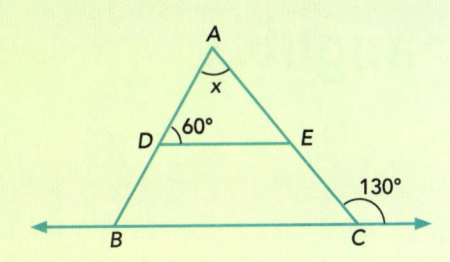

33. (UFG-GO) Na figura abaixo as retas r e s são paralelas. A medida do ângulo b é:
a) 100°   b) 110°   c) 120°   d) 140°

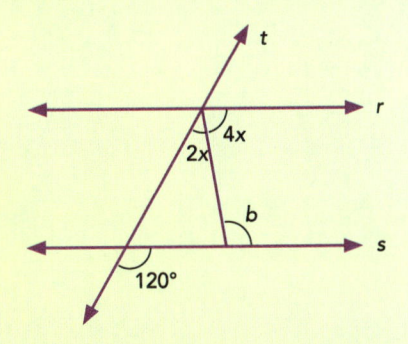

34. (Saresp) Na figura, o triângulo BDC é equilátero e o triângulo ABD é isósceles (AB = BD). A medida do ângulo interno A é igual a:
a) 30°   b) 20°   c) 45°   d) 60°

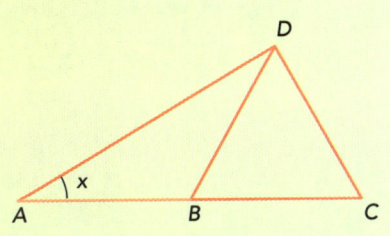

35. (UFMG) Na figura, o valor de 3y − x, em graus, é:
a) 8°   b) 10°   c) 12°   d) 16°

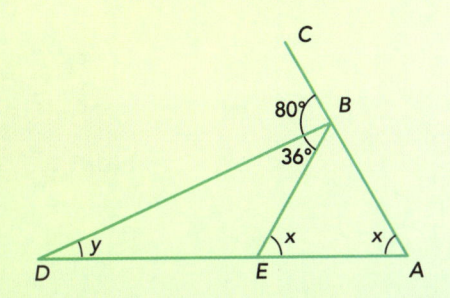

36. A medida, em graus, do ângulo x é:
a) 30.   b) 35.   c) 40.   d) 45.

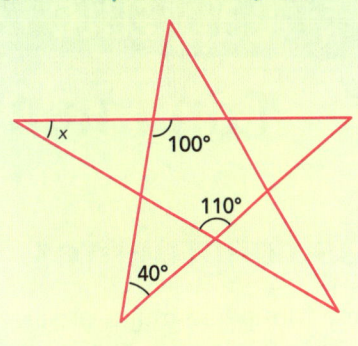

37. Quanto vale a soma dos 10 ângulos indicados na figura?
a) 360°   b) 600°   c) 720°   d) 900°

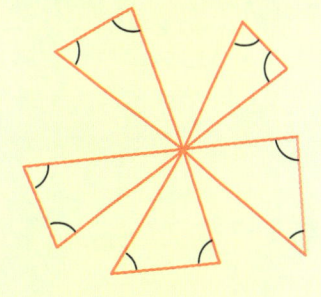

38. (UMC-SP) Na figura abaixo, a medida do ângulo x é:
a) 70°   b) 80°   c) 100°   d) 120°

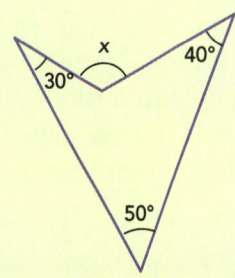

39. (Unirio-RJ) As retas r_1 e r_2 são paralelas. O valor do ângulo α, apresentado na figura abaixo, é:
a) 40°   b) 45°   c) 50°   d) 65°

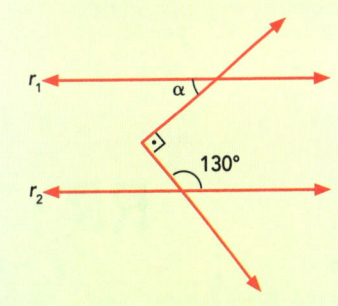

Capítulo 20
Congruência de triângulos

Figuras congruentes

De uma forma não muito precisa, dizemos que duas figuras geométricas são congruentes se têm a "mesma forma" e o "mesmo tamanho". São exemplos de figuras congruentes os retângulos abaixo que têm as mesmas dimensões: A e F; B e E; C e D.

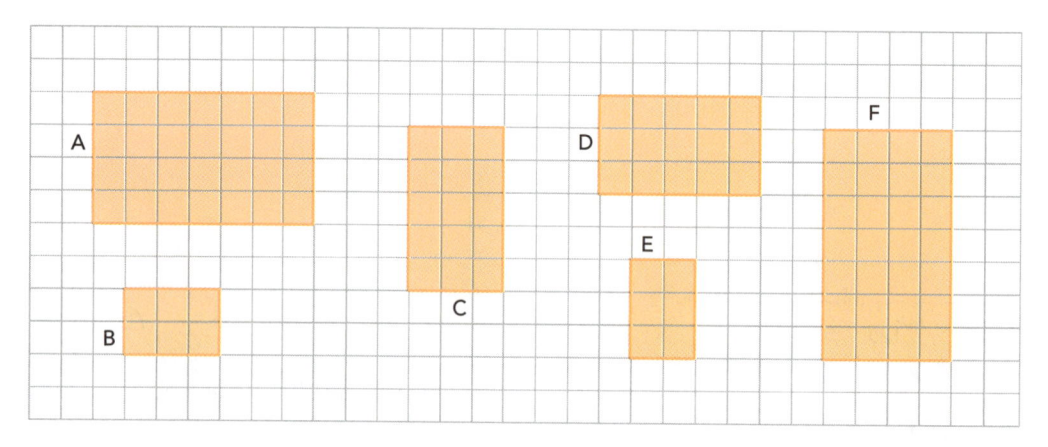

Vejamos outra situação: pegue duas folhas de papel retangulares iguais. Dobre a primeira ao meio no sentido do comprimento e pinte; dobre a segunda ao meio no sentido da largura e pinte. Perceba que estas duas metades de folhas pintadas têm:
- a mesma forma (são retangulares);
- a mesma área (cada uma delas é metade da folha).

No entanto, **não** são figuras congruentes. Então podemos dizer que:

> Duas figuras planas são congruentes se, sobrepostas, coincidirem ponto por ponto.

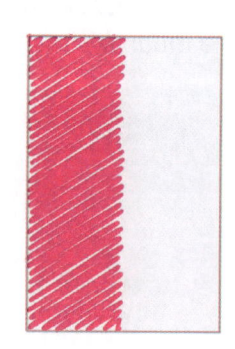

As figuras acima são congruentes porque, sobrepostas, coincidem.

Aqui tem mais

A ideia de igualdade é intuitiva. Quando dizemos que dois carros são iguais, queremos dizer que têm as mesmas medidas, o mesmo formato, a mesma cor etc. No entanto, os carros são diferentes, pois as peças de um não estão no outro.

Em Matemática, dizemos que duas figuras geométricas são **congruentes** quando podemos sobrepor uma à outra, fazendo com que elas coincidam. Por exemplo, os triângulos abaixo são congruentes; não são iguais porque não são formados pelo mesmo conjunto de pontos.

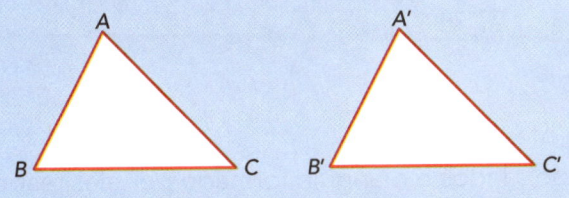

> VAMOS DIFERENCIAR O CONCEITO DE FIGURAS IGUAIS E FIGURAS CONGRUENTES.

> UMA FIGURA (COM UM CONJUNTO DE PONTOS) SÓ É IGUAL A SI PRÓPRIA.

Os triângulos que têm todas as medidas – dos lados e dos ângulos correspondentes – iguais são congruentes.

Congruência de triângulos

Observemos os triângulos abaixo:

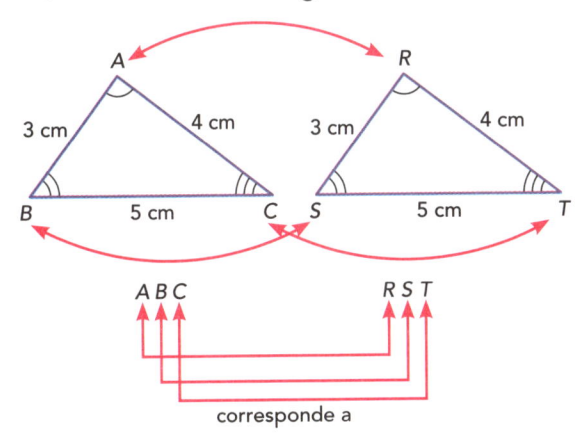

A B C corresponde a *R S T*

Fazemos sinais gráficos iguais em ângulos e lados que são congruentes.

Sobrepondo os triângulos, os vértices coincidem. Indicamos que esses dois triângulos são congruentes assim:

$$\triangle ABC \equiv \triangle RST$$

símbolo de congruência

> Se dois triângulos têm os três lados respectivamente congruentes e os três ângulos respectivamente congruentes, eles são congruentes.

$$\triangle ABC \equiv \triangle RST \Rightarrow \begin{array}{l} \overline{AB} \equiv \overline{RS} \\ \overline{BC} \equiv \overline{ST} \\ \overline{AC} \equiv \overline{RT} \end{array} \text{ e } \begin{array}{l} \hat{A} \equiv \hat{R} \\ \hat{B} \equiv \hat{S} \\ \hat{C} \equiv \hat{T} \end{array}$$

Casos de congruência de triângulos

Para verificar se dois triângulos são congruentes, não é necessário verificar se todos os lados e todos os ângulos são respectivamente congruentes.

Basta conhecer apenas três de seus elementos, nas condições que apresentamos a seguir.

1º caso: Os três lados (LLL)

Dois triângulos são congruentes quando têm os três lados respectivamente congruentes.

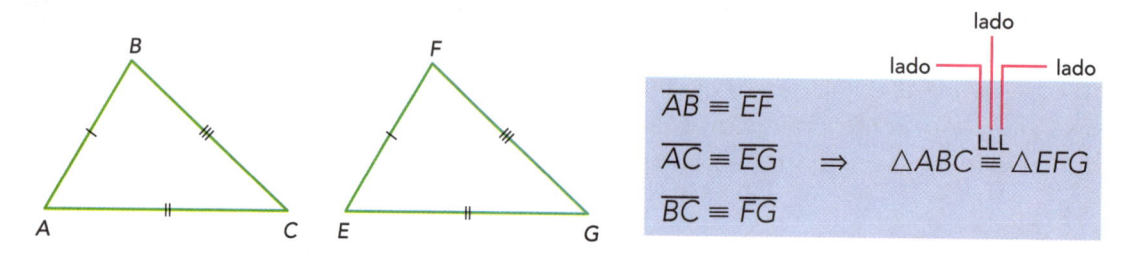

$$\overline{AB} \equiv \overline{EF}$$
$$\overline{AC} \equiv \overline{EG} \Rightarrow \triangle ABC \stackrel{LLL}{\equiv} \triangle EFG$$
$$\overline{BC} \equiv \overline{FG}$$

2º caso: Dois lados e o ângulo por eles formado (LAL)

Dois triângulos são congruentes quando têm dois lados e o ângulo formado por eles respectivamente congruentes.

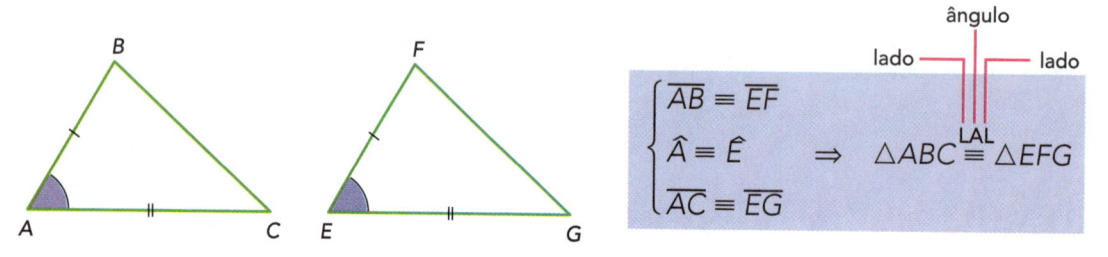

$$\begin{cases} \overline{AB} \equiv \overline{EF} \\ \hat{A} \equiv \hat{E} \\ \overline{AC} \equiv \overline{EG} \end{cases} \Rightarrow \triangle ABC \stackrel{LAL}{\equiv} \triangle EFG$$

3º caso: Dois ângulos e o lado comum a esses ângulos (ALA)

Dois triângulos são congruentes quando têm um lado e dois ângulos adjacentes a esse lado respectivamente congruentes.

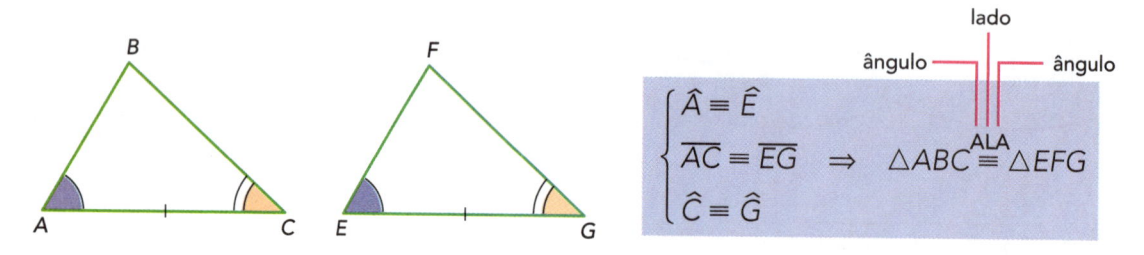

$$\begin{cases} \hat{A} \equiv \hat{E} \\ \overline{AC} \equiv \overline{EG} \\ \hat{C} \equiv \hat{G} \end{cases} \Rightarrow \triangle ABC \stackrel{ALA}{\equiv} \triangle EFG$$

4º caso: Dois ângulos e um lado oposto a um desses ângulos (LAA$_o$)

Dois triângulos são congruentes quando têm um lado, um ângulo adjacente e um ângulo oposto a esse lado respectivamente congruentes.

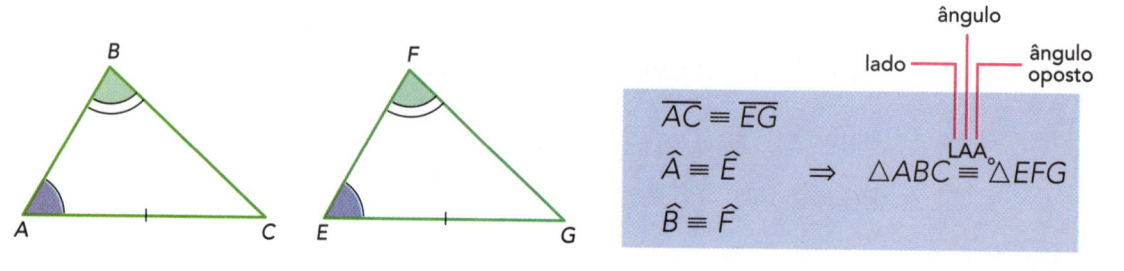

$$\begin{cases} \overline{AC} \equiv \overline{EG} \\ \hat{A} \equiv \hat{E} \\ \hat{B} \equiv \hat{F} \end{cases} \Rightarrow \triangle ABC \stackrel{LAA_o}{\equiv} \triangle EFG$$

Exercícios de fixação

1. Quais dos seguintes pares de figuras são congruentes?

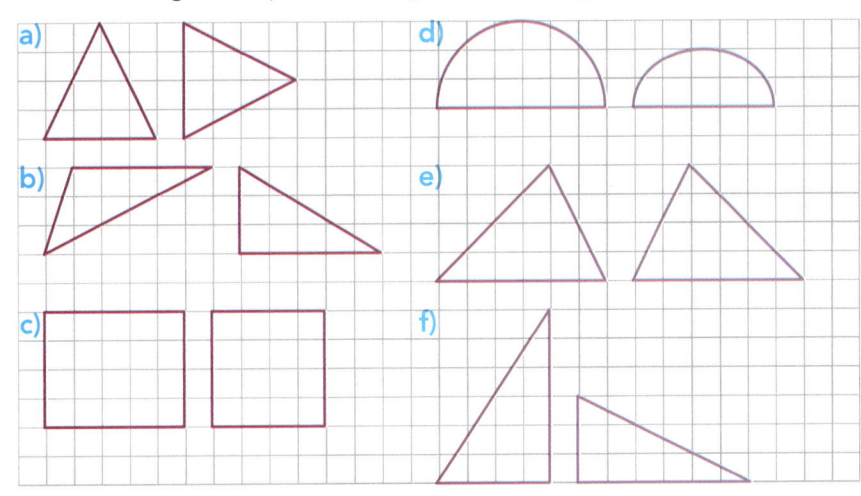

a) b) c) d) e) f)

É HORA DO EXERCÍCIO!

2. Responda.
   a) Dois triângulos congruentes têm o mesmo perímetro?
   b) Dois triângulos congruentes têm a mesma área?
   c) Para verificar se dois triângulos são congruentes, é necessário verificar a congruência dos seis elementos (3 lados e 3 ângulos)?

3. Indique o caso de congruência.

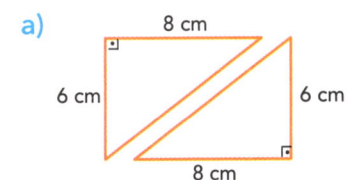

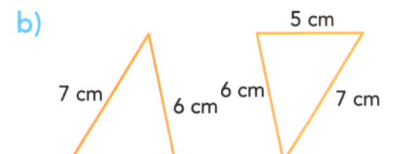

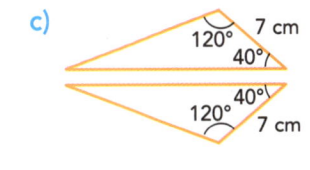

a) 8 cm, 6 cm, 6 cm, 8 cm
b) 5 cm, 7 cm, 6 cm, 6 cm, 7 cm, 5 cm
c) 120°, 7 cm, 40°, 40°, 120°, 7 cm

4. (Espcex-SP) Abaixo temos o triângulo ABC e os triângulos designados pelos códigos 1, 2, 4, 8, 16 e 32. Indique os triângulos que, com certeza, são congruentes com o triângulo ABC.

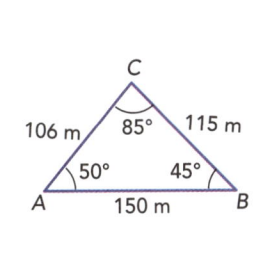

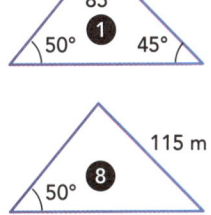

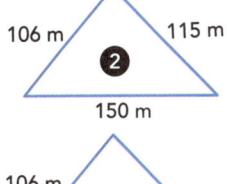

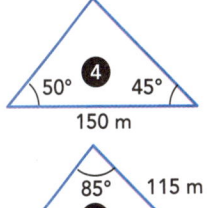

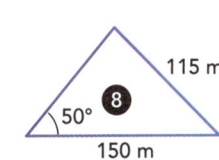

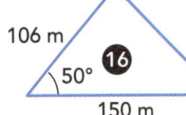

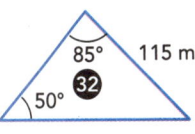

Triângulo ABC: C, 106 m, 85°, 115 m, 50°, 45°, A, 150 m, B

① 85°, 50°, 45°
② 106 m, 115 m, 150 m
④ 50°, 45°, 150 m
⑧ 115 m, 50°, 150 m
⑯ 106 m, 50°, 150 m
㉜ 85°, 115 m, 50°, 150 m

5. Se você sabe que dois triângulos têm os três ângulos medindo respectivamente 40°, 60° e 80°, poderá concluir que esses triângulos são congruentes?

6. Sabendo que o triângulo ABC é congruente ao triângulo RTS, calcule o valor de x, y e z.

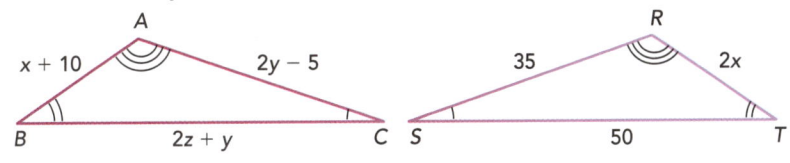

Triângulo ABC: A, $x + 10$, $2y - 5$, B, $2z + y$, C
Triângulo RTS: R, 35, $2x$, S, 50, T

153

Aqui tem mais

Simetrias no mundo

As simetrias não surgem apenas em diferentes figuras geométricas, mas aparecem em diversas situações.

Existem, na natureza, muitos seres nos quais podemos encontrar simetrias e que impressionam por sua beleza. Nosso corpo também está associado a uma ideia de simetria em relação a um eixo vertical, dando a sensação de equilíbrio, estabilidade e harmonia.

Os diferentes tipos de simetria existem também nos monumentos e nas obras de arte realizados pelo ser humano. Também aparecem na publicidade, como nos logotipos de empresas. Você se lembra de algum?

Veja alguns exemplos de simetria.

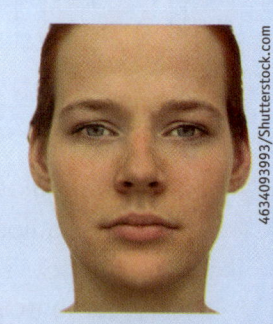

Mosaico no interior do Real Gabinete Português de Leitura, Rio de Janeiro (RJ).

Templo Heian Jingu, Kyoto, Japão.

Exercícios complementares

7. O **eixo de simetria** de uma figura é uma reta que a divide em duas partes congruentes. Observe:

A reta **r** é o **eixo de simetria** desta figura.

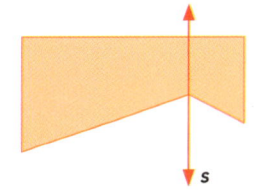

Nesta figura não existe simetria. A reta **s** não é eixo de simetria.

Utilizando essa informação, complete a figura ao lado, sabendo que a reta r é eixo de simetria.

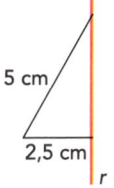

5 cm
2,5 cm

8. Leia a informação e responda:

> Há triângulos que não têm eixo de simetria; outros tem apenas um; e há outros ainda que têm mais do que um.

Para cada triângulo, indique se ele admite eixo de simetria e quantos eixos possui.

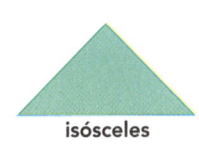

escaleno   isósceles   equilátero

9. (Saresp) No triângulo ABC foram marcados os pontos médios de cada lado (M, N, P) e traçado o triângulo MNP.
O número de triângulos congruentes obtidos é:

a) 2
b) 3
c) 4
d) 5

10. (Saresp) Na figura abaixo, os triângulos ABC e DEF são simétricos em relação à reta r.
Observando a figura é correto afirmar que:

a) o ângulo E mede 80°.
b) o ângulo D mede 30°.
c) o ângulo F mede 70°.
d) o lado DE mede 8 cm.

11. (Saresp) Nos triângulos CEM e SOM estão assinalados com marcas iguais os lados que são congruentes. O ponto M pertence ao segmento CS.
Responda:

a) Qual a medida de x?
b) Qual a medida de y?

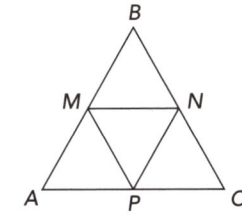

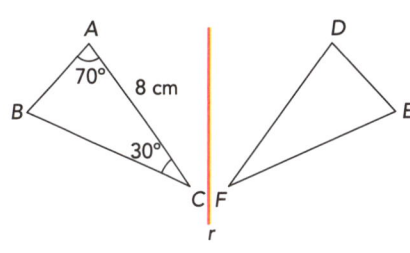

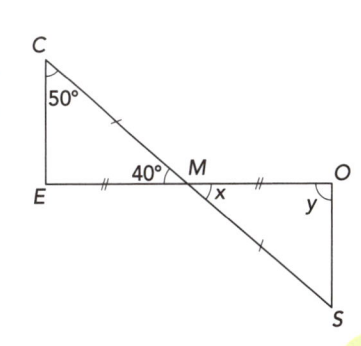

Exercícios selecionados

12. Responda **sim** ou **não**.

a) Se você sabe que dois triângulos têm, cada um, um lado de 3 cm e outro de 5 cm, você pode concluir que esses triângulos são congruentes?

b) Se você sabe que dois triângulos têm, cada um, um lado de 7 cm e um ângulo de 30°, você pode concluir que esses triângulos são congruentes?

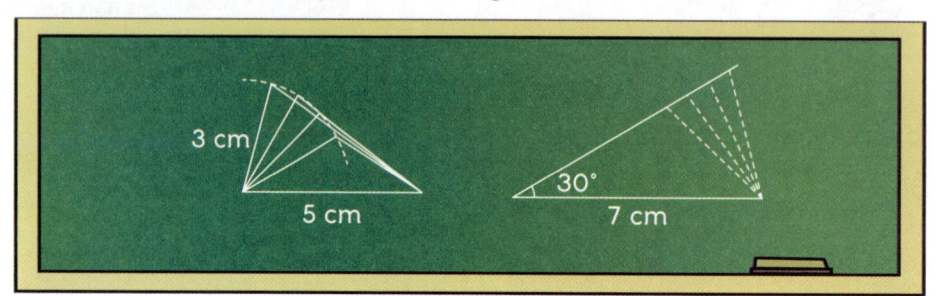

13. Indique o caso de congruência.

a)

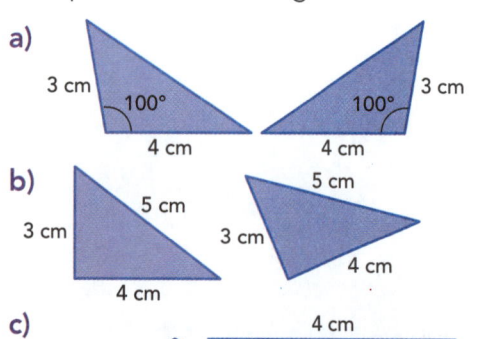

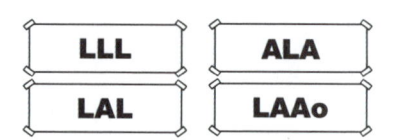

b)

c)

d)

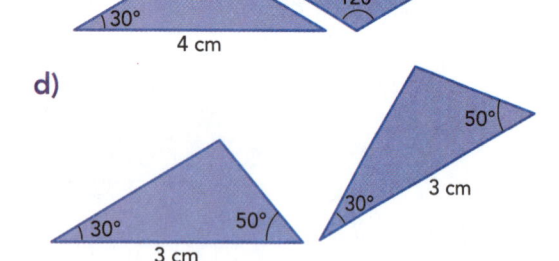

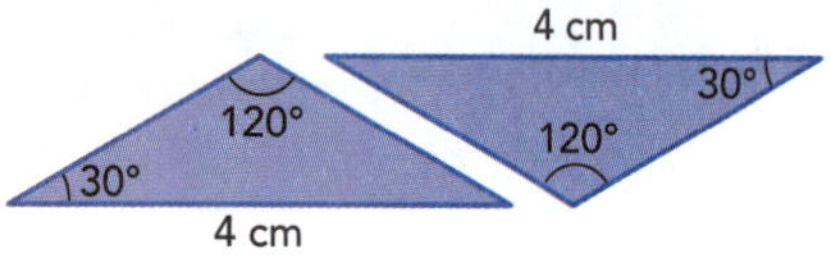

| LLL | ALA |
| LAL | LAAo |

14. Determine o valor de x sabendo que os pares de triângulos representados são congruentes.

a)

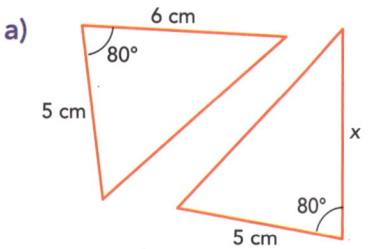

b)

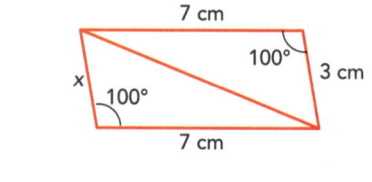

15. Na figura, o triângulo ABC é congruente ao triângulo EDC. Determine o valor de x e y.

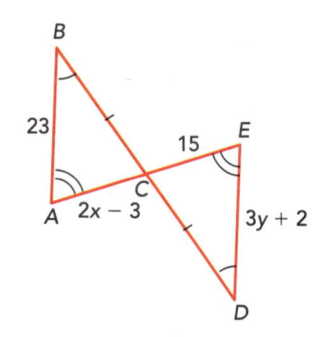

Panorama

16. Dois triângulos congruentes têm:
   a) mesma área e perímetros diferentes.
   b) mesmo perímetro e áreas diferentes.
   c) mesmo perímetro e mesma área.
   d) nenhuma das alternativas anteriores.

17. (Saresp) Na figura abaixo, o triângulo ABC é isósceles e $\overline{BD} \equiv \overline{DE} \equiv \overline{EC}$. Nestas condições, os triângulos:

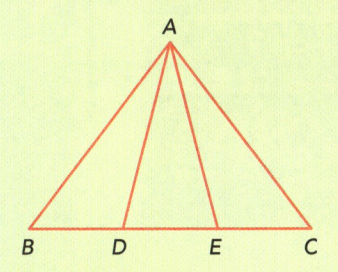

   a) ABD e ADE são congruentes.
   b) ABD e AEC são congruentes.
   c) ADE e AEC são congruentes.
   d) ABD e ABC são equivalentes.

18. Os triângulos ABC e DEC são congruentes. O perímetro da figura ABDECA é:

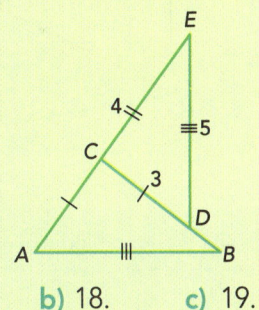

   a) 17.   b) 18.   c) 19.   d) 21.

19. Os triângulos ABC e EFG são congruentes. Então x e y são, respectivamente, iguais a:

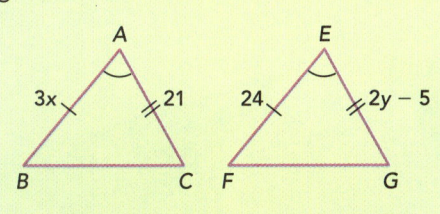

   a) 8 e 8.   c) 7 e 15.
   b) 6 e 11.   d) 8 e 13.

20. (PUC-SP) Na figura $BC \equiv CA \equiv AD \equiv DE$. O ângulo $C\hat{A}D$ mede:

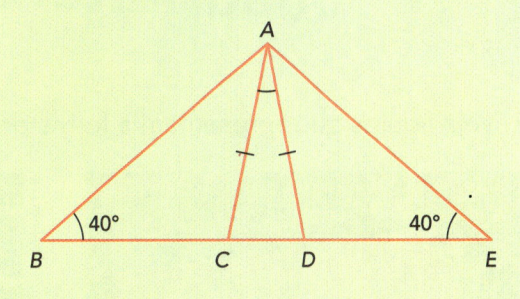

   a) 10°   c) 30°
   b) 20°   d) 40°

21. Os triângulos ABD e CDB são congruentes. Então x e y são, respectivamente, iguais a:

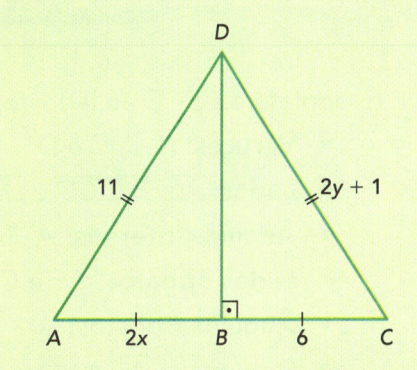

   a) 3 e 5.   c) 3 e 6.
   b) 5 e 3.   d) 8 e 6.

22. Os triângulos ABC e EDC são congruentes. Então x + y é igual a:

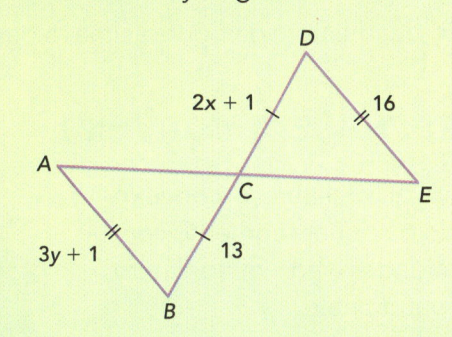

   a) 10.   c) 13.
   b) 11.   d) 15.

Capítulo 24
Quadriláteros

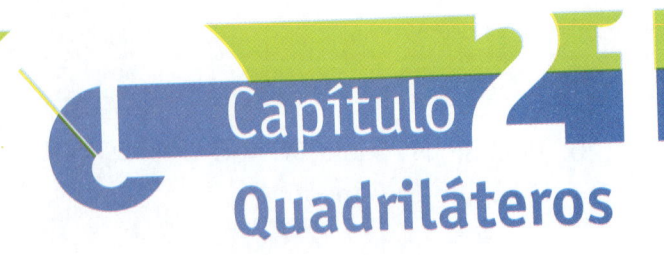

Veja figuras que apresentam a forma de quadriláteros.

Quadrilátero é um polígono de quatro lados.

No quadrilátero ABCD ao lado, temos:
- **Vértices:** A, B, C e D
- **Lados:** $\overline{AB}$, $\overline{BC}$, $\overline{CD}$ e $\overline{DA}$
- **Ângulos internos:** $\hat{A}$, $\hat{B}$, $\hat{C}$ e $\hat{D}$
- **Lados opostos:** $\overline{AB}$ e $\overline{CD}$, $\overline{AD}$ e $\overline{BC}$
- **Ângulos opostos:** $\hat{A}$ e $\hat{C}$, $\hat{B}$ e $\hat{D}$
- **Diagonais:** $\overline{AC}$ e $\overline{BD}$

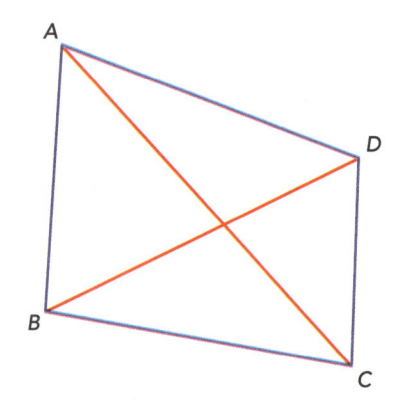

Diagonais são segmentos que unem dois vértices não consecutivos de um polígono.

No quadrilátero da figura acima, o perímetro é: AB + BC + CD + DA.

Quadrilátero convexo

Um quadrilátero é **convexo** quando qualquer segmento com extremidades no quadrilátero está contido nele.

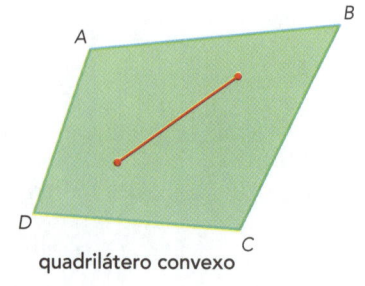

quadrilátero convexo 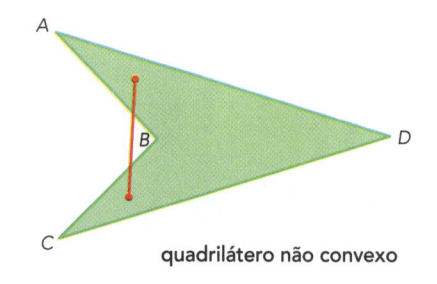   quadrilátero não convexo

Estudaremos apenas os quadriláteros convexos.

Aqui tem mais

Durante uma campanha eleitoral, um candidato a prefeito prometeu duplicar a área da praça de esportes de um bairro. Um de seus oponentes acusou-o de fazer uma falsa promessa, já que a praça era quadrada e as quatro árvores existentes nos vértices não poderiam ser derrubadas, por exigência da lei ambiental, e precisariam ser mantidas fora da área de utilização da praça esportiva.

Visualize a representação dessa praça:

Uma comissão de moradores voltou a procurar o primeiro candidato e expôs o questionamento do seu adversário.

Para garantir que sua promessa era viável, o primeiro candidato mostrou à comissão o seguinte projeto, que já havia encomendado a um arquiteto:

Perceba que os lados do quadrado *ABCD* são paralelos às diagonais do quadrado dado. Repare ainda que, do quadrado original para o quadrado *ABCD*, a área dobrou e as quatro árvores permanecem fora da praça.

Soma das medidas dos ângulos internos de um quadrilátero

Paul Klee. *Thomas Landhaus*, 1927. Aquarela sobre papel, 31,1cm × 46,7 cm.

ABCD é um quadrilátero convexo e a diagonal $\overline{AC}$ o divide em dois triângulos. Veja:

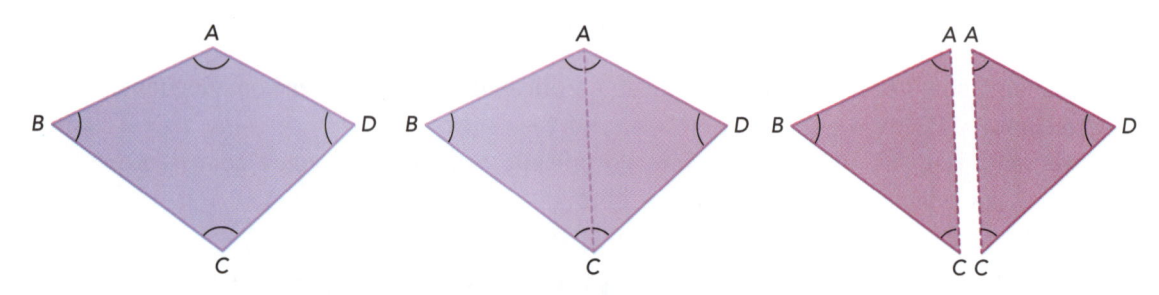

A soma dos ângulos internos dos **dois** triângulos é a soma dos ângulos internos do quadrilátero. Então:

> A soma das medidas dos ângulos internos de um quadrilátero é 180° + 180° = 360°.

Tarefa especial

Desenhe um quadrilátero em uma folha de papel e pinte seus ângulos internos, um de cada cor. Recorte o quadrilátero como mostra a figura **2**, e reúna as partes em torno de um ponto (figura **3**).

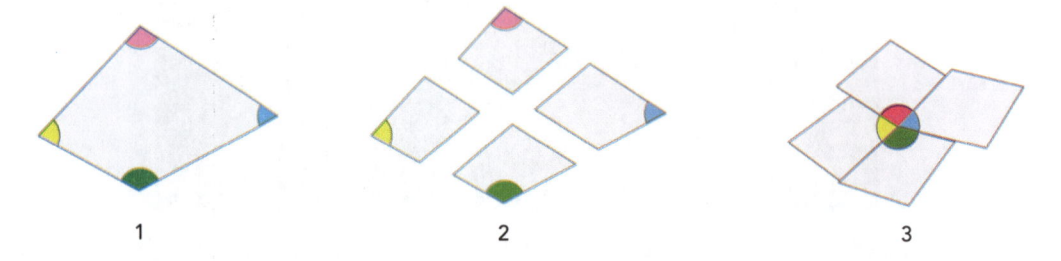

1   2   3

Os quatro ângulos reunidos formam um ângulo de 360°. Constatamos experimentalmente a propriedade que vimos acima.

Exercícios de fixação

1. Observe o quadrilátero ABCD e responda.

   a) Qual é o lado oposto a $\overline{BD}$?
   b) Qual é o lado oposto a $\overline{AB}$?
   c) Qual é o ângulo oposto ao ângulo $\hat{A}$?
   d) Qual é o ângulo oposto ao ângulo $\hat{C}$?

2. O perímetro do retângulo abaixo é 26 cm. Qual é o valor de x nesse retângulo?

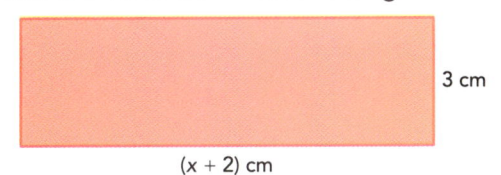

   (3 cm; (x + 2) cm)

3. O perímetro de um quadrilátero mede 48 cm. Quanto mede cada lado se as medidas são representadas por x, x + 1, x + 2 e 2x − 5?

4. Quantos quadradinhos haverá na figura 8?

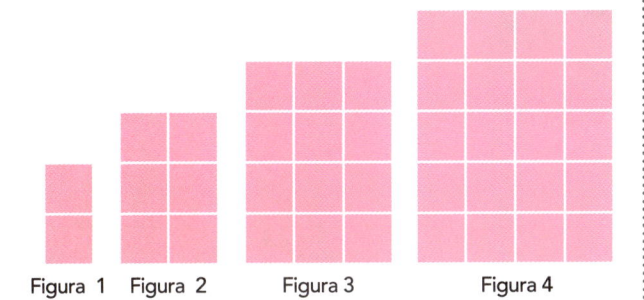

   Figura 1   Figura 2   Figura 3   Figura 4

5. A figura representa uma malha de paralelogramos todos congruentes. Qual é o comprimento do caminho que vai de **A** para **B**?

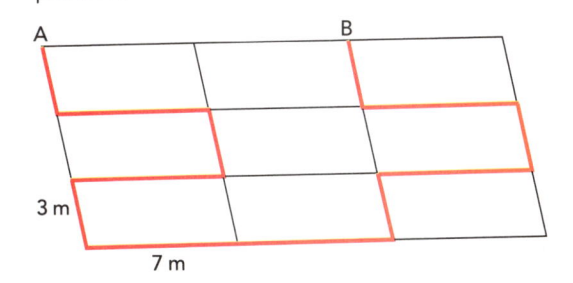

   (3 m; 7 m)

6. Calcule o valor de x nos quadriláteros.

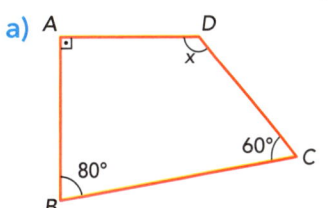

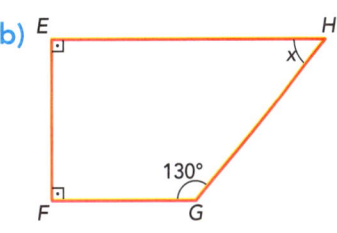

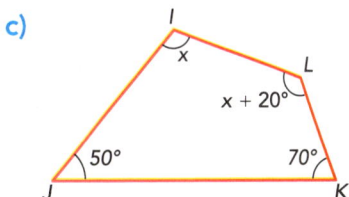

   a) A, B (80°), C (60°), D (x)
   b) E, F, G (130°), H (x)
   c) I (x), J (50°), K (70°), L (x + 20°)

7. Determine os ângulos indicados pelas letras.

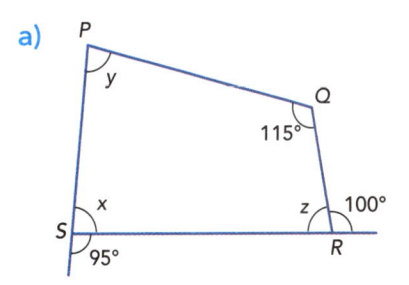

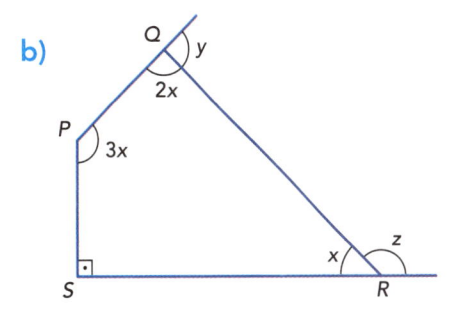

   a) P (y), Q (115°), R (z, 100°), S (x, 95°)
   b) P (3x), Q (2x, y), S, R (x, z)

8. Calcule x na figura.

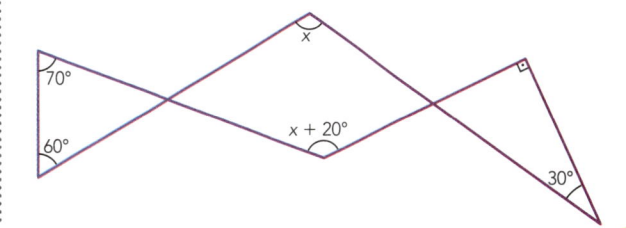

   (70°, 60°, x, x + 20°, 30°)

Paralelogramo

Paralelogramo é o quadrilátero que tem os lados opostos paralelos. Na figura, temos:

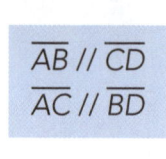

$\overline{AB} \; // \; \overline{CD}$
$\overline{AC} \; // \; \overline{BD}$

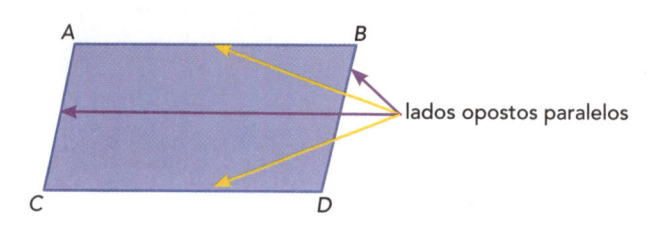

lados opostos paralelos

Os paralelogramos que recebem nomes especiais são os seguintes:
- **losango** que tem os quatro lados congruentes;
- **retângulo** que tem quatro ângulos retos;
- **quadrado** que tem os quatro lados congruentes e os quatro ângulos retos.

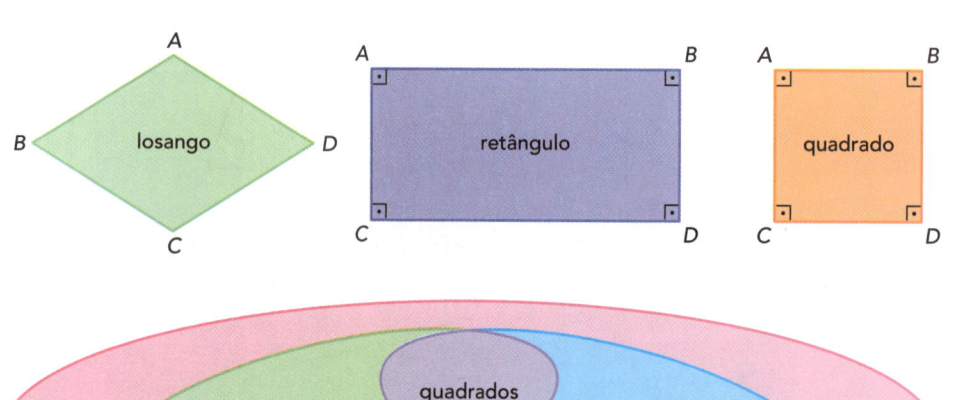

Todo quadrado é um losango.
Todo quadrado é um retângulo.

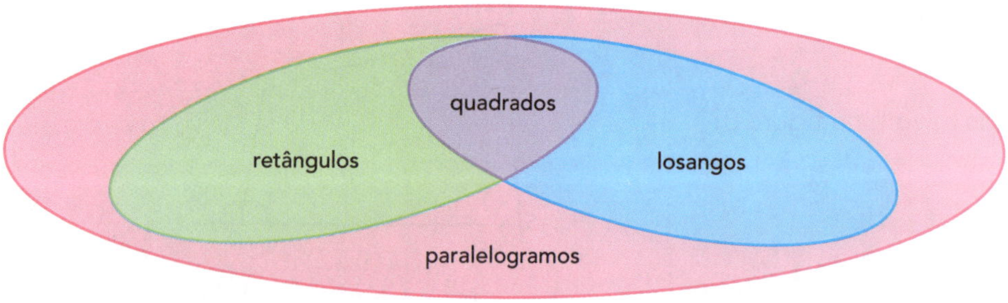

Propriedades dos paralelogramos

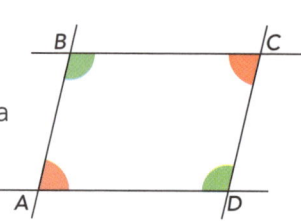

Todo paralelogramo tem as propriedades importantes descritas a seguir:
- Lados opostos congruentes: $\overline{AB} \equiv \overline{CD}$ e $\overline{AD} \equiv \overline{BC}$
- Ângulos opostos congruentes: $\hat{A} \equiv \hat{C}$ e $\hat{B} \equiv \hat{D}$
- Ângulos consecutivos suplementares: $\hat{A} + \hat{B} = 180°$ $\hat{A} + \hat{D} = 180°$
$\hat{C} + \hat{D} = 180°$ $\hat{B} + \hat{C} = 180°$

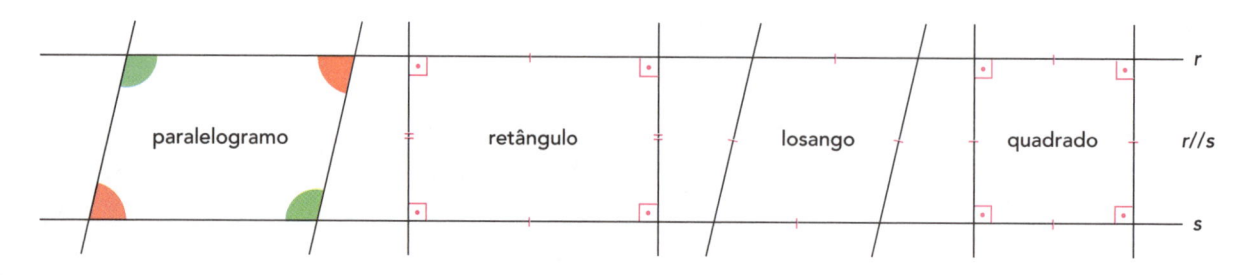

Exercícios de fixação

9. Responda.

a) SOU UM QUADRADO. DEVO FICAR CHATEADO QUANDO ME CHAMAM DE RETÂNGULO?

b) SOU UM LOSANGO. SERÁ QUE PODEM ME CHAMAR DE PARALELOGRAMO?

10. Dado o paralelogramo ABCD, calcule os ângulos indicados pelas letras.

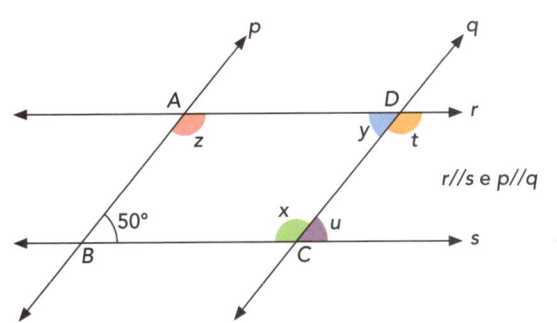

r // s e p // q

Os ângulos opostos pelo vértice são congruentes?

11. Calcule os ângulos indicados nos paralelogramos.

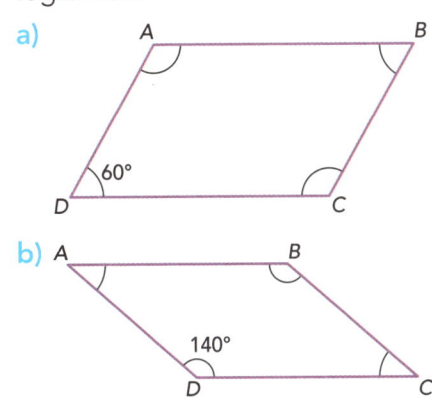

a) 60°

b) 140°

12. Calcule o valor de x, y, z e w nos paralelogramos.

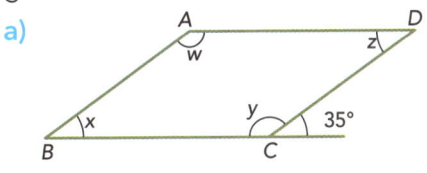

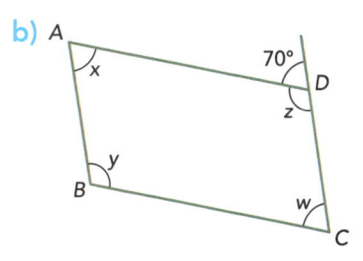

a) 35°

13. Calcule o valor de x, y, z e w nos losangos.

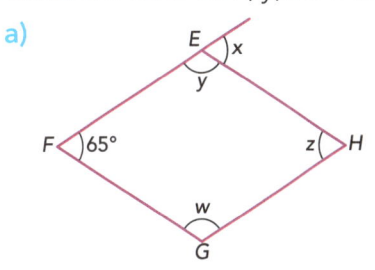

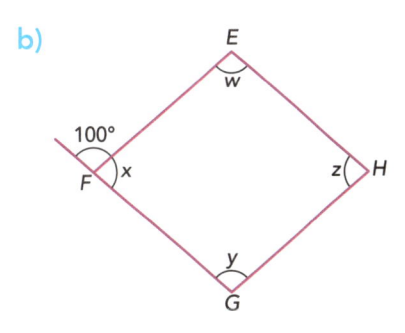

a) 65°

b) 100°

14. Observe a figura e calcule o valor de x nos paralelogramos abaixo dela.

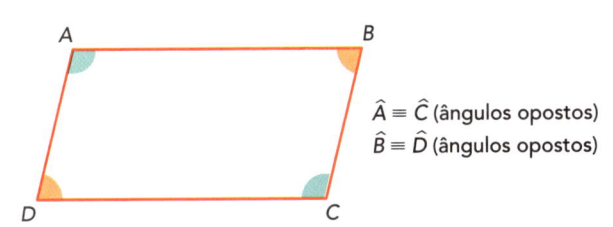

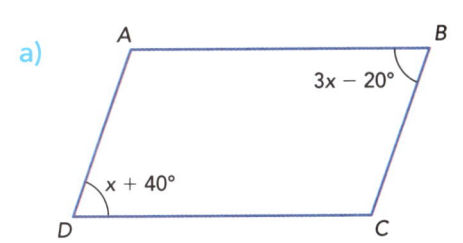

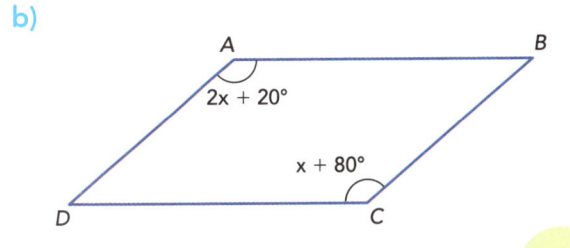

$\hat{A} \equiv \hat{C}$ (ângulos opostos)
$\hat{B} \equiv \hat{D}$ (ângulos opostos)

a) $3x - 20°$; $x + 40°$

b) $2x + 20°$; $x + 80°$

163

Trapézio

Trapézio é o quadrilátero que tem apenas dois lados paralelos.

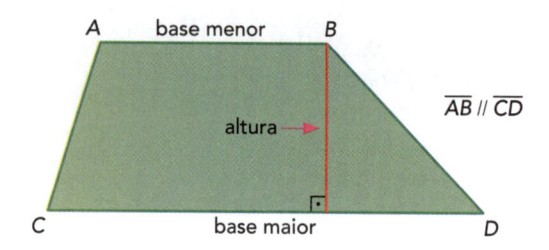

Os lados paralelos são chamados **bases**, e a distância entre as duas bases se chama **altura**.

Tipos de trapézio

- **Isósceles:** os lados não paralelos são congruentes.
- **Retângulo:** tem dois ângulos retos.
- **Escaleno:** os lados não paralelos não são congruentes.

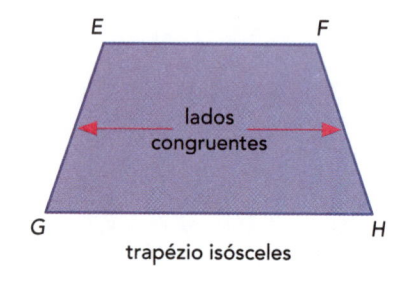

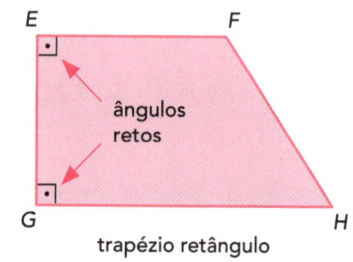

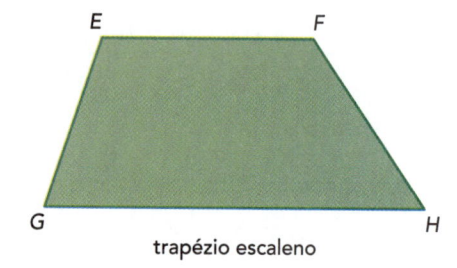

Propriedades dos trapézios

I O segmento que une os pontos médios dos lados não paralelos de um trapézio é paralelo às bases, e sua medida é igual à semissoma das medidas das bases.

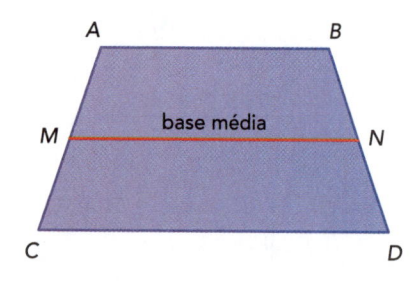

- M é o ponto médio de $\overline{AC}$.
- N é o ponto médio de $\overline{BD}$.

$$MN = \frac{AB + CD}{2}$$

II Num **trapézio isósceles**, os ângulos de cada base são **congruentes**.

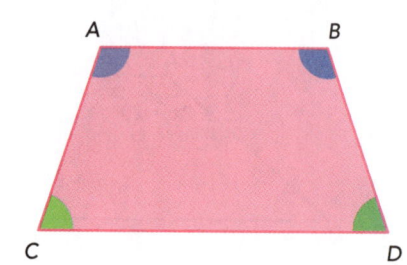

- $\hat{A} \equiv \hat{B}$ (ângulos da base menor)
- $\hat{C} \equiv \hat{D}$ (ângulos da base maior)

Exercícios de fixação

15. Determine x sendo $\overline{MN}$ a base média dos trapézios.

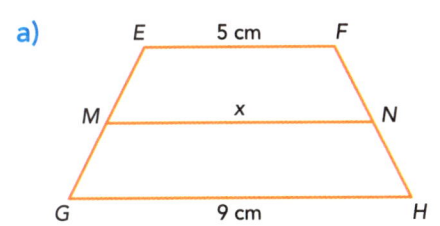

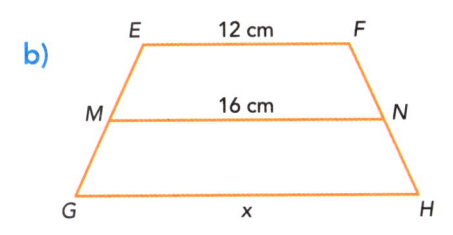

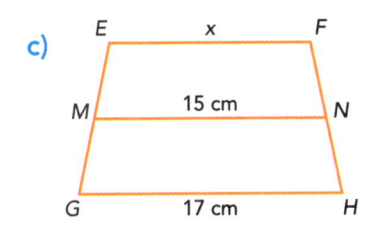

a) EF = 5 cm, MN = x, GH = 9 cm

b) EF = 12 cm, MN = 16 cm, GH = x

c) EF = x, MN = 15 cm, GH = 17 cm

16. No trapézio ABCD, o segmento $\overline{RS}$ é a base média. Qual é o valor de x?

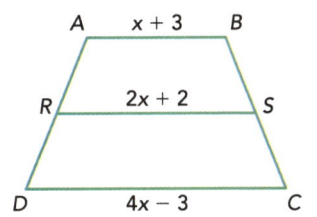

AB = x + 3, RS = 2x + 2, DC = 4x − 3

17. Calcule x, y e z nos trapézios isósceles.

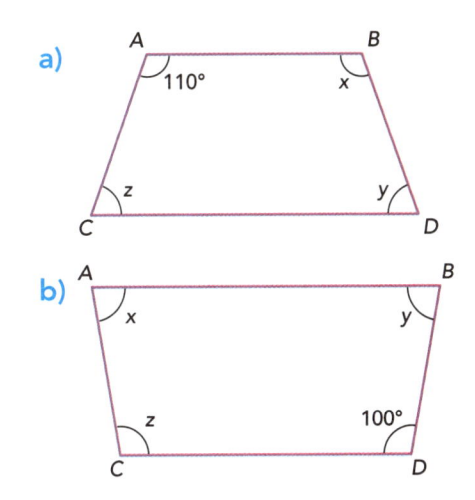

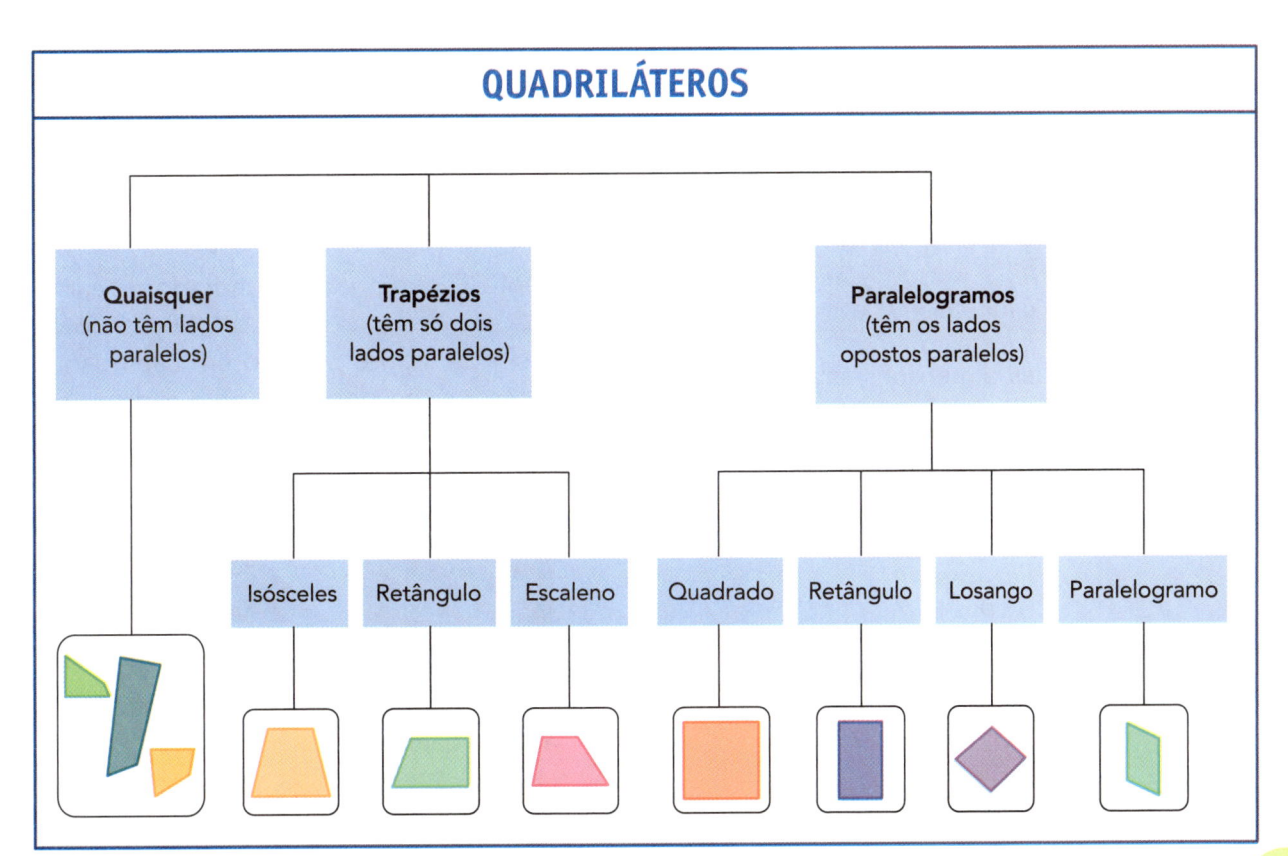

a) A = 110°, B = x, C = z, D = y

b) A = x, B = y, C = z, D = 100°

QUADRILÁTEROS

- **Quaisquer** (não têm lados paralelos)
- **Trapézios** (têm só dois lados paralelos)
  - Isósceles
  - Retângulo
  - Escaleno
- **Paralelogramos** (têm os lados opostos paralelos)
  - Quadrado
  - Retângulo
  - Losango
  - Paralelogramo

Exercícios complementares

18. Qual quadrilátero tem apenas um par de lados paralelos?

a)
b)
c)
d)

19. (Saresp) Observe a figura.

(retângulo com lados $x - 3$ e $2x + 1$)

Qual é a expressão algébrica simplificada que determina o perímetro desse retângulo?

20. Depois de determinar o valor de x, determine o perímetro de cada figura.

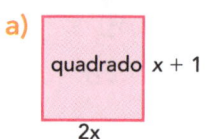

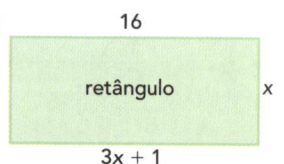

a) quadrado, lados $x + 1$ e $2x$

b) retângulo, lados 16, x, $3x + 1$

21. O retângulo representado abaixo está decomposto em três quadrados.

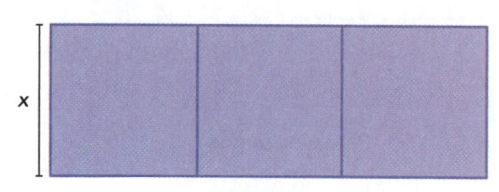

Quais são suas dimensões sabendo que tem 2 metros de perímetro?

22. (Saresp) Na figura abaixo, ABC é um triângulo equilátero e BCDE é um quadrado. Quanto mede o ângulo α?

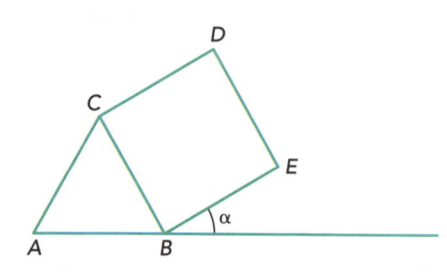

23. (OM-CE) Pedrinho deseja cercar seu terreno quadrado usando 5 estacas em cada lado. De quantas estacas ele vai precisar?

a) 15
b) 16
c) 17
d) 18

24. (Saeb-MEC) No paralelogramo abaixo tem-se:

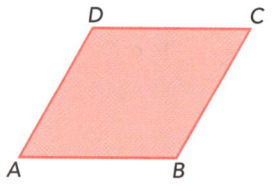

a) $DC > AB$
b) $DC > AC$
c) $AC < AB + BC$
d) $AB + BC < AD + DC$

25. Na figura, os triângulos ABC e DEC são equiláteros. O perímetro do quadrilátero ABED é:

a) 6.
b) 7.
c) 8.
d) 9.

26. (OM-CE) Um pedaço quadrado de cartolina tem 6 cm de lado. Um quadrado de 1 cm de lado é cortado em cada canto. Os lados são dobrados para formar uma caixa aberta.

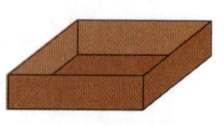

Quais as medidas, em centímetros, das arestas da caixa?

a) 6, 6 e 2
b) 4, 4 e 2
c) 5, 5 e 1
d) 4, 4 e 1

27. Em um quadrilátero com três ângulos congruentes, o ângulo diferente mede 81°. Quanto mede cada um dos ângulos congruentes?

28. Quantos eixos de simetria há em cada um dos quadriláteros?

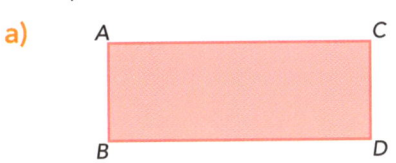

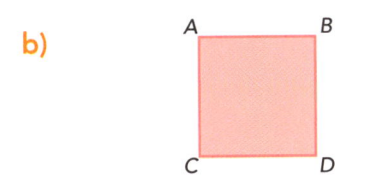

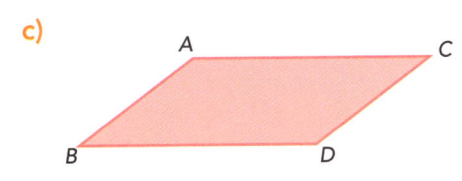

a) [retângulo ACDB]

b) [quadrado ABDC]

c) [paralelogramo ACDB]

29. Observe o exemplo e calcule x nos paralelogramos abaixo dele.

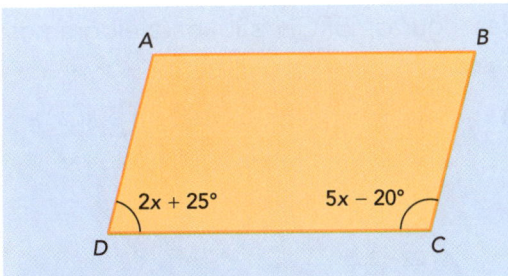

[Paralelogramo ABCD com ângulos $2x + 25°$ em D e $5x - 20°$ em C]

Os ângulos consecutivos são suplementares.
Então:
$2x + 25° + 5x - 20° = 180°$
$7x = 180° - 25° + 20°$
$7x = 175°$
$x = 25°$

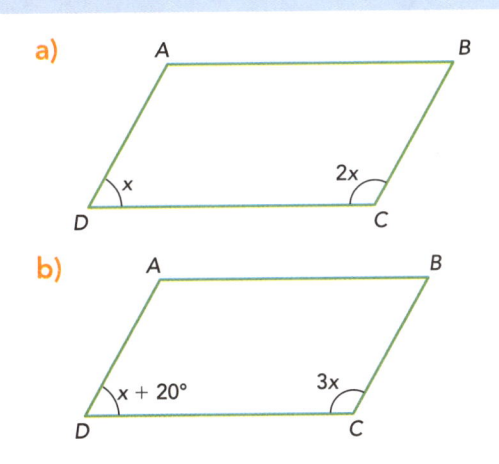

a) [Paralelogramo com ângulo x em D e 2x em C]

b) [Paralelogramo com ângulo $x + 20°$ em D e $3x$ em C]

30. Determine o perímetro dos retângulos.

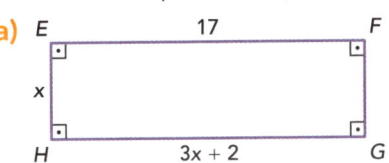

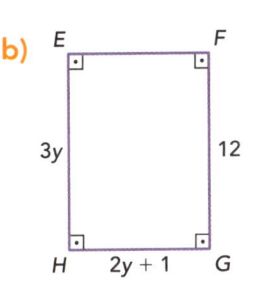

a) [Retângulo EFGH com EF = 17, EH = x, HG = 3x + 2]

b) [Retângulo EFGH com ES = 3y, FG = 12, HG = 2y + 1]

31. Sabendo que as diagonais de um paralelogramo se encontram no ponto médio, determine x e y.

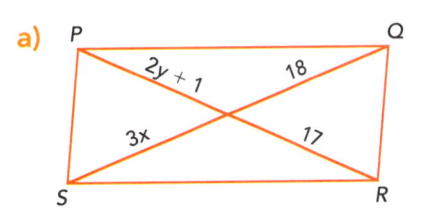

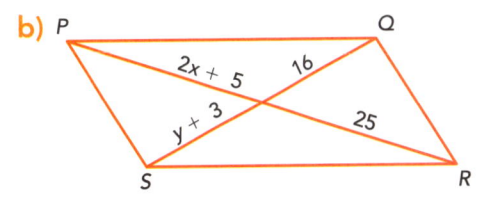

a) [Paralelogramo PQRS com diagonais: $2y + 1$, 18, $3x$, 17]

b) [Paralelogramo PQRS com diagonais: $2x + 5$, 16, $y + 3$, 25]

32. (Cesgranrio-RJ) Em um trapézio retângulo, o menor ângulo mede 35°. O maior ângulo desse polígono mede:
a) 155°.
b) 150°.
c) 145°.
d) 140°.

33. (Cesgranrio-RJ) Na figura abaixo, ABCD é um quadrado, ADE e ABF são triângulos equiláteros. Se AM é a bissetriz do ângulo FÂE, então o ângulo FÂM mede:
a) 75°.
b) 80°.
c) 85°.
d) 82° 30'.

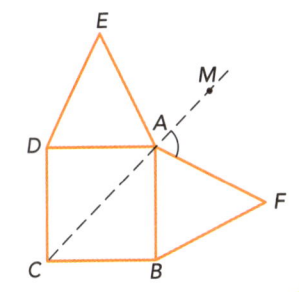

Exercícios selecionados

34. (Encceja-MEC). Os quadriláteros abaixo têm pelo menos um par de lados paralelos.

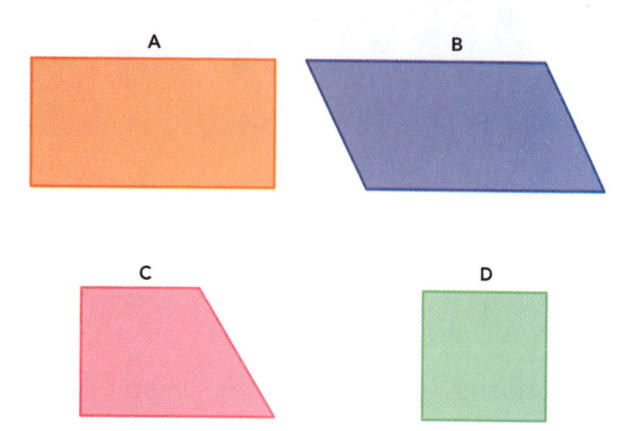

A   B

C   D

Entre as opções apresentadas, assinale a que tem o mesmo significado da afirmação feita.

a) Os quadriláteros não têm lados paralelos.

b) Um quadrilátero tem um par de lados paralelos

c) Os quadriláteros têm mais do que dois lados paralelos.

d) Os quadriláteros têm um ou dois pares de lados paralelos.

35. Um dos ângulos de um losango mede 30°. As medidas dos outros ângulos desse losango são:

a) 30°, 60° e 60°.

b) 60°, 90° e 90°.

c) 30°, 150° e 150°.

d) 60°, 100° e 180°.

36. Um losango tem 32 cm de perímetro. A medida do lado desse losango e a soma das medidas de seus ângulos internos são, respectivamente:

a) 8 cm e 180°.

b) 8 cm e 360°.

c) 16 cm e 180°.

d) 16 cm e 360°.

37. (SEE-SP) A figura a seguir parece ter relevo mas, na verdade, é uma figura plana formada por vários losangos congruentes entre si. Sobre os ângulos internos de cada um desses losangos, é verdade que:

a) os quatros são congruentes.

b) dois medem 45° e dois medem 135°.

c) dois medem 60° e dois medem 120°.

d) dois medem 30° e dois medem 150°.

38. Nas figuras, EFGH são paralelogramos. Calcule x e y.

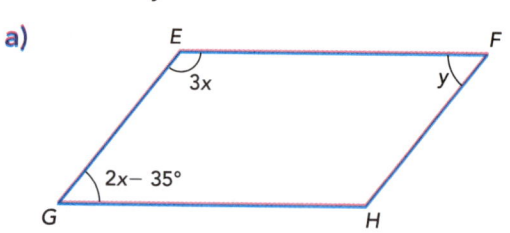

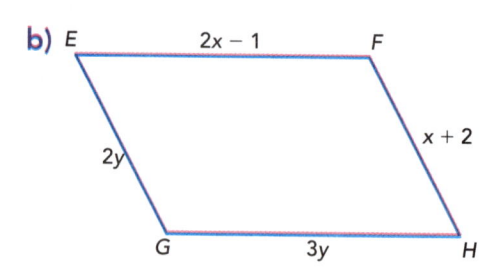

a) ângulo E = $3x$, ângulo F = y, ângulo G = $2x - 35°$

b) EF = $2x - 1$, FH = $x + 2$, EG = $2y$, GH = $3y$

39. Calcule x e y.

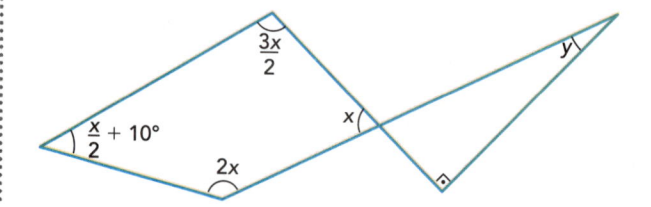

ângulos: $\frac{3x}{2}$, y, x, $\frac{x}{2} + 10°$, $2x$

Panorama

40. Quantos retângulos há nesta figura?

a) 6   b) 8   c) 9   d) 10

41. Um marceneiro desenhou um quadrilátero com todos os lados do mesmo tamanho, mas os ângulos não eram retos. Que figura esse marceneiro desenhou?
a) Quadrado.
b) Losango.
c) Trapézio.
d) Retângulo.

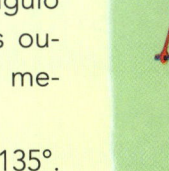

42. Num trapézio isósceles, um ângulo mede 45°. Os outros ângulos medem: 
a) 45°, 135° e 135°.
b) 45°, 145° e 145°.
c) 35°, 150° e 150°.
d) 45°, 150° e 150°.

43. (Cesgranrio-RJ) Em um trapézio retângulo, o menor ângulo mede 35°. O maior ângulo desse polígono mede:
a) 140°.
b) 145°.
c) 135°.
d) 155°.

44. (SEE-SP) A relação entre as medidas de dois ângulos do paralelogramo abaixo está indicada na figura. Os ângulos deste paralelogramo medem:

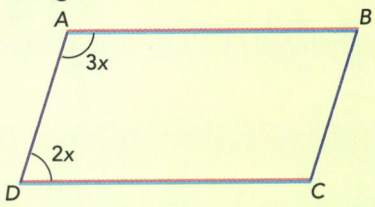

a) 50°, 75°, 50°, 75°.
b) 60°, 90°, 60°, 90°.
c) 80°, 120°, 80°, 120°.
d) 72°, 108°, 72°, 108°.

45. No paralelogramo abaixo, o ângulo x mede:

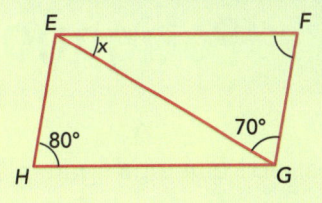

a) 10°.
b) 20°.
c) 25°.
d) 30°.

46. No paralelogramo abaixo, o valor de x é:

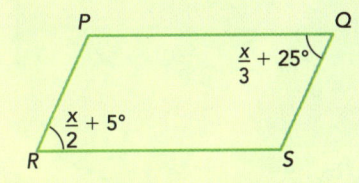

a) 60°.
b) 90°.
c) 100°.
d) 120°.

47. Os ângulos internos do paralelogramo abaixo medem:

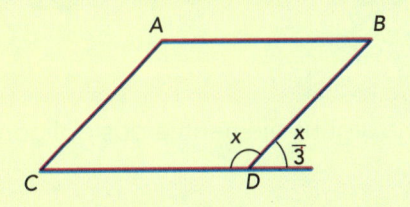

a) 45°, 135°, 45° e 135°.
b) 35°, 155°, 35° e 155°.
c) 60°, 120°, 60° e 120°.
d) 50°, 130°, 50° e 130°.

48. (Fuvest-SP) Nesta figura, os ângulos $\hat{a}$, $\hat{b}$, $\hat{c}$ e $\hat{d}$ medem, respectivamente, $\frac{3x}{2}$, $\frac{x}{2}$, $2x$ e x. O ângulo $\hat{e}$ é reto. Qual a medida do ângulo $\hat{f}$?

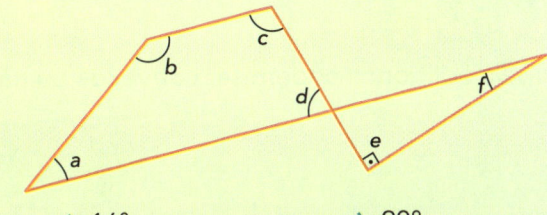

a) 16°
b) 18°
c) 20°
d) 22°

Capítulo 22
Polígonos convexos

Você já sabe que uma figura plana limitada apenas por segmentos de reta é um polígono.

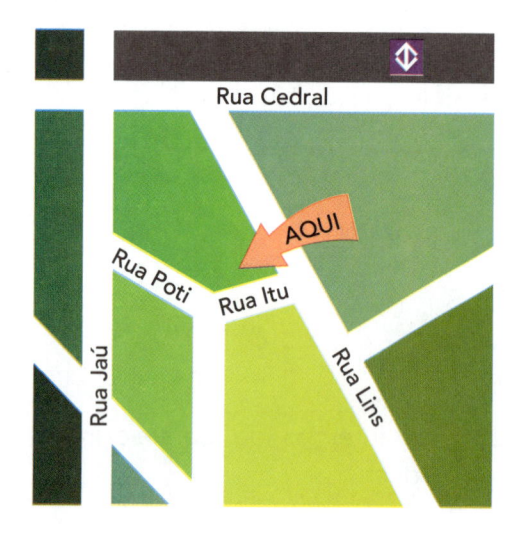

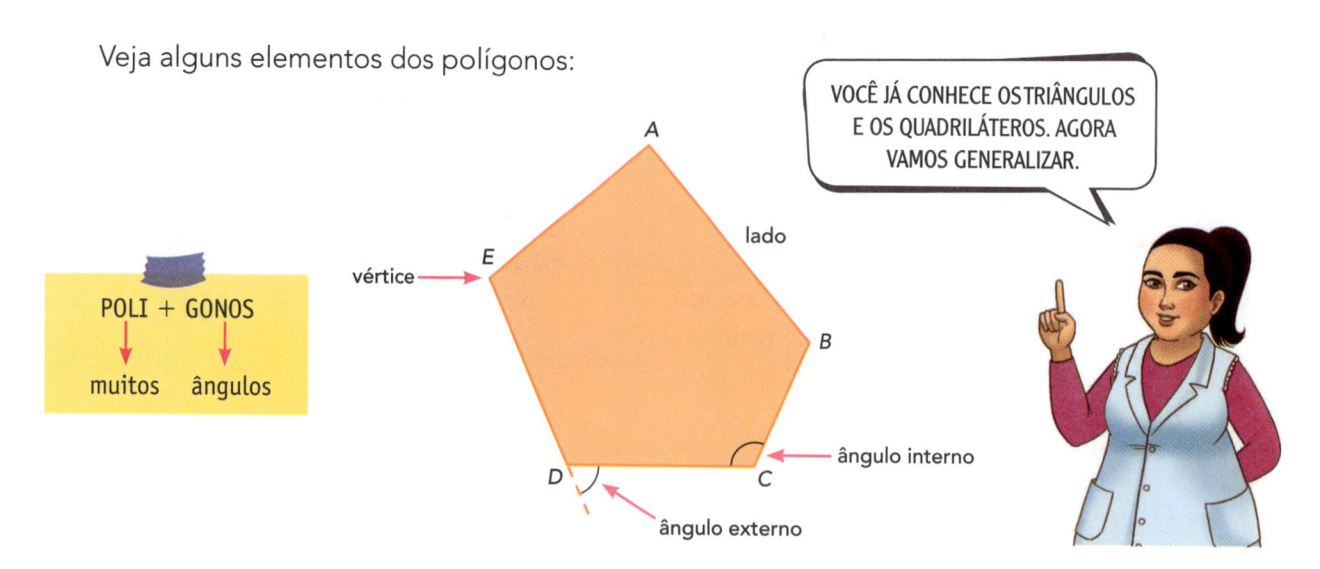

Veja alguns elementos dos polígonos:

POLI + GONOS
muitos ângulos

vértice → E
lado
A
B
ângulo interno
D C
ângulo externo

VOCÊ JÁ CONHECE OS TRIÂNGULOS E OS QUADRILÁTEROS. AGORA VAMOS GENERALIZAR.

Os polígonos podem ser **convexos** ou **não convexos**.

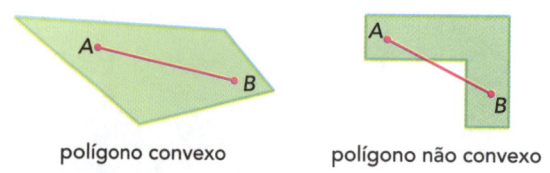

polígono convexo   polígono não convexo

Dizemos que um polígono é convexo quando um segmento que une dois pontos quaisquer de seu interior está inteiramente contido nele; caso contrário, ele é não convexo.

Classificação dos polígonos

Quanto ao número de lados, os polígonos se classificam em:

triângulo	→	3 lados
quadrilátero	→	4 lados
pentágono	→	5 lados
hexágono	→	6 lados
heptágono	→	7 lados
octógono	→	8 lados
eneágono	→	9 lados
decágono	→	10 lados
undecágono	→	11 lados
dodecágono	→	12 lados
pentadecágono	→	15 lados
icoságono	→	20 lados

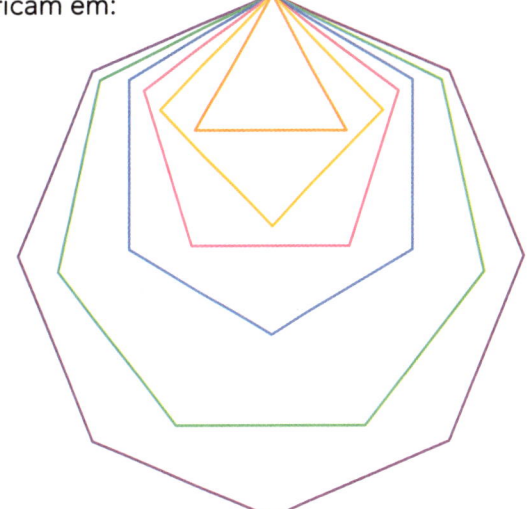

O número de lados de um polígono é igual ao número de vértices dele.

Exercícios de fixação

1. Responda.
   a) Quantos lados tem um heptágono?
   b) Quantos lados tem um dodecágono?
   c) Quantos vértices tem um polígono de 10 lados?
   d) Quantos lados tem um polígono de 15 vértices?

2. Entre os polígonos representados, indique aqueles que são:

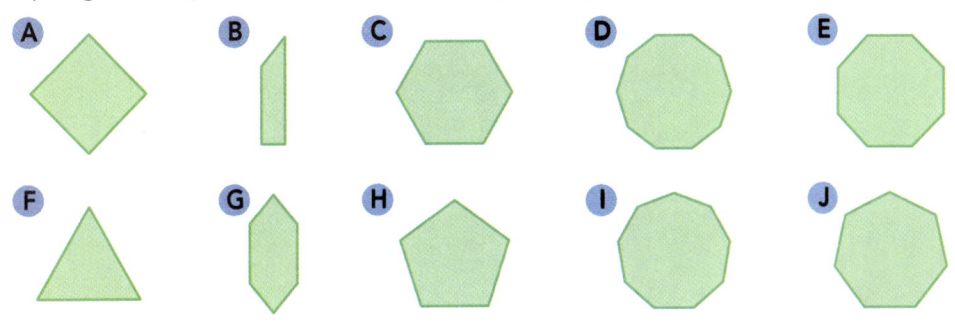

   a) quadriláteros;
   b) pentágonos;
   c) hexágonos;
   d) decágonos;
   e) octógonos;
   f) dodecágonos.

3. Determine o perímetro de um pentágono sabendo que o comprimento de cada lado é igual a 8 cm.

4. O hexágono ao lado tem perímetro de 77 cm.
   a) Determine o comprimento do menor lado.
   b) Este polígono representado é convexo ou não convexo?

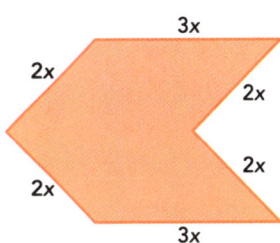

Diagonal de um polígono

Chama-se **diagonal** de um polígono todo segmento que une dois vértices não consecutivos.

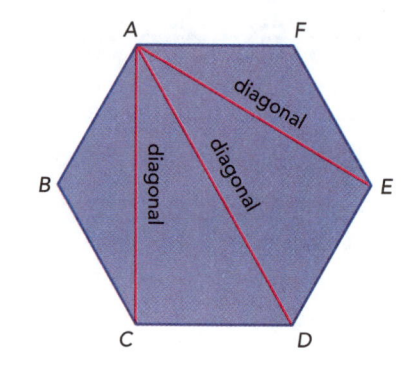

$\overline{AC}$, $\overline{AD}$ e $\overline{AE}$ são diagonais do hexágono.

Número de diagonais de um polígono

Considere o heptágono (polígono que tem 7 lados e 7 vértices) abaixo:

- Cada vértice dá origem a $(7 - 3)$ diagonais.
- Os 7 vértices dão origem a $7 \cdot (7 - 3)$ diagonais.
- Dividimos o resultado por 2 porque cada diagonal foi contada duas vezes, por exemplo, $\overline{AC}$ e $\overline{CA}$.

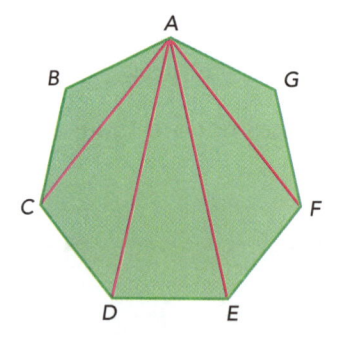

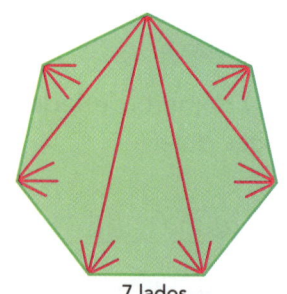

$$\frac{7(7-3)}{2} = \frac{7 \cdot 4}{2} = \frac{28}{2} = 14 \text{ diagonais}$$

Então:

> O número de diagonais de um polígono de **n** lados é dado por:
>
> $$d = \frac{n(n-3)}{2}$$
>
> $d \longrightarrow$ número de diagonais
> $n \longrightarrow$ número de lados

Exemplo:

Calcule o número de diagonais de um hexágono.

Solução:

Temos $n = 6$.

$d = \dfrac{n(n-3)}{2}$

$d = \dfrac{6(6-3)}{2}$

$d = \dfrac{6 \cdot 3}{2} = \dfrac{18}{2} = 9$

Resposta: 9 diagonais

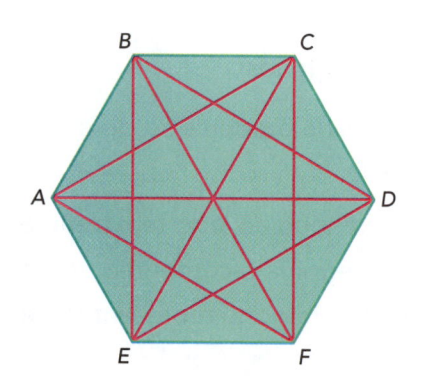

Exercícios de fixação

5. Desenhe as diagonais do polígono e responda.
   a) Juntando lados e diagonais de um pentágono, quantos segmentos obtemos?
   b) Quantos lados tem um pentágono?
   c) Quantas diagonais tem um pentágono?

6. Qual polígono não tem diagonais?

7. Calcule o número de diagonais dos seguintes polígonos:
   a) octógono;   b) decágono;   c) dodecágono;   d) icoságono.

8. Quantas diagonais tem um polígono de 30 lados?

9. Qual é o polígono cujo número de lados é igual ao número de diagonais?

Curioso é...

Como vai?

Cinco amigos se encontram e se cumprimentam. Todos trocaram um único cumprimento com cada amigo. Quantos foram os cumprimentos?

Quer ver um jeito fácil de pensar?

- Quantos cumprimentos cada um deu?
- Quantos são os amigos?
- Isso possibilita concluir que haverá um total de 5 · 4 cumprimentos?

Observe que, quando Alex cumprimenta Bruna e Bruna cumprimenta a Alex, esses dois cumprimentos devem ser considerados como um só. É preciso dividir o total por 2.

Logo, o número de cumprimentos é $\frac{5 \cdot 4}{2} = 10$.

Quer ver outro jeito de pensar? Basta fazer um esquema, como este abaixo, para representar a situação.

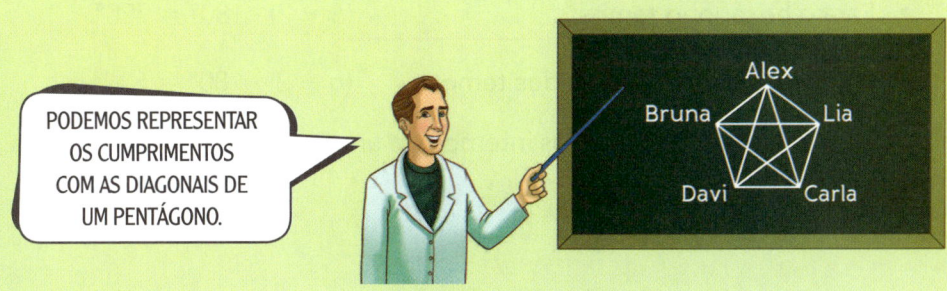

PODEMOS REPRESENTAR OS CUMPRIMENTOS COM AS DIAGONAIS DE UM PENTÁGONO.

Soma das medidas dos ângulos internos de um polígono

Para obter a soma das medidas dos ângulos internos de um polígono, basta dividir o polígono em triângulos por meio de diagonais que partem de um vértice.

1) A soma dos ângulos internos de um triângulo é 180°.

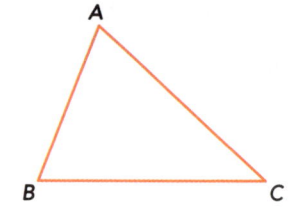

3 lados ⇒ 1 triângulo

2) A soma dos ângulos internos de um quadrilátero é 360°.

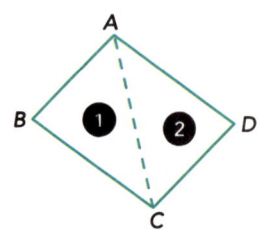

4 lados ⇒ 2 triângulos

3) A soma dos ângulos internos de um pentágono é 540°.

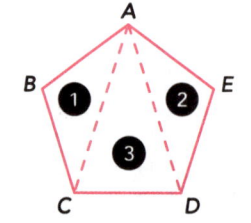

5 lados ⇒ 3 triângulos

4) A soma dos ângulos internos de um hexágono é 720°.

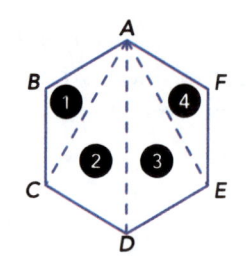

6 lados ⇒ 4 triângulos

Observe que: **O número de triângulos obtidos é sempre igual ao número de lados menos 2.**

Assim:

- Para o triângulo temos: $(3 - 2) \cdot 180° = 180°$
- Para o quadrilátero temos: $(4 - 2) \cdot 180° = 360°$
- Para o pentágono temos: $(5 - 2) \cdot 180° = 540°$
- Para o hexágono temos: $(6 - 2) \cdot 180° = 720°$
- Para um polígono de n lados temos: $(n - 2) \cdot 180° = S$

Então, a soma das medidas dos ângulos internos de um polígono convexo é dada por:

$$S = (n - 2) \cdot 180°$$

número de lados menos 2

Exercícios de fixação

10. Calcule a soma das medidas dos ângulos internos do eneágono.

Solução:
Temos:
n = 9

$S = (n - 2) \cdot 180°$
$S = (9 - 2) \cdot 180°$
$S = 7 \cdot 180°$
$S = 1260°$

Resposta: 1260°

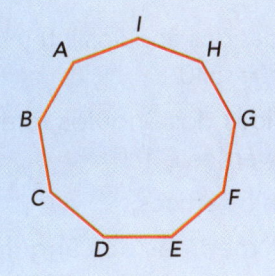

11. Calcule a soma das medidas dos ângulos internos dos seguintes polígonos:
a) decágono;
b) undecágono;
c) pentadecágono;
d) icoságono.

12. Para pavimentar o chão de uma garagem, serão usadas placas de dois tipos, como mostra a figura. Qual é a soma das medidas dos ângulos internos de cada placa de tamanho maior?

13. Com base nas informações dadas, determine a medida dos outros ângulos de cada polígono.
a) Triângulo, um ângulo de 25° e outro de 45°.
b) Quadrilátero, dois ângulos de 75° e outro de 70°.
c) Pentágono, um ângulo de 100° e os outros quatro congruentes.
d) Hexágono, seis ângulos congruentes.

14. A soma das medidas dos ângulos internos de um polígono convexo é 900°. Qual é o polígono?

15. Calcule x.
a) 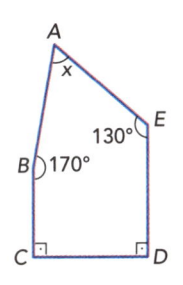
b)

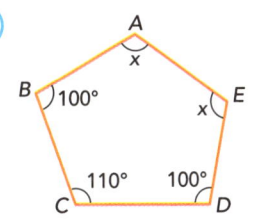

16. Calcule x.
a) 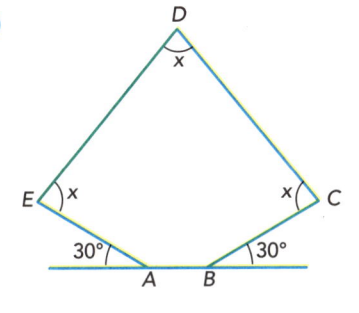
b)

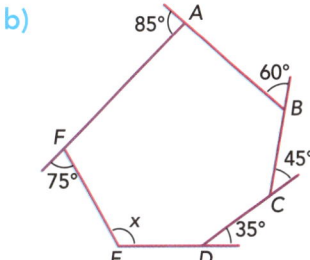

Soma das medidas dos ângulos externos de um polígono

No pentágono ABCDE abaixo, os ângulos externos estão assinalados em verde.

Veja:
- A soma das medidas dos ângulos internos é:
  $S = (5 - 2) \cdot 180° = 540°$.
- A soma das medidas dos ângulos interno e externo em cada vértice é 180°.
- O pentágono tem 5 vértices.
- A soma **total** das medidas dos ângulos internos e externos é: $5 \cdot 180° = 900°$.
- Assim, a **soma** das medidas **dos ângulos externos** do pentágono é: $900° - 540° = 360°$.

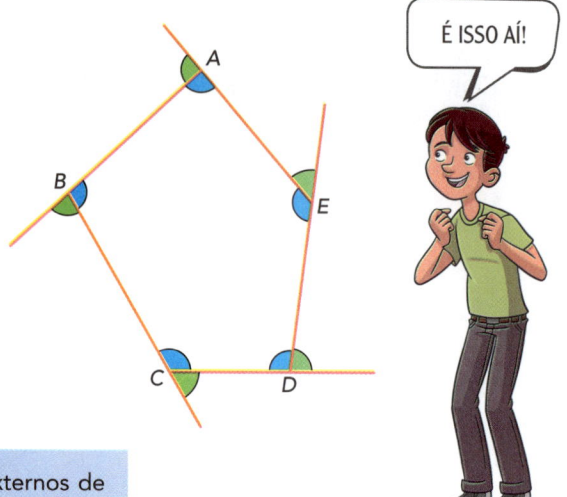

> A soma das medidas dos ângulos externos de um polígono convexo de n lados é igual a 360°.

Polígono regular

Um polígono é **regular** quando todos os seus lados e todos os seus ângulos internos são congruentes.

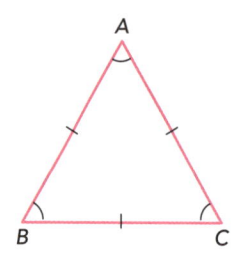

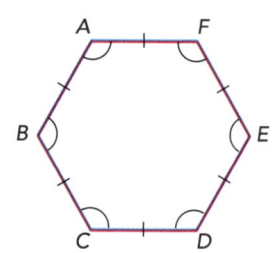

Exemplo:

Calcular a medida dos ângulos internos e externos de um octógono regular.

Solução:

- Cálculo da soma das medidas dos ângulos internos de um octógono regular.

$$S = (n - 2) \cdot 180°$$
$$S = (8 - 2) \cdot 180°$$
$$S = 6 \cdot 180°$$
$$S = 1\,080°$$

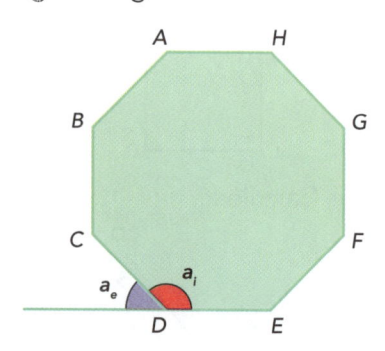

- Cálculo da medida de cada **ângulo interno** de um octógono regular.

$$a_i = \frac{1\,080°}{8} = 135°$$

- Cálculo da medida de cada **ângulo externo** de um octógono regular.

$$a_e = \frac{360°}{8} = 45°$$

a_i é o ângulo interno
a_e é o ângulo externo

Exercícios de fixação

17. (Saresp) Luís construiu uma pipa com a forma de um hexágono regular. O lado do hexágono mede 15 cm. Qual a medida da vareta GH?

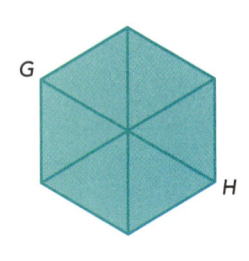

18. Calcule a medida de cada ângulo interno dos seguintes polígonos regulares:
- a) hexágono;
- b) eneágono;
- c) decágono;
- d) icoságono.

19. Calcule a medida de cada ângulo externo dos seguintes polígonos regulares:
- a) hexágono;
- b) eneágono;
- c) decágono;
- d) icoságono.

20. Qual é o polígono regular cujo ângulo interno mede 108°?

21. Qual é o polígono regular cujo ângulo externo mede 30°?

22. Calcule o valor de x e y na figura.

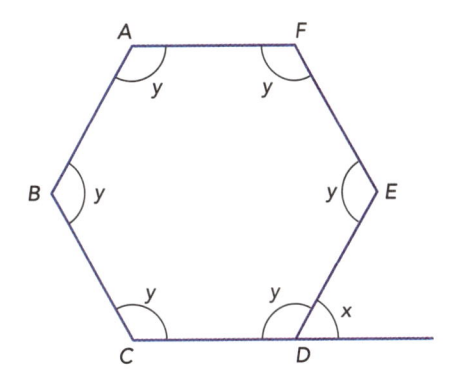

Curioso é...

Pavimentações com polígonos regulares

Os polígonos são encontrados em várias situações práticas, por exemplo, no revestimento de pisos ou paredes, em calçamento de ruas etc. Por meio da observação, podemos descobrir as medidas dos ângulos de um polígono.

Veja:

Mosaico formado por hexágonos regulares.

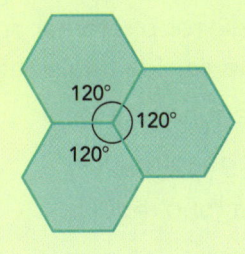

Mosaico formado por quadrados e octógonos regulares.

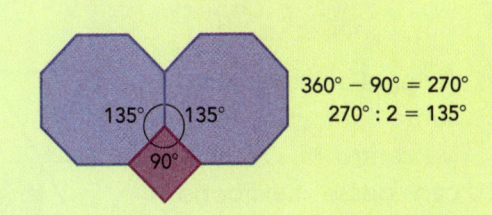

120°
120°
120°

135° 135°
90°

360° − 90° = 270°
270° : 2 = 135°

177

Exercícios complementares

23. (Cesgranrio-RJ) O polígono abaixo é um octógono e possui 8 vértices, identificados pelas letras A, B, C, D, E, F, G e H.

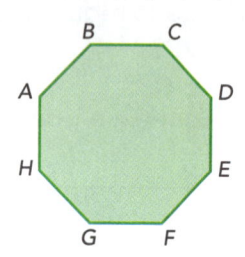

Se forem traçados os segmentos BD e BE, esse octógono será dividido em 3 polígonos. Esses polígonos serão:

a) três quadriláteros
b) dois triângulos e um quadrilátero
c) dois triângulos e um pentágono
d) dois triângulos e um hexágono
e) um triângulo, um quadrilátero e um pentágono

24. O hexágono abaixo tem um perímetro de 37 cm. Qual é a medida do maior lado?

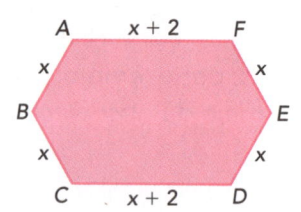

25. Calcule x.

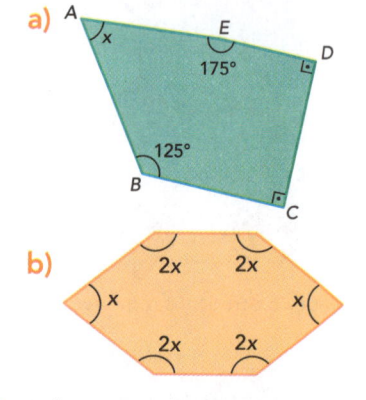

a)

b)

26. A figura ao lado representa um hexágono de centro M. Que fração desse hexágono está pintada?

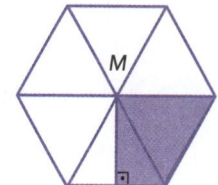

27. (Encceja-MEC) Um artista criou um mosaico utilizando pentágonos regulares e losangos, dispostos como mostra a figura.

Para recortar as peças do mosaico o artista precisa conhecer a medida dos ângulos das figuras. Sabendo que cada ângulo interno de um pentágono regular mede 108°, os ângulos internos dos losangos devem medir:

a) 18° e 162°
b) 30° e 150°
c) 36° e 144°
d) 54° e 126°

28. (PUC-SP) A figura descreve o movimento de um robô:

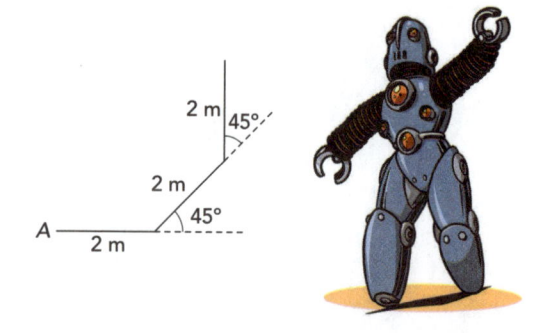

Partindo de A, ele sistematicamente avança 2 m e gira 45° para a esquerda. Quando esse robô retornar ao ponto A, a trajetória percorrida terá sido:

a) um hexágono regular.
b) um octógono regular.
c) um decágono regular.
d) um polígono não regular.

Exercícios selecionados

29. Em um pentadecágono regular:
  a) qual é a soma das medidas dos ângulos internos?
  b) quanto vale cada ângulo interno?
  c) quanto vale cada ângulo externo?
  d) qual é a soma das medidas dos quinze ângulos externos?

30. O pentágono abaixo é formado por um triângulo equilátero e por um quadrado.
  a) Qual é a medida do ângulo x?
  b) Qual é a medida do ângulo y?

31. Cada vértice de um polígono dá origem a 15 diagonais. Quantas diagonais tem esse polígono?

32. (IME-RJ) A soma dos ângulos internos de um polígono convexo é 1 080°. Calcule o número de diagonais desse polígono.

33. Calcule x e y na figura sabendo que $x - y = 30°$.

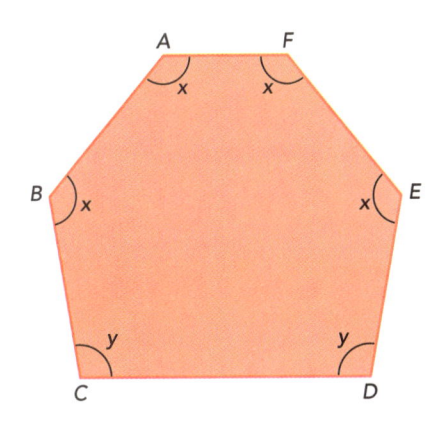

curioso é...

Você conhece este quebra-cabeça?

Este quebra-cabeça milenar, de origem chinesa, chama-se **Tangram**. Ele é formado por sete peças (cinco triângulos e dois quadriláteros), que normalmente são apresentadas na forma de um quadrado.

É espantoso como é possível construir centenas de figuras com sete polígonos tão simples!

Veja, a seguir, algumas figuras construídas com o tangram.

Panorama

34. Um polígono de quatro lados é denominado:
   a) quadrado.
   b) retângulo.
   c) paralelogramo.
   d) quadrilátero.

35. (Saresp) Alguém construiu uma caixa, com fundo e tampa a partir de pedaços de papelão que são, cada um deles, polígonos com lados da mesma medida. Veja como ficou essa caixa, aberta e cheia de algodão.

Na construção dessa caixa foram utilizados:
   a) dois pentágonos e seis quadrados.
   b) dois hexágonos e seis quadrados.
   c) dois pentágonos e cinco quadrados.
   d) dois hexágonos e cinco retângulos.

36. (Saresp)

POLÍGONO	NÚMERO DE LADOS	NÚMERO DE DIAGONAIS EM UM VÉRTICE
Quadrilátero	4	1
Pentágono	5	2
Hexágono	6	3
Heptágono	7	4
Octógono	8	5

Se um polígono tem 12 lados, então o número de diagonais em um vértice será:
   a) 6 diagonais.
   b) 7 diagonais.
   c) 9 diagonais.
   d) 15 diagonais.

37. (UFRGS-RS) O polígono cujo número de diagonais é igual ao triplo do número de lados é o:
   a) pentágono.
   b) eneágono.
   c) hexágono.
   d) heptágono.

38. (Saresp) Para confeccionar sua pipa, Paulo usou 3 varetas, nas posições indicadas na figura. Como a pipa tem forma hexagonal, se em cada diagonal Paulo colocasse uma vareta, ele teria que dispor de mais:

   a) 9 varetas.
   b) 6 varetas.
   c) 4 varetas.
   d) 3 varetas.

39. (Saresp) Seis cidades estão localizadas nos vértices de um hexágono regular, como mostra a figura. Há um projeto para interligá-las, duas a duas, por meio de estradas. Algumas dessas estradas correspondem aos lados do polígono e as demais, correspondem às diagonais. Desse modo, o número de estradas a serem construídas é de:
   a) 9.
   b) 15.
   c) 21.
   d) 24.

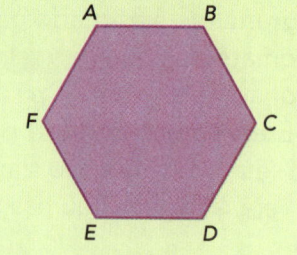

40. (Uerj)

> Se um polígono tem todos os lados com a mesma medida, então todos os seus ângulos internos têm também a mesma medida.

Para mostrar que essa proposição é **falsa**, pode-se usar como exemplo a figura denominada:
   a) losango.
   b) trapézio.
   c) retângulo.
   d) quadrado.

41. O valor de x na figura é:
a) 25°.   b) 30°.   c) 31°.   d) 35°.

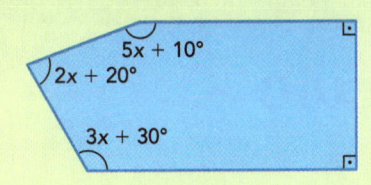

(figura: quadrilátero com ângulos 5x + 10°, 2x + 20°, 3x + 30° e dois ângulos retos)

42. (FGV-SP) A soma das medidas dos ângulos internos de um eneágono é:
a) 900°
b) 1 080°
c) 1 260°
d) 1 800°

43. (PUC-SP) Cada ângulo interno de um decágono regular mede:
a) 60°
b) 72°
c) 120°
d) 144°

44. (Mack-SP) Na figura, ABCDE é um pentágono regular, $\overline{EF}$ é paralelo a $\overline{AB}$ e $\overline{BF}$ é paralelo a $\overline{AE}$. A medida do ângulo α é:

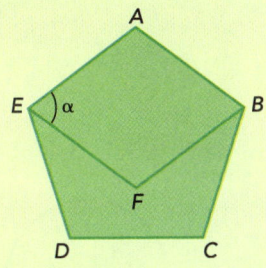

a) 72°   b) 54°   c) 60°   d) 76°

45. A figura mostra um triângulo equilátero e um pentágono regular. Quanto mede, em graus, o ângulo x?

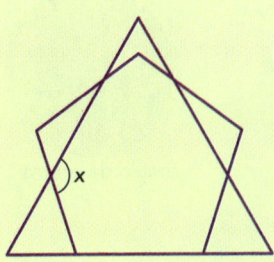

a) 120°
b) 132°
c) 136°
d) 140°

46. (Unicamp-SP) O polígono convexo cuja soma dos ângulos internos mede 1 440° tem exatamente:
a) 15 diagonais.
b) 20 diagonais.
c) 25 diagonais.
d) 35 diagonais.

47. (Acafe-SC) A figura a seguir descreve de que forma uma pessoa se desloca, caminhando. Partindo de A, ela avança sempre da mesma maneira, caminhando 140 m e girando 45° para a esquerda. Depois de algum tempo, essa pessoa retorna ao ponto A, fechando a trajetória. Se, em média, ela dá 12 passos a cada 10 m, o número de passos que ela deu em toda a trajetória foi:

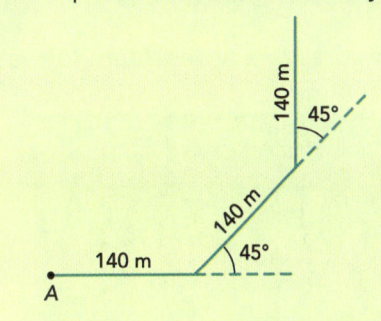

a) 1 120
b) 1 200
c) 1 344
d) 1 400

48. Na figura, ABCDEF é um hexágono regular. O valor de x é:

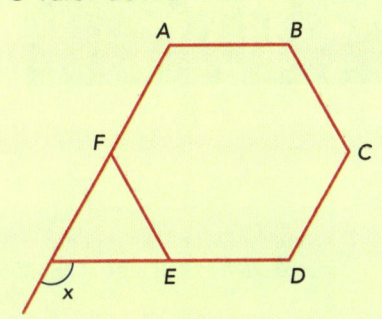

a) 60°
b) 80°
c) 100°
d) 120°

49. (UFMG) Na figura, ABCDE é um polígono regular. A medida, em graus, do ângulo $C\hat{R}D$ é:

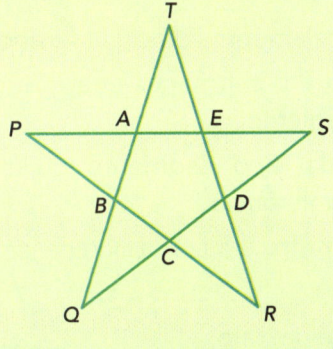

a) 32   b) 34   c) 36   d) 38

181

Capítulo 23
Circunferência e círculo

Formas circulares

Veja figuras que apresentam formas circulares:

> **Circunferência** é o conjunto de todos os pontos de um plano que distam igualmente de um ponto fixo chamado **centro**.

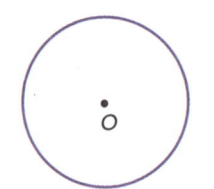

circuferência de centro O

> **Círculo** é a reunião de uma circunferência e seu interior.

círculo de centro O

Veja alguns elementos da circunferência e do círculo.

- **Raio** é o segmento que une o centro a qualquer ponto da circunferência.
- **Corda** é o segmento cujas extremidades pertencem à circunferência.
- **Diâmetro** é a corda que passa pelo centro da circunferência.

Na figura:
- $\overline{OA}$ é um raio;
- $\overline{CD}$ é uma corda;
- $\overline{AB}$ é um diâmetro.

> O **diâmetro** mede o dobro do **raio**.

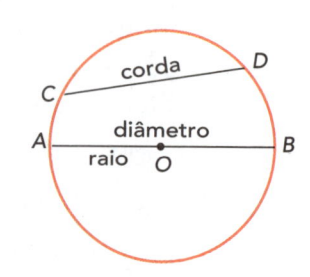

Exercícios de fixação

1. Dos objetos a seguir, o que lembra a forma circular é:
   a) um pneu.
   b) uma moeda.
   c) uma pilha de lanterna.
   d) uma bola de tênis.

2. Como mostra a figura, um pedreiro cruzou dois fios esticados, de 4 metros e 3 metros de comprimento, no centro da piscina.

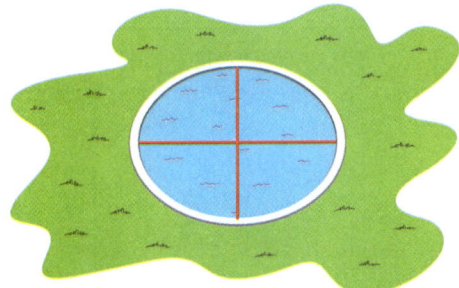

   Responda:
   A piscina tem forma circular?

3. Observe uma aliança e um CD e responda.

   a) Qual objeto nos dá ideia de circunferência?
   b) Qual objeto nos dá ideia de círculo?

4. Na circunferência dada, identifique:
   a) o centro;
   b) os raios;
   c) as cordas;
   d) os diâmetros.

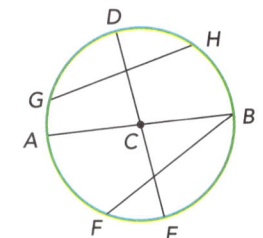

5. O raio da toalha circular de tecido é 8,75 cm.
   Qual é o perímetro interno da bandeja?

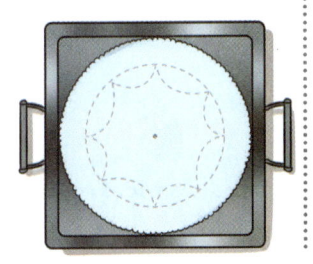

6. Quero confeccionar uma capa quadrada para guardar um CD com 14 cm de raio. Qual deve ser a menor medida dessa capa?

7. Foram marcados 6 pontos na circunferência. Determine todas as cordas possíveis. O número de cordas que você obteve é menor, igual ou maior que 15?

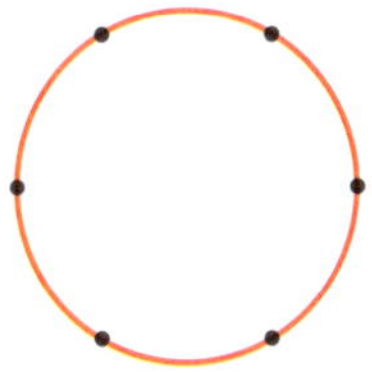

8. Observe a figura e calcule x.

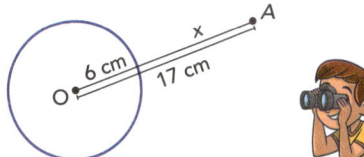

9. Em uma circunferência de raio $2x - 3$ e diâmetro 30 cm, determine x.

10. O perímetro do retângulo mede 36 cm. Calcule a medida do raio de cada circunferência.

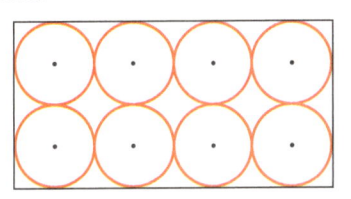

11. (Saeb-MEC) Exatamente no centro de uma mesa redonda com 1 metro de raio, foi colocado um prato de 30 cm de diâmetro, com doces e salgados para uma festa de final de ano. Qual é a distância, em centímetros, entre a borda desse prato e a pessoa que se serve dos doces e salgados?

Posições relativas de uma reta e uma circunferência

Veja as posições de uma reta em relação a uma circunferência:

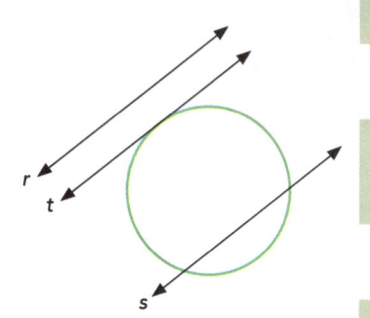

A reta r é **externa** à circunferência (não há ponto comum).

O que significa externa?
Em matemática, **externa** indica que não há intersecção.

A reta t é **tangente** à circunferência (um ponto comum).

O que significa tangente?
A palavra **tangente** significa que toca.

A reta s é **secante** à circunferência (dois pontos comuns).

O que significa secante?
A palavra **secante** significa que corta.

Propriedade

Toda reta **tangente** a uma circunferência é perpendicular ao raio no ponto de tangência.

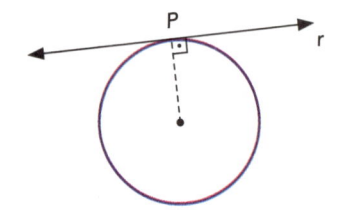

Posições relativas de duas circunferências

Duas circunferências distintas podem ser:
- **Secantes:** têm dois pontos comuns.

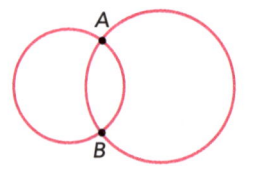

- **Tangentes:** têm um único ponto comum.

  tangentes exteriores   tangentes interiores

- **Não secantes:** não têm ponto comum.

  exteriores   interiores

Duas circunferências que têm o mesmo centro são chamadas **concêntricas**.
Duas circunferências que têm o mesmo centro e o mesmo raio são **congruentes**.

Exercícios de fixação

12. A maior corda de uma circunferência passa por seu centro e é denominada:
   a) raio.
   b) diâmetro.
   c) reta secante.
   d) reta tangente.

13. Na figura, os segmentos MN e RS e as retas a e b recebem, respectivamente, os seguintes nomes:

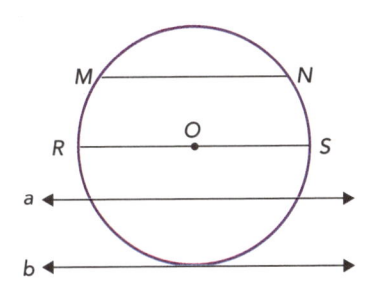

   a) raio, corda, tangente e secante.
   b) raio, diâmetro, secante e tangente.
   c) corda, diâmetro, tangente e secante.
   d) corda, diâmetro, secante e tangente.

14. Em relação à circunferência representada na figura, identifique as retas:

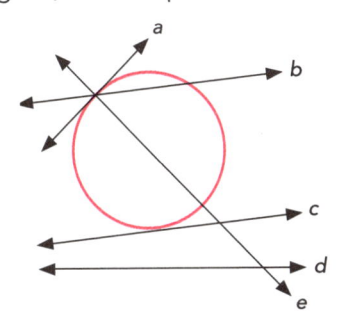

   a) secantes;
   b) tangentes;
   c) externas.

15. Dê a posição relativa das circunferências:

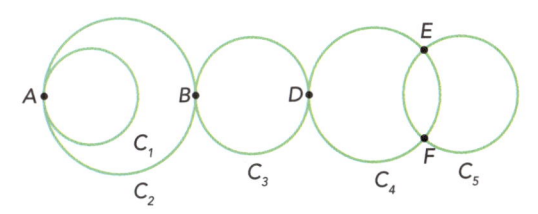

   a) C_1 e C_2
   b) C_1 e C_3
   c) C_2 e C_3
   d) C_3 e C_4
   e) C_4 e C_5

16. Bolas de tênis são vendidas, normalmente, em embalagens cilíndricas contendo 3 unidades. Supondo-se que as bolas têm raio de 3 cm e tangenciam as paredes internas da embalagem, calcule aproximadamente a largura da embalagem.

A BOLA DE TÊNIS TEM FORMA ESFÉRICA.

17. As três circunferências são tangentes. O raio da menor é 5 cm, $AC = 17$ cm e $BC = 21$ cm. Qual é o raio das outras duas circunferências?

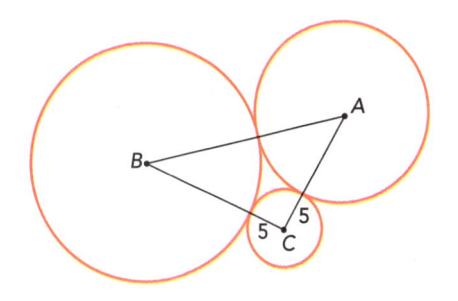

18. Sabendo que a reta t é tangente à circunferência no ponto A, calcule x.

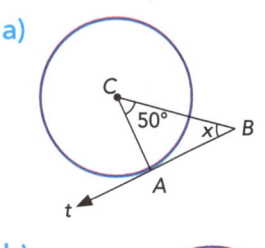

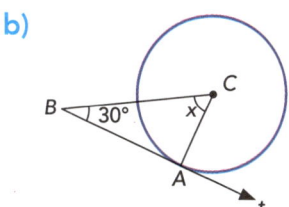

a)

b)

185

Arcos

Dados dois pontos distintos A e B sobre uma circunferência, esta fica dividida em duas partes. Cada uma dessas partes é denominada **arco**.

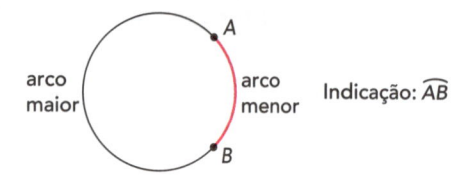

Os pontos A e B são as extremidades desses arcos. Sempre que nos referirmos ao arco AB, estaremos considerando o arco menor.

Jean Baptiste Debret. *Caboclo*, c. 1816-1831. Aquarela sobre papel, 22 cm × 27,2 cm.

Quando as extremidades A e B coincidirem com as extremidades de um diâmetro, cada um dos arcos será chamado **semicircunferência**.

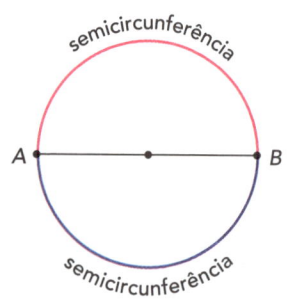

Ângulo central

Ângulo central é aquele cujo vértice está no centro da circunferência.

Na figura, $A\hat{O}B$ é um ângulo central, e $\overarc{AB}$ é o arco correspondente a esse ângulo.

A medida angular do arco $\overarc{AB}$ é igual à medida do ângulo central que o determina.

Ainda na figura ao lado, a medida angular de $\overarc{AB}$ é 70°. Escrevemos $\overarc{AB} = 70°$.

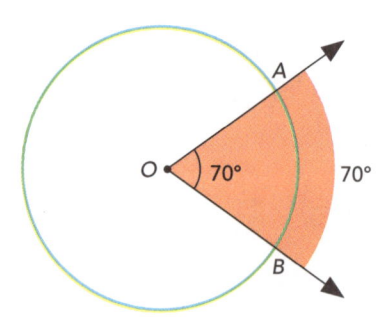

Na figura abaixo, as três circunferências traçadas têm centro no ponto O. Elas são **circunferências concêntricas**.

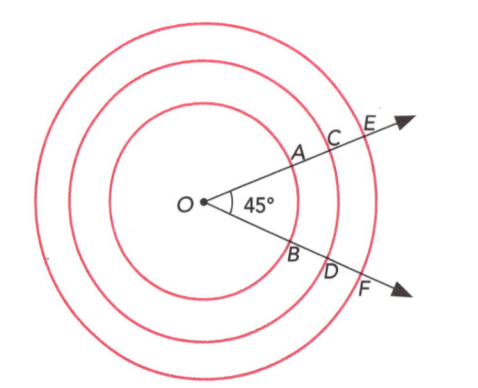

$\overarc{AB} = 45°$
$\overarc{CD} = 45°$
$\overarc{EF} = 45°$

Observe que os arcos $\overarc{AB}$, $\overarc{CD}$ e $\overarc{EF}$, determinados nas circunferências por um mesmo ângulo central, têm mesma medida angular, embora o comprimento de cada um deles seja diferente.

Exercícios de fixação

19. Os ponteiros de um relógio formam ângulos centrais. Determine esses ângulos, sem usar o transferidor.

a)   b)

20. Responda.
a) Qual ângulo descreve o ponteiro das horas em uma hora? E o ponteiro dos minutos?
b) Qual é o ângulo percorrido pelo ponteiro dos minutos em um minuto?

21. Sem usar o transferidor, determine a medida dos ângulos centrais indicados. Observe que, em cada item, as circunferências estão divididas em partes congruentes.

a)   d)

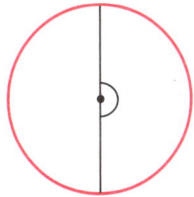

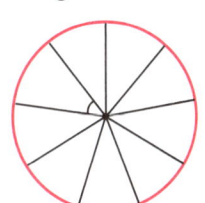

b)   e)

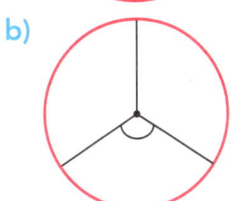

c)

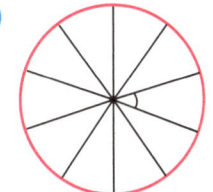

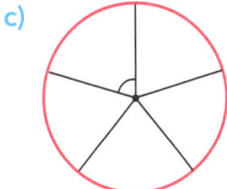

22. Observe a figura e determine o arco menor solicitado.

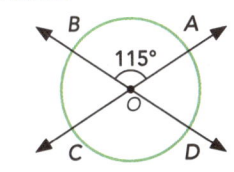

a) $\stackrel{\frown}{AB}$ c) $\stackrel{\frown}{AD}$ e) $\stackrel{\frown}{AC}$
b) $\stackrel{\frown}{BC}$ d) $\stackrel{\frown}{CD}$ f) $\stackrel{\frown}{BD}$

23. Determine o valor de x.

a) x, $50°$

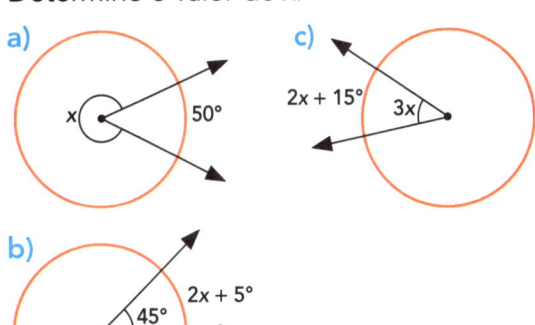

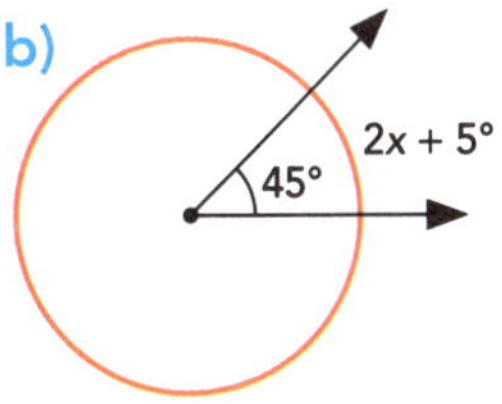

c) $2x + 15°$, $3x$

b) $45°$, $2x + 5°$

24. Determine o valor de x.

a) $x + 20°$, $2x - 10°$

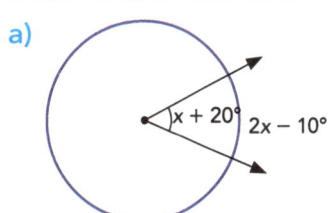

b) $140°$, x, $x + 30°$, $3x - 10°$

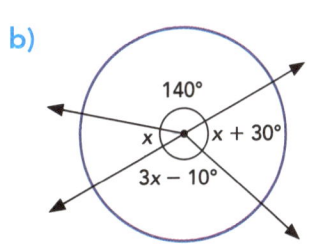

25. (Vunesp) Um pizzaiolo consegue fazer uma pizza de 40 cm de diâmetro perfeitamente circular e dividi-la em 8 partes iguais. Pode-se afirmar que, ao comer 3 pedaços, uma pessoa ingere o correspondente a um ângulo central de:

a) 75°   b) 105°   c) 125°   d) 135°

Ângulo inscrito

Ângulo inscrito é aquele cujo vértice pertence à circunferência e cujos lados são semirretas secantes.

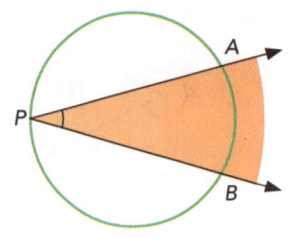

$A\hat{P}B$ é um ângulo inscrito.

Propriedade

A medida de um **ângulo inscrito** é igual à metade da medida do arco correspondente.

Na figura, temos:

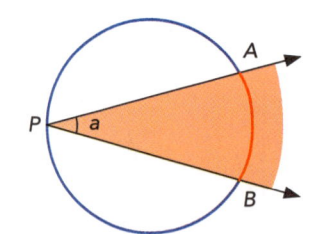

$$\hat{a} = \frac{\widehat{AB}}{2}$$

Exemplos:

A Determinar x.

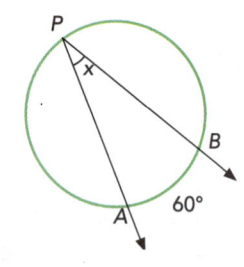

medida do ângulo inscrito = $\dfrac{\text{medida do arco } \widehat{AB}}{2}$

$x = \dfrac{60°}{2} = 30°$

B Determinar x.

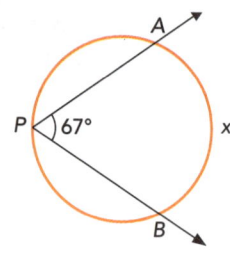

medida do ângulo inscrito = $\dfrac{\text{medida do arco } \widehat{AB}}{2}$

$67° = \dfrac{x}{2} \Rightarrow x = 2 \cdot 67° = 134°$

C Determinar x.

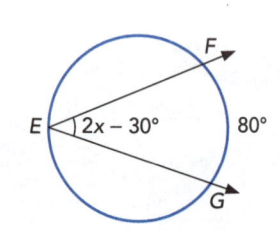

medida do ângulo inscrito = $\dfrac{\text{medida do arco } \widehat{FG}}{2}$

$2x - 30° = \dfrac{80°}{2}$

$2x - 30° = 40°$

$2x = 40° + 30°$

$2x = 70°$

$x = 35°$

Exercícios de fixação

26. Determine x.

a) [Figura: ângulo inscrito x em E, arco FG = 50°]

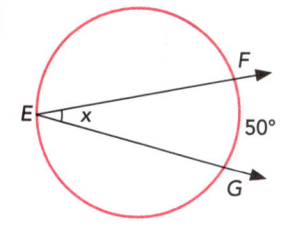

b) [Figura: arco = 142°, ângulo x em E]

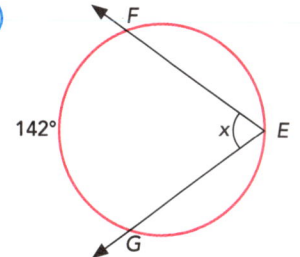

c) [Figura: ângulo x em E, com diâmetro FG]

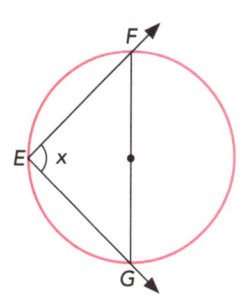

d) [Figura: ângulo x em E, ângulo central 179°]

> A MEDIDA DE UM ÂNGULO CENTRAL É O **DOBRO** DA MEDIDA DO ÂNGULO INSCRITO.

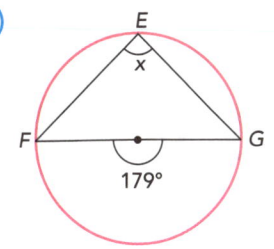

27. Determine x.

a) [Figura: ângulo inscrito x, ângulo reto no centro]

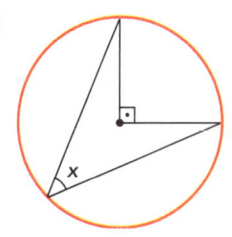

b) [Figura: ângulo inscrito x, ângulo central 49°]

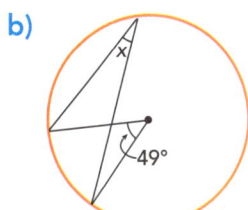

28. Determine o arco solicitado.

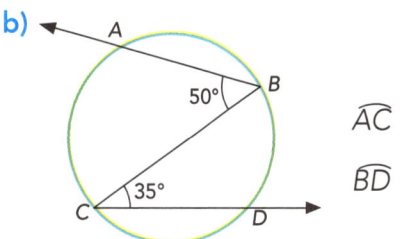

a) [Figura: P = 28°] $\widehat{AB}$

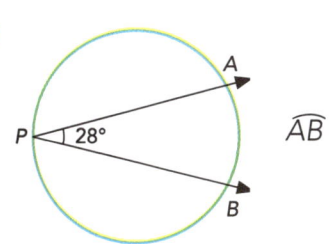

b) [Figura: 50° em B, 35° em C] $\widehat{AC}$ $\widehat{BD}$

29. Determine x.

a) [Figura: ângulo em R = 2x − 50°, arco ST = 160°]

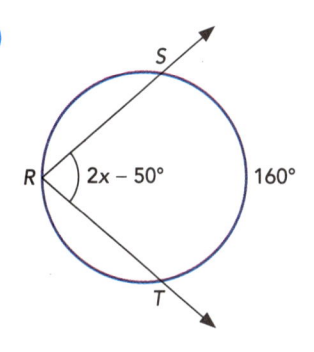

b) [Figura: ângulo em R = 50°, arco ST = 3x − 20°]

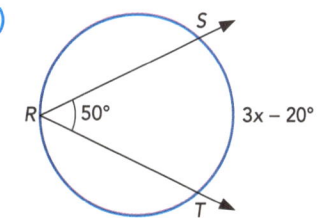

Exercícios complementares

30. Este frasco de remédio tem a forma de um cilindro cuja altura é 8 cm e cujo raio da base mede 3 cm. Sua embalagem tem a forma de um paralelepípedo. Qual é a menor medida possível para as arestas desta caixa?

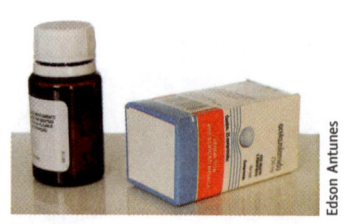

31. (Cesgranrio-RJ) No modelo abaixo, as distâncias representadas pelas letras M, N e P são, respectivamente, iguais a 8,4 m, 1,5 m e 4,1 m, e as distâncias correspondentes às letras Q e R são iguais.

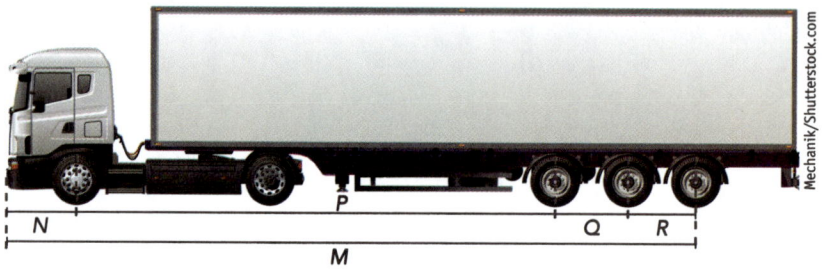

Qual é, em metros, a medida da distância R?

a) 1,2 b) 1,4 c) 1,5 d) 1,6

32. Determine x.

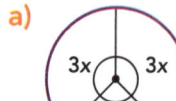

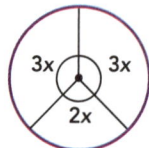

a) $3x$, $3x$, $2x$

b) $3x - 50°$, x

33. Determine os ângulos indicados pelas letras.

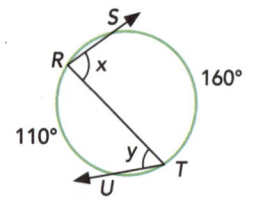

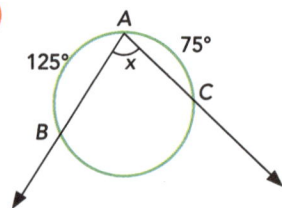

a) $110°$, $160°$, x, y

b) $125°$, $75°$, x

34. Determine x.

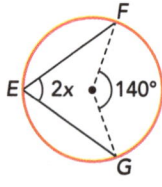

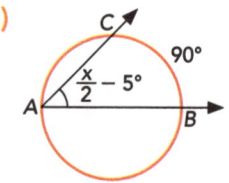

a) $2x$, $140°$

b) $\dfrac{x}{2} - 5°$, $90°$

35. Sendo r e s tangentes à circunferência, determine os ângulos indicados pelas letras.

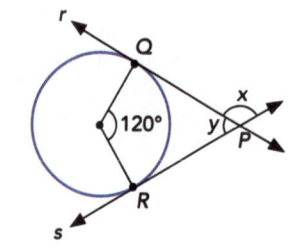

$120°$, x, y

Panorama

36. Em uma circunferência de 65 cm de raio, foi traçada uma corda que passa, exatamente, por seu centro. A distância entre os pontos extremos dessa corda é:
   a) 0,65 m.
   b) 1,20 m.
   c) 1,30 m.
   d) 1,40 m.

37. (Obmep) Cinco discos de papelão foram colocados um a um sobre uma mesa, conforme mostra a figura. Em que ordem os discos foram colocados na mesa?
   a) V, R, S, U, T
   b) U, R, V, S, T
   c) R, S, U, V, T
   d) V, R, U, S, T

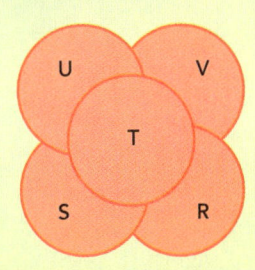

38. (SEE-SP) Os ângulos centrais $\hat{A}$, $\hat{B}$ e $\hat{C}$ são dados pelas expressões $\hat{A} = x + 20°$, $\hat{B} = 3x - 5°$ e $\hat{C} = 2x + 45°$. A soma das medidas dos ângulos $\hat{A}$ e $\hat{B}$ é igual a:
   a) 175° 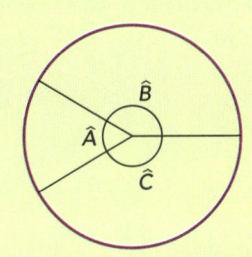
   b) 190°
   c) 215°
   d) 220°

39. (Cesgranrio-RJ) Em um círculo de centro O, está inscrito o ângulo α. Se o arco $\widehat{AMB}$ mede 130°, o ângulo α mede: 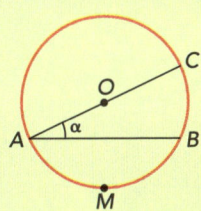
   a) 25°
   b) 30°
   c) 40°
   d) 45°

40. O valor de x na figura é: 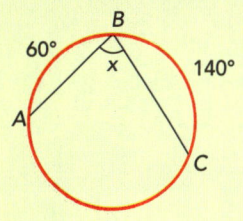
   a) 70°.
   b) 80°.
   c) 100°.
   d) 160°.

41. (PUC-SP) Na figura, $\overline{AB}$ é diâmetro da circunferência. O menor dos arcos $\widehat{AC}$ mede:
   a) 100°
   b) 120°
   c) 140°
   d) 150°

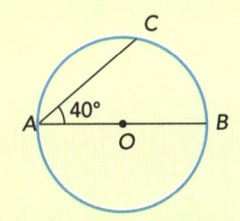

42. (Ufal) Na figura, tem-se uma circunferência de centro C. Se o ângulo $C\hat{S}Q = 50°$, a medida do arco $\widehat{PR}$ é:
   a) 50°
   b) 80°
   c) 90°
   d) 100°

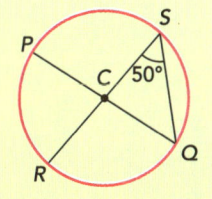

43. (Ufes) Na figura, a medida de α, em graus, é:
   a) 52
   b) 54
   c) 56
   d) 58

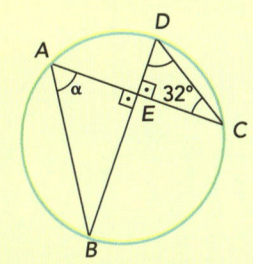

44. (FGV-SP) A medida do ângulo $A\hat{D}C$ inscrito na circunferência de centro O é:
   a) 100°
   b) 120°
   c) 125°
   d) 135°

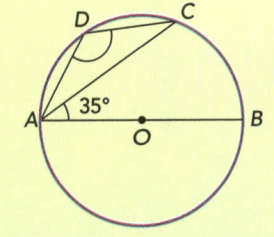

191